PATRICK SAVIDAN

REPENSER L'ÉGALITÉ DES CHANCES

BERNARD GRASSET
PARIS

ISBN 978-2-246-70101-9

Pour Ayana, Megan et Maude

En matière de constitution sociale, le champ du possible est bien plus vaste que les hommes qui vivent dans chaque société ne se l'imaginent.

Alexis de Tocqueville, *Souvenirs* (1850-1851).

Il est toujours plus aisé de voir l'infortune plutôt que l'injustice dans la détresse d'autrui.

Judith Shklar, *Visages de l'injustice* (2002).

Avant-propos

« Vivre ensemble » : pour bon nombre d'entre nous cette évidence n'en est plus une. Notre « monde commun » n'est plus héritage, il n'est plus donné, il est devenu « problème ». Nos États-nations pourront-ils continuer de « faire société » ? Dans les sociétés démocratiques, le doute s'insinue et s'enracine. Désaffiliation, crise du lien social, anomie... : les mots pour dire le malaise qui nous affecte et nous afflige ne manquent pas. Ils procèdent tous d'une interrogation inquiète et fébrile sur la possibilité d'un être et d'un devenir communs.

Comment penser le sens et la nature de ce qui nous rassemble ? A cette question du « vivre-ensemble », on échappe aujourd'hui difficilement. A tel point d'ailleurs que certains n'hésitent pas à y voir le signe qu'un tournant majeur est survenu dans la pensée politique[1]*. L'attention sociale et intellectuelle accordée à ses multiples expressions conforte un tel jugement : conflits des mémoires, enjeux de l'intégration, place des religions, statut des identités collectives, construction européenne, rapport à la mondialisation, statut et finalité de l'éducation, incivilités... Sur tous ces sujets, la question du « vivre ensemble » – celle du « ressort civil », comme l'écrivait Rousseau – se trouve sans cesse réinvestie. A sa source, nos problèmes de société s'abreuvent et puisent la vigueur avec laquelle ils occupent les esprits et suscitent la controverse.*

1. « Le regain d'intérêt pour la communauté est un tournant majeur, pour ne pas dire "le" tournant majeur de la pensée politique contemporaine », écrit ainsi Justine Lacroix dans *Communautarisme* versus *libéralisme. Quel modèle d'intégration politique ?*, Bruxelles, Éditions de l'université de Bruxelles, 2003, p. 9.

Le problème de l'identité collective est sans doute essentiel; on fait erreur cependant en ne songeant qu'aux questions d'histoire et de mémoire qu'il soulève. Nous devons nous arracher à ce tropisme, inassumé ou revendiqué, qui nous éloigne d'une vérité toute simple : les exigences de la justice sociale sont une composante tout aussi déterminante du lien fragile qui associe les êtres entre eux. Le sentiment d'appartenance à une collectivité, quelle qu'elle soit, passe nécessairement par une adhésion, au moins relative, à ses institutions de base et aux principes qui les animent. Certains ont pu estimer que pour garantir cette adhésion, la crainte de la violence que l'Etat a pour vocation de décourager devrait pouvoir suffire. Dans une telle optique, le contrat social est avant tout une promesse, celle d'une vie qui, si l'on en croit Hobbes, pourrait être autre que simplement « solitaire, misérable, dangereuse, animale et brève ». Que l'État, assumant le mandat qui est le sien, jugule crimes et délits, les individus pourront alors vaquer utilement à leurs propres affaires. La paix, la tranquillité, par la garantie de l'intégrité des personnes et de leurs biens : voilà quelles sont ses fins. Sondant le cœur humain, détaillant ses élans comme ses médiocrités, Hobbes écrivait : « Les passions qui poussent les humains à la paix sont la peur de la mort, le désir des choses nécessaires à une existence confortable, et l'espoir de les obtenir par leur activité [1]*. » Telles sont les clauses fondatrices d'un pacte de la peur qui entend déblayer la voie devant nos égoïsmes postulés. Cette paix primordiale – l'Histoire ne permet guère de l'oublier – est certes toujours menacée et requiert à ce titre nos soins les plus constants. Que ceux-ci soient nécessaires ne signifie toutefois nullement que l'on puisse s'en contenter. Ce contrat du premier âge nous a donné* la *société moderne; il nous a légué aussi une certaine compréhension de l'individu. Depuis, reste cependant toujours en suspens la question de la* bonne *société : quelle est-elle? Quelle est la société dans laquelle je veux vivre? Les questions les plus naïves sont parfois*

1. Hobbes, *Leviathan* (1651), trad. G. Mairet, Paris, Gallimard, 2000, chap. XIII, p. 228.

aussi les plus fondamentales. Hobbes se les posait et jugeait qu'une société qui apporte aux individus la garantie qu'ils seront protégés, dans leur personne et dans leurs biens, de la violence d'autrui est une société suffisamment bonne. De celle-ci, il jugeait qu'on ne peut, en tous les cas, attendre autre chose.

Nous savons qu'il n'en est rien. Pour qu'une société, aujourd'hui, soit « bien ordonnée », il faut aussi qu'elle soit une société juste sur le plan social. Tant et si bien d'ailleurs qu'elle doit l'être doublement, c'est-à-dire qu'elle ne requiert pas seulement des institutions justes en ce sens, mais elle nécessite aussi que les individus la composant souscrivent aux principes qui les sous-tendent et agissent en conséquence[1]*. Dans le monde qu'il fait naître, ce moment d'adhésion offre à chacun, par-delà les solidarités vacillantes de la division sociale du travail, la possibilité de se représenter une voie qui corresponde à celles de ses aspirations qu'il sait légitimes. L'acceptation des principes sur la base desquels opèrent les institutions sociales, fût-elle partielle et toujours critique, nous livre bien ainsi les clefs de cette cohésion sociale devenue si précaire. Elle nous révèle aussi en quel sens l'articulation des temporalités collectives et individuelles – le temps du monde et le temps des consciences – est devenue un enjeu central de la justice sociale.*

Le lien de l'individu à la collectivité n'est pas en effet qu'une question d'espace; il suppose aussi une temporalité collective au creuset de laquelle chacun puisse, de manière autonome, composer un projet de vie qui lui convienne. C'est là un travers individualiste, tristement caractéristique de notre époque, dira-t-on. Quoi qu'il en soit, le fait est là : pour qu'il y ait « monde commun », il faut que chacun – individuellement – se sache, se sente, apte à se projeter librement dans un temps partagé. L'adhésion individuelle aux principes qui régissent nos institutions de base présuppose ainsi une forme d'assentiment aux perspectives qu'elles tracent au-devant de chacun. « Que m'est-il permis d'espérer? » *La question ne date*

1. Philippe Van Parijs, *Sauver la solidarité*, Paris, Cerf, 1995, p. 24.

pas d'hier. Et c'est encore celle que se pose ce jeune de Clichy-sous-Bois et de Montfermeil en Seine-Saint-Denis, du quartier de la Madeleine à Évreux ou du quartier Saint-Jacques de Perpignan. C'est la question qui tenaille cette femme sans qualification reconnue, contrainte d'accumuler des fragments d'emploi, de part et d'autre de la ville, pour tenter de subvenir à ses besoins et à ceux de ses enfants. C'est encore celle à laquelle fait face tel salarié qui, à 55 ans, bascule dans le chômage pour la première fois. Autrement dit, cette question prend aujourd'hui la forme d'une interrogation sur la teneur et la diversité des possibles auxquels chacun peut prétendre. Dans un tel contexte, la justice sociale ne renvoie pas simplement à des questions immédiates d'états des lieux, mais pose plus fondamentalement encore le problème de la discordance des conditions au regard du temps.

Sans la prise en compte de cette question de la temporalité, il est vain d'escompter une quelconque cohésion sociale. L'idéal d'une « société bien ordonnée » se doit donc de faire appel à une conception de la justice sociale qui sache intégrer l'exigence d'une répartition équitable des conditions à la faveur desquelles chacun puisse se projeter dans l'avenir et s'y construire une vie qui réponde à ses attentes légitimes. Ainsi conçue, la justice sociale peut devenir ce qu'elle n'aurait jamais dû cesser d'être : un facteur déterminant de l'identité collective. A fortiori *face à des temps à venir qui pourraient se révéler plus difficiles encore, ne négligeons pas cette évidence que le bon sens aurait dû nous inciter à ne jamais perdre de vue : le renoncement politique à une figuration du temps commun, dans son unité tout comme dans ses scansions, est le plus puissant des agents de la décohésion sociale*[1]*. Qu'une collectivité historique ne dispose plus d'une représentation de son avenir et ses membres s'en trouveront également dépourvus.*

1. Dans une perspective différente mais avec le même souci d'intégrer au cœur de la responsabilité politique cette question de la temporalité à travers l'idée d'une politique des âges de la vie, voir d'Éric Deschavanne et Pierre-Henri Tavoillot, *Philosophie des âges de la vie* (Paris, Grasset, 2007).

L'idée de « société bien ordonnée » à laquelle renvoie cette réflexion, est ancienne. La formule s'est diffusée tout au long du XVIII*e siècle, fleurissant dans les discours politiques ou les traités d'éducation. Elle frappait alors les esprits comme un idéal désirable. « C'est à la société bien ordonnée que l'homme doit tout le bonheur dont il jouit sur la terre », notait ainsi, en 1775, Guillaume Grivel, dans ce qui fut alors un traité d'éducation fort bien connu*[1]. *Dans* Le Génie du christianisme, *Chateaubriand indiquait, dans une tout autre perspective, que « dans une société bien ordonnée, le bruit du tocsin, rappelant une idée de secours, frappait l'âme de pitié et de terreur, et faisait couler ainsi les deux sources des sensations tragiques*[2] *». Est ainsi visée l'idée d'un ordre social, communément intelligible, qui suscite un degré suffisant d'adhésion et dont chacun sait que ses congénères le connaissent et le vivent approximativement dans les mêmes termes. C'est un point de référence à l'égard duquel nous pouvons nourrir de fortes critiques, mais dont nous savons qu'il pourra induire chez les autres des réponses que nous comprenons, que nous pouvons anticiper et dans lesquelles nous nous reconnaissons au moins en partie. Le philosophe américain John Rawls a repris, dans les années 1970, le fil de cette réflexion, indiquant fort justement que notre ambition sociale et politique doit être, précisément, de constituer une « société où chacun accepte et sait que les autres acceptent les mêmes principes de la justice et où les institutions sociales de base respectent – et sont connues pour respecter – ces principes*[3] *». La modestie de l'expression ne saura dissimuler l'extraordinaire défi qu'elle nous invite à prendre en charge. Que serait, pour nous, une société bien ordonnée ?*

Ici, je serai souvent amené à évoquer et discuter les idées de cet important philosophe. Mon propos ne relèvera toutefois pas de l'histoire de la philosophie[4]. *Engagé, avec d'autres, depuis 2003*

1. Guillaume Grivel, *Théorie de l'éducation. Ouvrage utile aux pères de famille et aux instituteurs*, Paris, Moutard, 1775, p. 44.

2. Chateaubriand, *Le Génie du christianisme* (1828), quatrième partie, livre I, chap. 1.

3. John Rawls, *Théorie de la justice* (1971), trad. C. Audard, Paris, Seuil, 1997, p. 496.

4. Dans ce registre, des travaux excellents et nombreux existent déjà. S'ils n'épuisent

*dans la création puis l'animation de l'*Observatoire des inégalités, *j'ai surtout voulu m'attacher à formuler les principes et les idées sur lesquels repose cet engagement* [1]. *Il se trouve que c'est dans les positions défendues par Rawls que me paraissent s'enraciner les orientations intellectuelles et politiques les plus prometteuses à cet égard. Dans les milieux universitaires et intellectuels, on s'est beaucoup intéressé aux deux principes de justice qu'il s'est appliqué à justifier tout au long de sa vie. La lecture qui en fut faite conduisit le plus souvent, pour s'en réjouir ou pour le déplorer, à faire de Rawls le penseur de l'Etat-providence social-démocrate. Je voudrais pour ma part convaincre de la nécessité de regarder au-delà. Rawls est nettement plus radical et novateur qu'on ne le pense bien souvent et je voudrais mettre au jour le type de société dont il a voulu penser la possibilité et la conception de l'être humain qu'elle suppose. C'est dans cette forme de radicalité que l'on peut espérer refonder une vision progressiste de la société à laquelle puisse s'articuler une perspective politique mobilisatrice.*

En explorant certaines des idées-forces auxquelles son nom est à raison associé, nous comprenons qu'une « société juste » n'est pas qu'un ensemble d'institutions justes; c'est aussi un processus qui doit engendrer, au niveau de l'ordre social dans son ensemble et en chaque individu, un certain sens de la justice. C'est à ce niveau que réside le secret de sa « soutenabilité ». Le sentiment que l'avenir n'appartient à personne parce qu'il s'offre équitablement à tous, constitue ainsi une condition de l'adhésion aux institutions et aux dynamiques qui les portent dans la durée. Les principes de justice sur lesquels fonder un devenir commun doivent donc être, en ce

---

évidemment pas la richesse d'une pensée que l'on sait extrêmement féconde, tant sur le plan intellectuel que pratique, ils constituent autant de guides très sûrs pour en comprendre la genèse et la cohérence interne (cf. sur ce point le très précieux volume édité par Samuel Freeman, *The Cambridge Companion to Rawls*, Cambridge University Press, 2003, qui propose, outre d'excellents articles, une bibliographie conséquente des études de l'œuvre de Rawls).

1. Qu'il me soit permis de saisir cette occasion pour remercier toute l'équipe de l'*Observatoire des inégalités*. Je pense tout particulièrement à Louis Maurin, Valérie Schneider, Pierre Billion, Pierre Volovitch, Laurence Bachellier et bien d'autres. Le travail accompli ensemble a nourri bon nombre de réflexions, dont certaines trouveront ici à s'exprimer.

sens, « soutenables », c'est-à-dire qu'ils doivent pouvoir s'inscrire dans une temporalité que chacun puisse appréhender et par laquelle chacun puisse se construire. La responsabilité du politique est là tout entière.

La France est depuis trop longtemps privée de cet engagement politique sur le temps. Nous disposons bien de quelques principes de justice, mais ceux-ci ne dégagent plus aucune perspective. Nous avons atteint, de rafistolages en demi-mesures, un point de non-retour. Et nous le sentons bien. Il faut donc que, dans l'espace public, nous nous demandions enfin, clairement et rigoureusement – dans une démarche ouverte sur la question du temps –, ce qui est juste dans notre société et ce qui ne l'est pas, ce qui doit être pris en charge par la solidarité publique et ce qui n'a pas à l'être. Certains pourraient estimer que nous n'avons tout simplement plus les marges requises pour financer nos incertitudes, nos tergiversations et notre goût immodéré pour ces approximations qui n'ont, au fond, d'autre fonction que de ménager les chances électorales des uns et des autres. Nous pouvons aussi dire les choses autrement : l'évolution économique et sociale actuelle et la pression qu'elle exerce sur les mécanismes de prise en charge collective de la solidarité nous imposent la nécessité d'en remettre à plat les principes : dans un contexte culturel, social et économique plus individualisé, comment penser les principes et les institutions d'une justice sociale soutenable ?

Introduction

Que serait une conception *soutenable* de la justice sociale? Cette question reste éminemment complexe. Règne en effet toujours, sur ce plan, une confusion extrême, qu'expliquent, pêle-mêle, incohérences de principe et mutations réelles du « monde comme il va ». Pour tenter d'y voir plus clair, commençons donc par rappeler quelques évidences.

Pour des raisons sur lesquelles il nous faudra revenir, le problème des inégalités est au cœur de nos représentations de la justice sociale. Les questions laissées en suspens, quant à la nature et la portée du projet moderne d'égalisation, ne pouvaient donc qu'introduire un foyer d'indétermination dans l'idée même de justice sociale. C'est la raison pour laquelle, si nous souhaitons tous voir celle-ci advenir, nous tombons rarement d'accord sur ce qu'elle signifie. Au-delà des discours généreux et des promesses entendues, que recouvre l'idée que chacun s'en fait? Nous parlons abondamment désormais d'inégalités, mais quelles significations leur donnons-nous? Quelles inégalités percevons-nous? Contre quelles inégalités voulons-nous lutter? Dès lors que l'on s'attache à répondre à de telles questions, les problèmes affichent une complexité qu'il serait vain de prétendre réduire intégralement. Cette complexité est l'inévitable contrepartie d'un refus : celui de céder à la tentation des solutions toutes faites, qu'il s'agisse d'ignorer purement et simplement les contraintes du monde ou de ne considérer les inégalités que sous les angles qui en neutralisent les aspects les plus dérangeants, ceux qui renvoient aux dynamiques de la stratification sociale.

Sur ce point, il y a urgence à confronter nos convictions et nos raisons. En France, la relative bonne santé de l'économie dans la période d'après guerre nous a permis, tant bien que mal, de *tenir* jusqu'ici. Une croissance régulière et élevée, un niveau de chômage assez bas, une structure démographique compatible avec les régimes de protection sociale tels qu'ils avaient été conçus, tout cela nous permettait de rester imprécis dans notre conception de la justice sociale. L'avenir allait de soi. La société aussi. Nous n'en sommes plus là désormais. Le système social présente de très clairs signes d'essoufflement. Nous savons qu'il ne peut être maintenu en l'état. Des réformes sont nécessaires et il nous incombe collectivement – en nous appuyant sur l'Europe politique et sociale qu'il nous faudra bien édifier – de déterminer dans quelle direction nous voulons les déployer.

Le réformisme que, pour aller vite, nous dirons « de droite » se nourrit d'une exigence d'adaptation à de puissantes dynamiques économiques, technologiques et sociales, dont nous savons qu'elles ont des effets déstabilisants pour la cohésion sociale et pour le statut des individus. Face à cette perspective, un autre réformisme est pour l'essentiel encore à inventer [1]. Que ce processus ne soit pas engagé, réfléchi et suffisamment assumé, et la cohésion sociale apparaîtra toujours plus problématique et plus improbable.

Quels peuvent être les termes de cet autre réformisme ? La question est ambitieuse. Pour prétendre y répondre de manière un tant soit peu complète, il faudrait poser pleine-

1. Robert Castel, « La Guerre des réformismes », *Le Monde*, édition datée du 20 janvier 2004.

ment le problème de la protection sociale et de la solidarité, en l'intégrant dans une réflexion globale sur ce qu'est devenue la condition moderne. Cette ambition excède largement le propos du présent ouvrage. Nous tâcherons en revanche de contribuer à la réflexion qu'elle appelle en questionnant le principe sur lequel paraissent reposer nos convictions les plus fermement enracinées en matière de justice sociale, soit *le principe d'égalité des chances.*

Il y a, dans la cristallisation contemporaine que connaît cette idée d'égalité des chances [1], une dimension « tragique » qui doit retenir notre attention. Cette formule de l'égalité s'impose à nous, avec une force quasi irrésistible – paraissant seule en mesure de résoudre la contradiction philosophique et sociale qui, dès la Révolution française, s'est instaurée entre la garantie des libertés individuelles et toute une série d'aspirations à une égalité plus grande, alimentées par le constat de l'insuffisance de l'égalité formelle des droits. *L'égalité des chances* triomphe parce qu'elle paraît nous donner l'égalité *dans* la liberté. Ce n'est certes pas encore un principe juridique *stricto sensu*, mais c'est d'ores et déjà l'objectif politique revendiqué de la plupart des politiques de justice sociale [2].

En même temps, comment *ne pas* constater les criantes insuffisances de cette philosophie de l'égalité des chances, l'incapacité des politiques publiques à lui faire prendre corps, dans la société [3]? Nous nous trouvons ainsi dans une position

1. Exprime assez bien cette orientation le rapport public du Conseil d'État de 1996 dont des extraits ont été publiés par la Documentation française (*Sur le principe d'égalité*, Paris, La Documentation française, 1998).

2. Gilles Guglielmi note ainsi à juste titre que « l'égalité des chances n'est nullement une notion juridique, même si elle a été récemment érigée en objectif par la loi du 11 février 2005 (art. 19) et en cadre d'action par la loi du 23 avril 2005 pour l'avenir de l'école (art. 2) » (« "L'égalité des chances", de Charybde en Scylla ? », *Journal du droit des jeunes*, n° 257, sept. 2006. Signalons aussi l'ouvrage collectif dirigé par Gilles Guglielmi & Geneviève Koubi, *L'Égalité des chances. Analyses, évolutions, perspectives*, Paris, La Découverte, 2000.

3. Nous ne ferons pas ici l'inventaire de ces échecs. Nous nous permettons de renvoyer sur ce point à L. Maurin & P. Savidan (dir.), *L'État des inégalités en France*, Paris, Belin, 2006.

paradoxale. C'est un peu comme si nous *voulions* l'égalité des chances, comme doctrine, tout en la sachant impossible. À quelle forme d'impossibilité nous heurtons-nous cependant? N'est-ce qu'une question de moyens ou faut-il considérer que le malaise est dans la fin elle-même? Si l'on ne veut pas se résoudre à considérer simplement que l'égalité des chances n'est au fond que le pire de tous les principes de justice sociale, à l'exception de tous les autres, il convient de reposer radicalement le problème de sa définition. Que voulons-nous vraiment lorsque nous voulons l'égalité des chances? Et jusqu'où sommes-nous prêts à aller pour la réaliser? Surtout, quel type de société nos différentes manières de penser l'égalité des chances engagent-elles?

Reconnaissons d'abord que ce principe présente de nombreux avantages [1]. Et tout particulièrement celui de concorder parfaitement avec une certaine idée que les individus se font d'eux-mêmes et des rapports qu'ils entretiennent à la société. Après tout, peut-on réellement souhaiter autre chose que de se voir accorder les moyens de s'accomplir soi-même comme individu? Peut-on espérer autre chose que d'avoir, chacun, les mêmes « chances », les mêmes possibilités de mobilité sociale? Pouvons-nous désirer autre chose que d'avoir la garantie que, quels que soient notre sexe, l'identité sociale de notre famille, notre origine ethnique, etc., nous pourrons, effectivement, *choisir* notre vie.

On le dit. Les individus ne se représenteraient plus leur destin comme étant intrinsèquement lié à celui des membres du groupe auquel ils sont, à tort ou à raison, rattachés. Ils veulent avant tout disposer des moyens de se promouvoir eux-mêmes. A notre époque, la notion de « collectif » vau-

Dans le registre du diagnostic social, *cf.* également de Alain Bihr & Roland Pfefferkorn, *Déchiffrer les inégalités* (1995), Paris, Syros-La Découverte, 2005 et de Stéphane Beaud & *al.* (dir.), *La France invisible*, Paris, La Découverte, 2006.

1. Que le maréchal Pétain ait pu, dans son « Message au peuple français » du 11 octobre 1940, le reprendre à son compte ne doit pas nous conduire à l'évacuer trop prestement.

drait surtout comme vague arrière-plan de nos mises en scène singulières. Sur le terrain de la justice sociale, c'est ce que nous semblons attendre en premier lieu d'une société démocratique bien ordonnée. Pour cette raison, les politiques d'« égalité des chances » suscitent des attentes extraordinaires. On attend d'elles qu'elles accomplissent enfin la forme *moderne* de la justice sociale et, par là même, qu'elles restaurent la confiance, refondent le lien social, assurent durablement la cohésion de la société. L'égalité des chances, comme doctrine, contient en elle le principe qui paraît seul en mesure de fonder les politiques de justice sociale auxquelles on ose encore prétendre. Et la justice sociale semble devoir essentiellement régler sa focale sur ce qui peut faire *obstacle* à une telle ambition.

Cette perspective pose cependant des problèmes nombreux et sérieux, notamment parce qu'elle n'intègre pas, comme en atteste l'évolution de l'opinion sur la question, l'exigence de « soutenabilité » dont nous évoquions le principe [1]. En règle générale, nous déclarons être « très attachés » au principe de l'égalité des chances, mais nous persistons à penser les inégalités et l'injustice sociale en termes statiques, atemporels, c'est-à-dire que nous les pensons surtout en référence à un état donné de la répartition de la richesse [2]. Cette question immédiate n'est évidemment pas indifférente au problème qui nous occupe. Elle est en revanche nettement insuffisante : les politiques que nous mettons en place montrent que nous ne prenons pas au sérieux les facteurs par lesquels ces répartitions inégalitaires se produisent, ni la façon dont elles affectent le rapport que

1. Notre approche de la question de la soutenabilité est conçue comme étant complémentaire et non pas contraire à celle développée par Philippe Van Parijs dans son important ouvrage, *Real Freedom for All*, Oxford, Oxford University Press, 1995.

2. Enquête BVA Opinion/Ministère de l'Emploi et de la Solidarité – DREES, *Suivi barométrique de l'opinion des Français à l'égard de la santé, de la protection sociale, de la précarité, de la famille et de la solidarité*, juin 2006.

les individus ont au temps. S'il y a fondamentalement malaise dans l'égalité des chances, c'est que ce principe de justice sociale a essentiellement à voir avec cette question du temps que nous nous appliquons à vouloir éluder. Bien loin de soutenir un processus de cohésion sociale, l'égalité des chances, telle que nous la pratiquons aujourd'hui, se révèle être bien davantage un facteur d'atomisation sociale.

Considérant les termes dans lesquels on l'exprime, la « religion » de l'égalité des chances à laquelle on voudrait nous convertir, ou nous cantonner, n'est nullement la meilleure formulation de la justice sociale à l'âge démocratique. En tout état de cause, elle ne nous permettra jamais de relever le défi de la décohésion sociale. Sa vérité est dans l'image d'une société qui se dresse contre elle-même. C'est une des raisons pour lesquelles, on ne peut y voir un principe de justice *soutenable*. Dans la définition individualiste que nous en retenons en effet, les conditions qui doivent la rendre possible se délitent à mesure qu'elle se réalise. De fait, elle ne sait instaurer qu'un régime social de concurrence généralisée. Voulons-nous vraiment croire qu'une société serait juste parce que les individus auraient la possibilité de s'y affronter *à armes égales* ? Nous savons bien que cette *justice concurrentielle* pose des problèmes éthiques, sociaux et environnementaux sérieux et que la prolifération des « armes » de réussite sociale est inscrite dans son programme [1]. En ce sens, la doctrine de l'égalité des chances paraît *toujours déjà* vouée à l'échec. Le relatif unanimisme politique auquel elle donne lieu doit donc être interrogé.

Les gouvernements successifs, l'Union européenne, la plupart des forces politiques, la société civile ne jurent que par elle. Même lorsqu'on la critique, on la défend encore.

1. Marie Duru-Bellat, *L'Inflation scolaire. Les désillusions de la méritocratie*, Paris, Seuil, 2006.

Elle paraît *indétrônable.* Tout au plus contestera-t-on l'importance des moyens mis au service de cette cause. Notre conviction est qu'il faut en finir avec cette logique du ressassement, qu'il est urgent de quitter ces sentiers mille fois rebattus. Il ne s'agit pas de prétendre qu'il faut en finir avec l'égalité des chances. Celle-ci est si profondément ancrée dans l'expérience moderne qu'il faudrait pour cela que nous cessions d'être nous-mêmes. En revanche, voyons s'il n'est pas possible et souhaitable de donner à cette « égalité des chances » la définition plus *sociale,* plus solidariste, qui pourrait en faire une forme d'*égalitarisme soutenable.* Tel est le principal enjeu de cet ouvrage.

Parce que nous mobilisons ici la notion d'*égalitarisme,* on pourra nous reprocher d'introduire une confusion intellectuelle, d'autant plus regrettable que l'on mit en France plus longtemps qu'ailleurs à se départir des prétentions niveleuses de certains mouvements égalitaristes, babouvistes ou autres. Qu'il nous soit permis, à ce propos, de souligner deux points.

Tout d'abord, la confusion intellectuelle procède bien plus souvent d'une excessive polarisation entre égalisation des « opportunités » et égalisation des « résultats ». Nous savons bien pourtant que les « opportunités » sont et restent continûment tributaires d'une *situation* que l'on peut difficilement penser autrement que par référence à un ensemble de « *résultats* ». Dans le domaine de la sociologie de l'éducation par exemple, tel est le point d'accord auquel sont encore récemment parvenus, dans des perspectives pourtant différentes, la sociologue Marie Duru-Bellat [1] et l'économiste Éric Maurin [2]. Marc Fleurbaey a exprimé cette idée de

1. Marie Duru-Bellat, « Les inégalités sociales à l'école : des analyses sociologiques aux interrogations politiques », *Comprendre,* « Les Inégalités », dir. J.-P. Fitoussi & P. Savidan, n° 4, 2003, pp. 53-67.

2. Éric Maurin, *Le Ghetto français. Enquête sur le séparatisme social,* Paris, Seuil/République des idées, 2004 et, *id., L'Égalité des possibles. La nouvelle société française,* Paris, Seuil/République des idées, 2002.

manière plus radicale encore en soulignant que « la seule façon d'appliquer le principe d'égalité des chances [...] consiste à réaliser rien de moins que... l'égalité des résultats [1] ». Si, en l'état, ce constat ne nous renseigne évidemment pas sur la nature des « résultats » qu'il s'agit d'égaliser, il nous place du moins face aux véritables difficultés qu'il s'agit d'affronter.

A cette raison d'ordre interne, nous en ajoutons une autre, externe, qui nous paraît tout aussi importante. La philosophie ne doit pas se retrancher derrière la pureté de distinctions conceptuelles, aussi précieuses soient-elles. La distinction « opportunités » (ou chances) *versus* « résultats » a permis d'orchestrer la promotion politique de la notion d'équité, au détriment de l'idée d'égalité. Il s'agit cependant de penser aussi dans les catégories de l'imaginaire social et politique prédominant. Or, force est de constater à cet égard que l'*équité* n'est plus un terme suffisamment discriminant sur le plan politique et que ce sont les équivoques liées à la multiplicité de ses usages qui introduisent aujourd'hui la confusion la plus préoccupante. L'opposition contemporaine, en France tout particulièrement, entre « équité » et « égalité » – à partir de laquelle on instruit en règle générale le procès de l'*égalitarisme* – est très largement tributaire de préoccupations politiques étroites. Face aux abus conceptuels auxquels elle donne lieu, il nous apparaît important de rappeler que l'équité est une des interprétations possibles de l'égalitarisme et non son contraire.

L'égalitarisme, comme doctrine, correspond à un ensemble de positions définies en fonction de la représentation qu'elles défendent d'un certain niveau de répartition sociale de biens déterminés. Dans la mesure où toute détermination

1. Marc Fleurbaey, *Capitalisme ou démocratie ? L'Alternative du XXIe siècle*, Paris, Grasset, 2006, p. 34.

est aussi négation, cela signifie que ces formes d'égalitarisme se définissent aussi par tout ce qu'elles ne jugent pas légitimes d'égaliser. Certaines ne souhaitent égaliser que des libertés formelles, d'autres défendent la nécessité d'aller au-delà. C'est précisément la raison pour laquelle, lorsque l'on se dit « égalitariste », on n'a encore rien révélé sur la position que l'on défend. Cette caractérisation n'interviendra que dans la mesure où auront été précisés les biens dont on souhaite assurer l'égalisation : « Etre égalitariste, écrit Amartya Sen, (je veux dire égalitariste *dans tel ou tel* espace auquel on attache une importance majeure) n'est pas une caractéristique particulièrement "unifiante". C'est justement parce qu'il y a d'immenses différences de contenu entre les espaces choisis par des auteurs différents pour y préconiser l'égalité que la similitude fondamentale de leur démarche (exiger l'égalité dans un espace considéré comme important) est loin de sauter aux yeux [1]. » En ce sens, nous pourrions dire que nous sommes, désormais, quasiment tous des *égalitaristes*. Il suffit à vrai dire, pour cela, d'adhérer aux principes de base de la Modernité. Évidemment, il existe bien des différences entre les égalitarismes possibles. Dans le domaine de la philosophie sociale et politique, l'enjeu est précisément d'évaluer les mérites respectifs de chacun d'entre eux. Ici, nous nous attacherons à défendre un *égalitarisme des chances*, avec pour objectif d'indiquer les conditions qui pourront en faire un principe « soutenable » de justice sociale.

Avant d'en arriver là, il nous faudra cependant restituer la logique sociale et intellectuelle qui a donné au principe d'égalité des chances sa nécessité manifeste. Pour apprécier la puissance éthique et sociale de ce principe, il est important d'en comprendre en effet toutes les raisons. Notre propos peut donner lieu à tant de malentendus que, pour tenter de

1. Amartya Sen, *Repenser l'inégalité* (1992), trad. P. Chemla, Paris, Seuil, 2000, p. 34.

les prévenir, nous chercherons, à la faveur d'un détour par l'histoire des idées, à saisir la manière dont s'est progressivement nouée, autour de la question de la propriété, la *crise* de la justice sociale moderne. Au-delà de cette perspective historique, il s'agira d'identifier les valeurs morales dont s'est nourri l'idéal d'égalité des chances. Nous verrons alors que ce principe repose au fond sur une conception que nous dirons ici « *capacitaire* » de la justice sociale ou, pour le dire autrement, d'une conception de la justice distributive qui juge au fond que le bien-être doit être, pour l'essentiel, réparti en fonction des capacités des individus et des usages productifs qu'ils en font. A cette optique, nous reprochons essentiellement de s'être instituée sur la base d'un individualisme radical, prompt, paradoxalement, à restaurer et consolider des hiérarchies sociales qui ne disent plus leur nom. Par des voies détournées, cette justice sociale capacitaire cherche ainsi continûment, jusque dans ce qui peut s'apparenter à une forme de « renaturalisation » des critères de distinction, à réinventer des principes de hiérarchisation sociale [1].

Placée dans une telle perspective, l'« égalité des chances » fait appel à la notion de *mérite* comme principe de légitimation. De fait, nous ne saurions pas, aujourd'hui, parler de justice sociale, de redistribution, d'équité, ni d'assistance sociale; nous ne saurions pas non plus parler de « valeur travail », d'échelles des salaires ou d'intégration si, du fin fond de nos réflexions, l'idée de « mérite » ne faisait ressentir ses effets.

Du mérite, nous parlons certes dans des contextes bien différents. Nous parlons de l'écolier *méritant*, mais aussi du criminel qui *mérite* la condamnation qui lui est infligée. Nul n'ignore que « toute peine *mérite* salaire »; ce pourquoi,

1. Voir sur ce point les analyses de Norberto Bobbio dans *Droite et gauche*, trad. par S. Gherardi et J.-L. Pouthier, Paris, Seuil, 1996, pp. 128 *sqq*.

d'ailleurs, certains pourront juger « immérité » l'argent facile du rentier ou du spéculateur. Nous parlons aussi de la promotion « bien méritée » de tel ou tel collègue de travail, sans négliger de nous indigner sur celle obtenue par des voies détournées. Qu'est-ce que le mérite pourtant? Dans ces différents contextes, nous usons du même terme, mais parlons-nous toujours de la même chose?

La notion de « mérite » semble d'autant plus présente dans nos débats sociaux et politiques qu'elle reste obstinément indéterminée. Comment ne pas s'en inquiéter, lorsque l'on observe son incroyable plasticité et le formidable usage que l'on en fait. Toute la vulgate de nos croyances républicaines se trouve en elle résumée : « un emploi, ça se mérite et pas de mérite sans effort » ; « il est riche, mais il l'a bien mérité » ; « à chacun selon ses capacités, selon ses talents ». Ces sentences paraissent frappées au coin de l'évidence. Ne sommes-nous pas tous capables de reconnaître le talent, la compétence ou l'effort, d'en jauger l'intensité, de mesurer l'ardeur dont il procède, d'en délimiter la portée et la profondeur, d'y faire correspondre enfin un juste niveau de rétribution?

Dans une telle perspective, le mérite peut être, *doit* être, l'alpha et l'oméga de la justice sociale, un producteur formidable de légitimité; il peut trôner sur les autels de nos rationalisations sociales embarrassées, fragile et fort de cette fragilité même, face à la vigueur dissimulée des innommables passe-droits, des népotismes industriels, des raccourcis de l'intégration, des coups de pouce à l'embauche, des préférences indues, de la mécanique bien huilée des réseaux immatériels qui nous font héritiers des relations et du milieu de nos parents. Le mérite nous met sur la voie de la seule justice distributive qui semble avoir grâce à nos yeux : *la justice sociale capacitaire.*

Grâce notamment aux efforts de sociologues [1], personne ne devrait pourtant plus ignorer la vision courte de cette forme de justice méritocratique et les torts psychologiques et sociaux qu'elle provoque. Érigée en dogme, elle présente de sérieux travers et notamment celui de se contredire elle-même dans ses objectifs de cohésion sociale. C'est donc à l'épreuve d'une conception dogmatique du mérite et des injustices auxquelles ses séductions faciles nous incitent, qu'il nous faut aujourd'hui repenser l'égalité des chances. Aller au bout de cette logique, s'attacher à formuler un tel principe dans les termes d'un *égalitarisme soutenable* – tout en sachant qu'il faut, pour ce faire, reconsidérer en profondeur l'idée que nous nous faisons de l'individu et de ses rapports à la société –, tels sont les objectifs que cet ouvrage souhaiterait pouvoir atteindre.

Pour ce faire, nous nous intéresserons, tout d'abord à la faveur d'un détour par l'histoire des idées, à la façon dont la question des inégalités est venue s'inscrire dans notre imaginaire social et dans les discours qui cherchent à l'exprimer [2].

La manière dont on énonce nos idées de justice sociale, dont on *parle* des inégalités, la manière dont on les articule à d'autres objectifs sociaux, sont en effet loin d'être neutres [3]. Les mots ou les discours ne sont pas que des instruments dont on use pour décrire des états de choses. Les discours sont aussi des manières d'agir qui renvoient à un contexte social et à des représentations qui peuvent être explicites ou non, conscientes ou non. Il est d'autant plus important de s'intéresser aux discours sur la justice sociale et les inégalités

1. Au-delà des travaux toujours très utiles de Raymond Boudon ou de Pierre Bourdieu sur la question, nous pensons ici notamment aux travaux de François Dubet (*L'École des chances : Qu'est-ce qu'une école juste ?* [Paris, Seuil, 2004] et *Injustices : L'expérience des inégalités au travail* [en coll., Paris, Seuil, 2006]) et de Marie Duru-Bellat (*L'Inflation scolaire. Les désillusions de la méritocratie, op. cit.*).

2. Charles Taylor, *Modern Social Imaginaries*, Londres, Duke University Press, 2004.

3. P. Fiala (dir.), *Inégalités. Usages lexicaux et variations discursives (18e-20e siècles)*, Paris, L'Harmattan, 1999.

que ces significations sociales ne jouent pas que sur notre rapport au présent, perçu étroitement en termes d'immédiateté. Elles jouent également pour le futur. Elles définissent aussi, comme l'a justement souligné l'historien allemand Reinhard Koselleck, des horizons d'attente. Ce pourquoi « la lutte pour le concept adéquat [peut prendre] de plus en plus une résonance politique et sociale [1] ». Parce que le combat sémantique est à la fois l'expression et l'instrument de luttes politiques et sociales, gardons à l'esprit que l'histoire des mots, des concepts, des représentations, des discours fait bien partie intégrante de l'histoire sociale.

C'est en nous plaçant dans une telle perspective que nous sommes conduits à nous interroger sur les rapports que la société moderne démocratique entretient avec l'égalité comme valeur. C'est parce que nous ressentons bien le caractère fondamental d'un tel rapport, que se pose toujours de nouveau, pour nous, le problème des inégalités *modernes*. La photographie d'une société inégale ne nous renseigne pas sur les éléments d'analyse et de discours qui ont contribué à constituer les inégalités en « problème » ; or ceci est primordial si l'on veut comprendre cette dimension essentielle de notre condition. Selon quelle logique s'est enclenché ce processus de configuration intellectuelle et normative ? Quels sont les ressorts thématiques d'une évolution qui se saisit de la notion de « rangs » pour nous la restituer, profondément transformée du point de vue de ses implications éthiques, sous la figure de l'« inégalité » ? Pour répondre à de telles questions, nous suivrons tout particulièrement l'œuvre d'Alexis de Tocqueville. Nul mieux que lui n'a perçu et senti les sourdes mutations sociales et morales qu'accompagnait la naissance du monde démocratique.

1. R. Koselleck, *Le Futur passé. Contribution à la sémantique des temps historiques*, trad. J. Hoock & M.-C. Hoock, Paris, Editions de l'EHESS, 2000.

L'égalisation des conditions, avait-il affirmé, est le moteur de la société démocratique. Cette thèse, associée à une analyse suggestive de ses implications, constitue sans doute l'un des enseignements les plus marquants que l'on puisse tirer de son œuvre si féconde. La « destruction continue des hiérarchies [1] » qui caractérisent l'univers aristocratique accompagnerait ainsi, en principe, le mouvement d'égalisation des conditions et celui d'autonomisation par le moyen duquel les individus en viennent à se concevoir comme *semblables*, par-delà leurs particularités et les spécificités du ou des groupes auxquels ils s'identifient. S'il est vrai que la démocratie et l'égalité ne se réalisent qu'à travers des relations si consubstantielles, quelles ressources possédons-nous alors pour penser l'inégalité à l'âge démocratique ? Sous les multiples formes qu'elle peut revêtir, n'est-elle, historiquement, que résiduelle ? Les inégalités peuvent-elles être justes ? Que faut-il à une simple différence (de statut, de richesse, de pouvoir, etc.) pour que nous en venions à la penser et à l'énoncer comme *inégalité* ? Pour le comprendre, examinons les circonstances modernes de la justice sociale.

1. Cf. la très belle analyse phénoménologique et tocquevillienne de Robert Legros, *L'Avènement de la démocratie*, Paris, Grasset, 1999.

I.

Les circonstances modernes de la justice

Ce que l'on appelle les institutions nécessaires ne sont souvent que les institutions auxquelles on est accoutumé.

TOCQUEVILLE, *Souvenirs* (1850-1851)

Dans son *Éthique à Nicomaque*, Aristote a défini la justice distributive en termes de proportionnalité [1]. Pour lui, le principe de la juste distribution prévoit que soit donné à chacun ce qui lui est dû. Ainsi pensait-il qu'il était naturel que des personnes qui, à certains égards, ne sont pas égales, obtiennent des parts inégales. La difficulté est toutefois de déterminer quelle facette de l'inégalité entre des personnes peut servir de base pour définir la proportion des parts qui leur sont dues. Aujourd'hui, à son niveau le plus fondamental, le problème de la justice sociale se conçoit encore, peu ou prou, en ces termes. Nous voyons bien cependant que cette définition de la justice n'est pas sans présupposé. Dans la présentation qu'il en donne en effet, Aristote précise que lorsque des parts inégales reviennent à des personnes égales

1. Aristote, *Éthique à Nicomaque*, trad. R. Bodéüs, Paris, Garnier-Flammarion, 2004, livre V.

ou que des parts égales vont à des personnes inégales, cela peut entraîner des « disputes » et des « plaintes ». Cela montre que la quantité de ce qui est ainsi réparti est au cœur de la confrontation et que la façon dont se pose la question de la quantité peut avoir une incidence sur la manière de penser et de dire la justice sociale.

David Hume en était, en tous les cas, convaincu. Et il l'avait expliqué dans son *Enquête sur les principes de la morale* (1751), en insistant sur ce qui lui paraissait être « les circonstances de la justice ». Il songeait alors à des conditions précises, telles que par exemple une situation d'abondance « de tous les biens extérieurs ». Si, « sans incertitude quant au cours des choses » et « sans aucun soin ni effort de notre part », écrivait-il, nous pouvons entrer en possession de tout ce que nos « appétits les plus voraces » ou de ce que notre « imagination la plus extravagante peut souhaiter ou désirer », alors la « justice ne serait jamais venue à l'esprit de quiconque » : « Dans quel but partager les biens, écrivait-il, si chacun a déjà plus qu'à suffisance ? Pourquoi établir la propriété, là où il est impossible qu'elle soit lésée ? Pourquoi déclarer cet objet *mien*, alors que, si quelqu'un venait à s'en saisir, je n'ai qu'à tendre la main pour m'emparer d'un autre objet d'égale valeur ? La justice, dans ce cas, étant totalement inutile, serait un cérémonial vain et ne pourrait jamais trouver place dans le catalogue des vertus [1]. »

De même, si l'altruisme le plus général régnait entre les êtres humains et que chacun « ne se sente pas plus préoccupé de son propre intérêt que de celui de ses compagnons », il ne fait aucun doute que la justice serait comme suspendue. Dans une logique de parcimonie [2], on invoquera l'inutilité d'une norme dont l'objet serait de contraindre des individus

1. David Hume, *Enquête sur les principes de la morale*, trad. Ph. Baranger & Ph. Saltel, Paris, Flammarion, 1991, section III, première partie.

2. Ruwen Ogien, *Le Rasoir de Kant*, Paris, Éditions de l'Eclat, 2003, pp. 90 *sqq*.

à faire ce qu'ils veulent accomplir de toute façon. C'est la raison pour laquelle David Hume estime qu'au sein de la famille, il ne saurait être en principe, question de « justice [1] ». La justice n'a de sens que dans le contexte d'une « propriété séparée ». Ou pour le dire autrement : la communauté de biens abolit la justice.

Hume envisage quelques autres cas qu'il n'est pas nécessaire d'évoquer. Nous avons compris l'essentiel, à savoir que « les règles de l'équité ou de la justice dépendent entièrement de la situation ou de l'état particulier dans lesquels les hommes sont placés [2] ». C'est précisément ce qu'il appelle les « circonstances de la justice ». Le très grand avantage de l'œuvre de Tocqueville, c'est qu'elle permet d'exprimer, jusque dans les tensions qui la traversent, une vision complexe et saisissante des circonstances *démocratiques* de la justice. Il est, à ce titre, un premier guide irremplaçable [3] dont le mérite est d'avoir su percevoir les contours et le travail d'un imaginaire social naissant qu'ils étaient peu nombreux, parmi ses contemporains, à entrevoir avec une telle acuité [4].

---

1. Notons que c'est encore une position que John Rawls reprendra plus tard à son compte et que critiqueront d'ailleurs des féministes pourtant proches de lui telles que Susan Moller Okin, dans « Justice et identité générique : un débat en cours », *Comprendre*, n° 2, « Le Lien familial », dir. par Sylvie Mesure et François de Singly, Paris, PUF, 2001.

2. David Hume, *Enquête sur les principes de la morale*, *op. cit.*, p. 90.

3. Sur ce rapport que permet de penser Tocqueville entre la « mentalité moderne » et l'expérience par laquelle elle se forge, voir Robert Legros, *L'Idée d'humanité*, Paris, Grasset, 1990, pp. 161-223.

4. Sur la singularité de l'œuvre de Tocqueville, cf. Pierre Manent, *Tocqueville et la nature de la démocratie*, Paris, Fayard, 1993 (rééd.). Précisons que nous entendons ici la notion d'imaginaire social dans un sens proche de celui développé par Cornelius Castoriadis dans *La Montée de l'insignifiance* (Paris, Seuil, 1996) et par Charles Taylor dans *Modern Social Imaginaries (op. cit.)*. C'est un sens que nous rapprochons de la notion de « conception du monde ». Voir sur ce point l'ouvrage très utile de Christian Berner, *Qu'est-ce qu'une conception du monde ?*, Paris, Vrin, 2006.

La voix tocquevillienne

Cet imaginaire était d'ailleurs, dans ses phases initiales, si peu aisément identifiable, que le sens du propos de Tocqueville donna lieu, en son temps, à des interprétations fort divergentes. Il ne l'ignorait d'ailleurs pas, comme le montre sa lettre à Eugène Stöffels du 21 février 1835 : « Je plais à beaucoup de gens d'opinions opposées, écrivait-il, non parce qu'ils m'entendent, mais parce qu'ils trouvent dans mon ouvrage, en ne le considérant que d'un seul côté, des arguments favorables à leur passion du moment [1]. » Face à de nouvelles configurations éthiques, politiques et sociales, la force de Tocqueville était de ne pas cantonner sa pensée à l'examen d'une seule de leurs dimensions. Il en résulte une finesse et une complexité dans l'analyse qui peuvent parfois jeter le trouble dans l'interprétation. Cette équivocité dans la réception demeure d'ailleurs. C'est ce dont atteste la pluralité des positions idéologiques que l'on impute à Tocqueville. Pour certains, Tocqueville est surtout le penseur des risques de la démocratie despotique (si utile pour les diverses formes de la pensée néo-libérale, toujours critiques à l'égard de l'Etat-providence, et se réjouissant, à l'instar de Friedrich Hayek, de trouver, chez Tocqueville, une franche opposition entre démocratie et socialisme [2]). Pour d'autres, Tocqueville,

1. Tocqueville, *Œuvres complètes*, tome VI, Paris, Gallimard, 1962.

2. L'économiste Friedrich Hayek cite ainsi très longuement, au chapitre II du *Chemin de la servitude*, le discours prononcé par Tocqueville, le 12 septembre 1848, sur la question du droit du travail et notamment ce passage : « La démocratie et le socialisme ne se tiennent que par un mot, l'égalité ; mais remarquez la différence : la démocratie veut l'égalité dans la liberté, et le socialisme veut l'égalité dans la servitude » (*Œuvres complètes*, tome III, Gallimard). Hayek se reconnaissait si volontiers dans les travaux de Tocqueville qu'il

en dépit de son attitude critique à l'égard de certaines tendances démocratiques, reste malgré tout attaché au principe d'une disparition des hiérarchies héritées.

La perspective à laquelle correspond le premier Tocqueville est elle-même très diverse, parce qu'il est en effet possible de penser selon des degrés différents l'idée selon laquelle la recherche de l'égalité représenterait un danger pour la liberté [1], mais une chose est sûre : le second Tocqueville a moins bonne presse auprès de nos penseurs néolibéraux. Et pour cause ! Gênante est une pensée suggérant que l'égalisation des conditions n'est pas encore égalité des conditions et qu'elle rencontre des obstacles que la société pourrait être légitimement amenée à vouloir surmonter. Il arrive en effet à Tocqueville de soutenir que ce processus n'a non seulement pas abouti mais qu'il a, de fait, donné lieu à une simple *recomposition* des inégalités. En ce sens, plutôt que d'incriminer la recherche de l'égalité, nous pourrions tout aussi bien inscrire la tyrannie d'un Etat-providence devenu tentaculaire, la dépolitisation de la société, au registre des *conséquences* de l'inégalité persistante. La Modernité, sous le regard avisé de Tocqueville, pourrait bien s'être trahie elle-même. On le constate, on ne fera pas, quoi qu'il en soit, entrer aisément l'œuvre de Tocqueville dans des catégories toutes faites.

La puissance heuristique de la pensée tocquevillienne semble en fait provenir du caractère atypique de son positionnement. Tocqueville, penseur de la démocratie en Amérique, offre aux « Américains » un regard qui vient de l'extérieur et cherche à percer le secret d'une dynamique à l'œuvre. L'extraordinaire accueil de la *Démocratie en Amérique*

proposa de nommer *Association Acton-Tocqueville*, le groupe qui devint finalement la très libertarienne Société du Mont Pèlerin.

1. Voir sur ce point l'ouvrage toujours précieux de Robert Dahl, *A Preface to Economic Democracy*, Berkeley, University of California Press, 1985.

s'expliquerait ainsi par le fait que Tocqueville ait su « lever le voile de la vie quotidienne et révéler les Américains à eux-mêmes ». Il a pu, de l'extérieur, « initier bon nombre d'odyssées intellectuelles au sein de l'âme américaine [1] ». Dans le même ordre d'idées, des commentateurs ont souligné que, pour des Américains cherchant à mieux comprendre leur identité et leur manière d'agir, Tocqueville avait été « un brillant explorateur [2] ». Tocqueville, penseur de la Révolution et de la société démocratique françaises, se tient également à distance de son objet. C'est, par rapport à son époque, une sorte d'« étranger » de l'intérieur. Françoise Mélonio a su attirer notre attention sur le « penseur excentrique de la liberté » qu'il fut et qu'il reste encore dans une très large mesure [3]. Tocqueville est bien ce penseur qui n'aura pris exclusivement parti ni pour la liberté des Modernes, ni pour celle des Anciens. Françoise Mélonio va même plus loin, estimant que Tocqueville « fait de la liberté des Anciens la garantie de la liberté des Modernes [4] ». Quoi qu'il en soit, il ne fut et ne sera donc pas l'homme d'un camp et, en un sens, il parvint aussi à ne pas être l'homme d'un temps. Tocqueville est ainsi cet *outsider* par excellence qui aura réussi à penser le cœur même de la vie démocratique [5].

Pour tenter de tirer de cette œuvre le meilleur parti, sur les questions qui nous occupent, il est essentiel de ne pas chercher à réduire la tension que nourrit cette centralité « excentrique » de la perspective tocquevillienne. C'est sans

1. Cheryl Welch, *De Tocqueville*, Oxford, Oxford University Press, 2001, p. 221. Voir également Sheldon Wolin, *Tocqueville Between Two Worlds*, Princeton, Princeton University Press, 2001.

2. Abraham Eisenstadt in *id.* (éd.), *Reconsidering Tocqueville's « Democracy in America »*, Rutgers University Press, 1988, p. 13.

3. Françoise Mélonio, *Tocqueville et les Français*, Paris, Aubier-Montaigne, 1993, pp. 198 *sqq.*

4. *Ibid.*, p. 198.

5. Cheryl Welch, *op. cit.*, p. 219 : « The combination of centrality of subject-matter and excentrality of perspective has magnified his power both to provoke fundamental discussion about democracy and to confer intellectual authority. »

doute elle qui nous permettra le mieux de saisir toutes les contradictions, les limites et les promesses d'une époque dont, pour une part essentielle, nous restons les héritiers[1]. Nous voudrions pouvoir laisser se déployer la singularité d'une trajectoire intellectuelle dont l'intérêt procède de ce rapport, fait de proximité et de distance, que Tocqueville entretint avec la société de son temps.

La cause de l'égalité

Comme Tocqueville le souligne d'emblée : « J'écris dans un pays et pour un pays où la cause de l'égalité est désormais gagnée sans retour possible vers l'aristocratie. Dans cet état de choses, j'ai senti que mon devoir était de m'appesantir particulièrement sur les mauvaises tendances que l'égalité *peut* faire naître afin de tâcher d'empêcher mes contemporains de s'y livrer[2]. » « La cause de l'égalité est gagnée » signifie ici que l'on n'en conteste plus la légitimité comme objectif à atteindre. Si Tocqueville peut considérer que, de ce point de vue, « la lutte est finie » (il dit aussi qu'il s'agit d'un « fait accompli »), c'est qu'il ne parle évidemment pas de l'égalité réelle, mais de l'égalité comme visée normative et historique. C'est d'ailleurs cette perception du caractère téléologique de l'égalité qui, tout à fait naturellement, le conduit à reconnaître la nécessité de combattre la dépen-

1. Notre propos ne contredit pas ici l'analyse de Robert Castel qui a su montrer, dans *La Métamorphose de la question sociale* (*op. cit.*, pp. 349 *sqq.*), que l'analyse tocquevillienne des ressorts du paupérisme est partagée par bon nombre de ses contemporains. L'originalité de Tocqueville et l'importance de sa contribution à l'élaboration d'un langage nouveau pour la justice à l'âge démocratique tiennent davantage, pour nous, aux liens qu'il établit entre la question de la justice et la forme sociale et politique de la démocratie. Sur ce point, mais dans une perspective différente, cf. Serge Paugam, *Les Formes élémentaires de la pauvreté*, Paris, PUF, 2005, pp. 22-23.

2. Lettre à Reeve du 15 septembre 1839, *Œuvres complètes*, tome VI, vol. 1, p. 48.

dance économique et la misère qui sont au principe de hiérarchies sociales persistantes : « Cet état de dépendance et de misère dans lequel se trouve de notre temps une partie de la population industrielle est un fait exceptionnel et contraire à tout ce qui l'environne, mais pour cette raison même, il n'en est de plus grave, ni qui mérite mieux d'attirer l'attention particulière du législateur; car il est difficile, lorsque la société entière se remue, de tenir une classe immobile, et, quand le plus grand nombre s'ouvre sans cesse de nouveaux chemins vers la fortune, de faire que quelques-uns supportent en paix leurs besoins et leurs désirs [1]. » Il est rare de voir la figure moderne de l'injustice sociale décrite avec tant de justesse et d'économie à la fois.

Tocqueville n'hésite pas à aller même plus loin, puisqu'il identifie la « caste » responsable de cette dépendance et de cette misère : il constate en effet que l'aristocratie, « chassée de la société politique », peut fort bien se retirer « dans certaines parties du monde industriel » et y établir « sous une autre forme son empire [2] ». Cela, ajoute-t-il, crée des déséquilibres et « influe puissamment sur les taux des salaires [3] ». On pourra reprocher à Tocqueville de ne pas avoir vu, ici, à quel point pourrait être despotique cette aristocratie manufacturière (à sa décharge, il ne pouvait anticiper la puissance d'une autre forme d'aristocratie : l'aristocratie financière), mais on ne pourra lui reprocher de ne point avoir entrevu la nécessité de penser en termes politiques cette question des inégalités économiques [4]. L'intuition tocquevillienne, avec une justesse encore une fois proprement déconcertante, s'énonce ainsi : c'est « de ce côté que les amis de la démocratie doivent sans cesse tourner avec inquiétude leurs regards;

1. *De la démocratie en Amérique, Œuvres complètes*, Paris, Gallimard, 1961, I, vol. 2, p. 199.
2. *DA, OC*, I, vol. 2, p. 198.
3. *Ibid.*
4. *DA, OC*, I, vol. 2, pp. 166-167.

car, *si jamais l'inégalité permanente des conditions et l'aristocratie pénètrent de nouveau dans le monde, on peut prédire qu'elles y entreront par cette porte* [nous soulignons] [1] ».

Dès les premières phases de *l'invention démocratique*, Tocqueville identifie donc parfaitement – quoique sur un mode inévitablement très général – un ensemble de problèmes distincts de ceux qui participent de sa critique de la démocratie despotique. Une poursuite de l'égalité réelle peut effectivement conduire à la constitution d'un État paternaliste, omniprésent et tout-puissant, selon une logique dont les effets ne peuvent être que liberticides. Mais la non-prise en compte du problème des inégalités réelles peut aussi provoquer une corruption interne de la dynamique démocratique, par la constitution de hiérarchies nouvelles ou par la transfiguration de hiérarchies plus anciennes. Nous comprenons alors en quel sens il est possible de dire des libertés économiques qu'elles rendent problématique l'exercice des libertés politiques [2].

Ces analyses nous aident à mieux cerner les raisons pour lesquelles les inégalités, dans le cadre de cet imaginaire social moderne que décrit si décisivement Tocqueville, ne peuvent nous apparaître que comme un problème dont il perçoit d'ailleurs très nettement les dimensions objectives et subjectives. Les inégalités réelles et le simple fait – quel que soit leur niveau – qu'elles s'aggravent, paraissent aller à rebours de l'histoire démocratique et nous exposent au risque ou à la crainte de voir naître, sous nos yeux, un nouvel « Ancien Régime ». Cette contradiction est d'autant plus mal vécue que la sensibilité moderne, portée par cet horizon d'attente

1. *Ibid.*, p. 167.

2. Pierre Rosanvallon, *Le Libéralisme économique. Histoire de l'idée de marché*, Paris, Seuil, 1979. Sur ce point, voir également les analyses que Michael Sandel consacre à l'« économie politique de la citoyenneté » dans *Democracy's Discontent. America in Search of a Public Philosophy*, Cambridge, The Belknap Press of Harvard University Press, 1996, pp. 123 *sqq.* Dans une autre perspective, cf. Richard Sennett, *The Corrosion of Character : The Personal Consequences of Work in the New Capitalism* (W.W. Norton, 1999) et *Respect. The Formation of Character in a World of Inequality* (Allen Lane, The Penguin Press, 2003).

qu'est la dynamique de l'égalisation des conditions, est devenue de plus en plus réfractaire à toutes les inégalités subsistantes. « La haine que les hommes portent au privilège s'augmente à mesure que les privilèges deviennent plus rares et moins grands, de telle sorte qu'on dirait que les passions démocratiques s'enflamment davantage dans le temps où elles trouvent le moins d'aliments [1]. » Nous n'ignorons plus désormais l'effet délétère d'une telle situation. Nous devons à Tocqueville l'intelligence de cette configuration idéologique complexe et la formulation d'une tension qui paraît donc contemporaine de la Modernité politique, éthique et sociale.

Malheureusement, il semble qu'il ne puisse guère nous conduire au-delà, vers ce qui pourrait être une possible résolution de cette tension constituante. Soucieux de dresser la carte des sensibilités politiques de son temps, Tocqueville, comme nous le verrons, avait tendance à n'expliquer en effet le succès des doctrines progressistes et contestataires au milieu du XIXe siècle, que par la pure envie, oublieuse de la nécessité d'équilibrer les désirs et les facultés. Ce faisant, il n'a sans doute pas contribué à poser le problème dans des termes qui puissent en permettre la résolution du point de vue des exigences même de la Modernité. C'est, au fond, qu'observant la montée en puissance de la question sociale, Tocqueville ne pouvait retenir le sentiment que la démocratie avait « été abandonnée à ses instincts sauvages [2] ».

Pour mesurer la pression que continue d'exercer sur nous cette tension, il faut que nous reprenions plus précisément les termes dans lesquels elle fut énoncée.

1. *De la démocratie en Amérique*, tome II, p. 361.
2. *DA*, *OC*, I, vol. 1, introduction, p. 5.

L'égalisation des conditions

Tocqueville le dit sans ambages : son livre, *De la démocratie en Amérique*, « a été écrit sous l'impression d'une sorte de terreur religieuse produite dans l'âme de l'auteur par la vue de cette révolution irrésistible qui marche depuis tant de siècles à travers tous les obstacles, et qu'on voit encore aujourd'hui s'avancer au milieu des ruines qu'elles a faites [1] ». Le premier sentiment que lui inspirent l'égalisation des conditions et la destruction progressive, invincible, des hiérarchies sociales, est donc bien un sentiment de terreur, lié à la conscience des effroyables désordres que cela pourrait provoquer : « Ainsi nous avons abandonné ce que l'état ancien pouvait présenter de bon, sans acquérir ce que l'état actuel pourrait offrir d'utile ; nous avons détruit une société aristocratique, et, nous arrêtant complaisamment au milieu des débris de l'ancien édifice, nous semblons vouloir nous y fixer pour toujours.

[...] Je cherche en vain dans mes souvenirs, je ne trouve rien qui mérite d'exciter plus de douleur et plus de pitié que ce qui se passe sous nos yeux [2] [...]. » « L'amour de l'égalité [3] » est ainsi, en même temps, une force négative qui, dans la violence parfois, se fait refus des différenciations sociales qu'exprime toute hiérarchie.

On ne peut prétendre saisir ce que vise ici Tocqueville, si

---

1. *DA, OC*, I, vol. 1, introduction, p. 4.
2. *DA, OC*, I, vol. 1, introduction, pp. 8-9.
3. Jean-Fabien Spitz, *L'Amour de l'égalité. Essai sur la critique de l'égalitarisme républicain en France 1770-1830*, Paris, Vrin, 2 000. Ce livre très utile permet de repérer les principaux éléments du contexte intellectuel dans lequel interviendra Tocqueville.

l'on ne replace pas cette idée dans le cadre providentialiste sur lequel il fait fond. L'égalisation des conditions est portée par une histoire ; c'est un phénomène auquel il serait vain de s'opposer : l'horizon de toute société où se manifeste ce processus d'égalisation des conditions est ainsi, irrémédiablement, la démocratie. Tout au plus, pouvons-nous, selon Tocqueville, espérer l'orienter vers l'une des deux formes possibles de la démocratie (libérale ou despotique).

Au moment où Tocqueville écrit, les effets de ce processus sont déjà multiples. Il note à ce titre que le processus induit, par exemple, un adoucissement des mœurs [1] et une baisse de la valeur de la naissance : « A mesure [...] qu'il se découvre des routes nouvelles pour parvenir au pouvoir, on voit baisser la valeur de la naissance [2] », écrit-il. Pourtant ce n'est pas dans le contexte d'une société adossée à un Ancien Régime que la notion lui est apparue le plus clairement. La destruction des hiérarchies est une conséquence de l'égalisation des conditions, mais l'égalisation des conditions n'est pas qu'un instrument en vue de cette destruction.

La notion d'égalité à laquelle renvoie « l'égalité des conditions » est différente de celle qu'il dit percevoir alors en France. Cette égalité est avant tout une égalité *sociale* qui porte au-delà de l'égalité devant la loi et s'affranchit progressivement de l'idée selon laquelle la société serait structurée suivant des rangs sociaux. C'est une égalité qui n'interdit pas les inégalités de fait mais qui souligne leur caractère transitoire. Cela signifie que, si des inégalités demeurent, celles-ci ne sont plus rapportées à des classes. Tocqueville vise ici, en d'autres termes, l'idée de mobilité sociale qui repose, à son niveau le plus fondamental, sur une expérience de l'autre comme « semblable » : « Les génies les plus profonds et les

1. *DA*, *OC*, I, vol. 2, III, chap. 1er.
2. *DA*, *OC*, I, vol. 1, introduction, p. 2.

plus vastes de Rome et de la Grèce, écrit ainsi Tocqueville, n'ont jamais pu arriver à cette idée si générale, mais en même temps si simple, de la similitude des hommes et du droit égal que chacun d'eux apporte, en naissant, à la liberté [1] [...]. »

Là réside sans doute le point névralgique de l'analyse tout entière. Dans le monde moderne, l'autre est mon semblable en tant qu'il est homme, quand bien même je le perçois en même temps dans sa ou ses particularités. Tocqueville peut aller alors assez loin dans la description de ce qu'une telle mutation implique. Il montre ainsi comment la disparition des hiérarchies n'est pas seulement significative par l'abolition des privilèges qu'elle suppose; elle l'est surtout parce qu'elle procède d'une transformation de la façon dont l'individu en vient à faire l'expérience de l'autre. L'affaissement des hiérarchies est porté par une sorte de développement de l'empathie, qui voit les individus progressivement l'éprouver par-delà les frontières qui séparaient les diverses classes de l'État [2]. La modernisation du lien social (sa démocratisation) suppose ainsi une extension du champ de l'empathie au-delà des limites du groupe social auquel on s'identifie; elle suppose, nous dit Tocqueville, « une façon particulière de sentir ». Apparaît ici clairement la façon dont sont étroitement associés égalisation des conditions, destruction des hiérarchies et adoucissement des mœurs.

La démocratie moderne correspond donc à cette conquête collective (en cours de réalisation) d'une égalité entre les hommes qui comprend l'égalité de droit, mais tend aussi à une forme d'égalité réelle. Si l'idée d'égalisation des conditions a joué, sur le plan intellectuel, un rôle si fondamental pour Tocqueville, c'est parce qu'il s'inquiète, pour sa part, des effets négatifs que celle-ci pourrait avoir sur la liberté.

1. *DA*, *OC*, I, vol. 2, p. 22.
2. *DA*, *OC*, I, vol. 2, III, chap. 1er, p. 172.

Cela ne signifie pas qu'il se désintéresse de l'égalité, mais qu'il accorde une primauté à la liberté sur l'égalité. Nous pourrions dire, en usant d'un vocabulaire qu'ignore bien évidemment Tocqueville, que dans la société démocratique, portée par le processus d'égalisation des conditions, la priorité lexicale de la liberté sur l'égalité est, selon lui, loin d'être assurée [1]. Pour « domestiquer » le devenir de la société démocratique, il s'agira donc d'y fonder la liberté, tout en sachant que cela ne pourra se faire « qu'en respectant l'égalité [2] ». Cette égalité toutefois possède une signification très particulière dans la mesure où elle procède en même temps d'une représentation inédite de l'individu qui joue un rôle central dans la configuration éthique, politique et sociale du monde démocratique moderne.

L'individualisme en question

Si la notion d'individualisme est déjà évoquée dans une note du 11 mai 1835 des *Carnets de voyage* [3], la thématique de l'individualisme ne gagne vraiment en importance que dans le second tome de *De la démocratie en Amérique*. Alors que jusqu'à présent il parlait plus volontiers de l'égoïsme des hommes, il va recourir au concept d'individualisme pour marquer une spécificité des temps modernes : « L'*individualisme*, écrit-il, est une expression récente qu'une idée nouvelle a fait naître. Nos pères ne connaissaient que l'égoïsme [4]. »

1. Nous entendons ceci au sens que mobilise Rawls, lorsque, dans sa *Théorie de la justice*, celui-ci parle d'un ordre de priorité lexicale entre les deux principes de justice.
2. Inédits Yale, CV, g. cahier 39, cité par J.-C. Lamberti, *op. cit.*, p. 59.
3. *OC*, V, 2, p. 49, cité par J.-C. Lamberti, *op. cit.*, p. 217.
4. *DA*, *OC*, I, vol. 2, p. 105.

La nouveauté de l'expression vise surtout à introduire une innovation conceptuelle qui, transformant le discours, puisse entraîner une innovation éthique ou donner à cette innovation un cadre qui lui confère sens et intelligibilité. Il s'agit plus précisément de retirer à ce que recouvre cette « idée nouvelle » toutes les connotations dont est chargé le terme *égoïste*. Ainsi l'égoïsme est-il présenté comme « un amour passionné et exagéré de soi-même », alors que l'individualisme s'affirme comme un « sentiment réfléchi et paisible qui dispose chaque citoyen à s'isoler de la masse de ses semblables et à se retirer à l'écart avec sa famille et ses amis [1] ». L'égoïsme est « un vice aussi ancien que le monde », alors que l'individualisme « est d'origine démocratique [2] » et se déploie à mesure que s'accentue l'égalisation des conditions. Tocqueville constate que, paradoxalement, l'expérience de l'autre comme semblable est profondément liée à cette tendance de l'homme démocratique à se « resserrer » en lui-même, tandis que se défont les liens qui structuraient l'ordre ancien [3]. Si, comme Tocqueville l'écrit également, l'individualisme correspond à l'isolement dans lequel les cœurs et les esprits s'enferment [4], cet isolement de l'individu s'accompagne cependant d'une conscience accrue de sa propre fragilité qui nourrit sa capacité d'empathie et peut le conduire à s'interroger sur les institutions grâce auxquelles pourraient être prévenus, réduits, compensés les risques de l'existence humaine.

Cet individualisme est en outre indissociable d'une cer-

---

1. *Ibid.*
2. *Ibid.*
3. Pierre Charbonnier, « La Seigneurie comme forme de protection sociale » in A. Gueslin & P. Guillaume (dir.), *De la charité médiévale à la sécurité sociale*, Paris, Les Éditions ouvrières, 1992, pp. 73-82. Dans cet article, l'auteur s'attache à nuancer, très prudemment, l'image que l'on a de la Seigneurie.
4. *Inédits Yale*, CV, g, cahier 3, cité par J.-C. Lamberti, *op. cit.*, p. 218. Sur l'histoire du concept, cf. Koenrad W. Swart, « "Individualism" in the Mid-Nineteenth Century » in *The Journal of the History of Ideas*, vol. 23, n° 1 (1962), pp. 77-90.

taine représentation de l'évolution du devoir et de l'intérêt. Pour Tocqueville, la représentation du devoir qui domine une société est liée à la structure même du pouvoir. Ainsi, lorsque le monde était dirigé par un nombre limité d'individus « puissants et riches, ceux-ci aimaient à se former une idée sublime des devoirs de l'homme ; ils se plaisaient à professer qu'il est glorieux de s'oublier soi-même et qu'il convient de faire le bien sans intérêt [1] ». Tocqueville ne le précise pas, mais peut-être pouvons-nous entendre par là que la « doctrine officielle de ce temps en matière de morale » avait pour fonction d'aider les individus qui ne sont ni riches, ni puissants, à accepter de vivre dans la criante conscience des inégalités qu'ils subissent. Il est tentant pour ceux qui conduisent le monde de donner à ceux qui le subissent des raisons d'accepter le sort qui leur est réservé : « oubliez-vous vous-mêmes, ne regardez pas à votre intérêt, mais jugez combien sont glorieux et sublimes les devoirs du désintéressement. C'est par là que viendra votre salut ».

Cette opposition du salut et de l'intérêt s'abolit avec l'égalisation des conditions. L'imagination prend alors « un vol moins haut » et chacun en vient à se concentrer « en soi-même ». C'est l'idée même de sacrifice qui répugne désormais aux moralistes. Nous entrons dans « l'ère de l'éthique indolore [2] ». Les préoccupations éthiques de l'individu des temps démocratiques s'organisent autour de l'intérêt propre, dont le sens se trouve désormais déterminé par une interrogation sur *l'utilité* de la vertu, et non plus simplement sur ses beautés et sa pureté.

Parce que l'on ne peut cependant faire l'économie d'une doctrine morale, on cherche à la définir par le repérage des

1. *DA*, *OC*, I, vol. 2, p. 127.

2. Cf. Gilles Lipovetsky, « "Changer la vie" ou l'irruption de l'individualisme transpolitique » in *Pouvoirs*, 39 (1986), pp. 91-100, ainsi que son livre très stimulant, *Le Crépuscule du devoir. L'éthique indolore des nouveaux temps démocratiques*, Paris, Gallimard, 1992.

conditions d'une articulation possible entre l'intérêt individuel et le bonheur de tous. Cette évolution désole manifestement Tocqueville. Il perçoit cette dé-transcendantalisation du devoir comme un abaissement de l'humanité avec lequel il s'agira, *a posteriori*, de composer en tentant de lui trouver des mérites. Ainsi note-t-il que les moralistes « se *réduisent* [...] à rechercher si l'avantage individuel des citoyens ne serait pas de travailler au bonheur de tous ». Lorsqu'ils trouvent finalement « un de ces points où l'intérêt particulier vient à se rencontrer avec l'intérêt général, et à s'y confondre, ils se hâtent de le mettre en lumière ». Tocqueville nuance cependant la valeur et la portée de cette découverte : il ne dit pas que l'intérêt particulier et l'intérêt général se rejoignent, mais que « l'on *croit* enfin apercevoir que l'homme en servant ses semblables sert lui-même, et que son intérêt particulier est de bien faire [1] ». Ce faisant, s'affirme de nouveau la doctrine de « l'intérêt bien entendu [2] ». Il y voit « une doctrine peu haute, mais claire et sûre » qui « ne cherche pas à atteindre de grands objets » mais qui « atteint sans trop d'efforts tous ceux auxquels elle vise ». Et Tocqueville d'ajouter : « Comme elle est à la portée de toutes les intelligences, chacun la saisit aisément et la retient sans cesse. S'accommodant merveilleusement aux faiblesses des hommes, elle obtient facilement un grand empire, et il ne lui est point difficile de le conserver, parce qu'elle retourne l'intérêt personnel contre lui-même et se sert, pour diriger les passions, de l'aiguillon qui les excite [3]. »

Pessimiste quant à la capacité de l'homme de vivre selon les seules exigences du devoir, telles qu'elles se définissaient dans le monde aristocratique, Tocqueville dégage ainsi les contours d'une morale à visage humain ou, pour reprendre

1. *DA*, *OC*, I, vol. 2, chap. VIII, p. 127. C'est nous qui soulignons.
2. *DA*, *OC*, I, vol. 2, chap. VIII, p. 128.
3. *DA*, *OC*, I, vol. 2, chap. VIII, p. 129.

la formule heureuse de Michael Sandel : une morale « à visage humien [1] ». Celle-ci abaisse sans doute quelques individus, mais est globalement bénéfique dans la mesure où elle a par ailleurs le mérite d'élever l'espèce [2]. Cette morale est, pour Tocqueville, la seule qui soit, en d'autres termes, à la portée de l'humanité ordinaire : « Je ne craindrai pas de dire que la doctrine de l'intérêt bien entendu me semble, de toutes les théories philosophiques, la mieux appropriée aux besoins des hommes de notre temps, et que j'y vois la plus puissante garantie qui leur reste contre eux-mêmes [3]. » Tocqueville a beau ne point se réjouir, dans l'absolu, d'une telle évolution, il lui trouve l'avantage de faire advenir une morale du moindre mal à laquelle il serait, de toute façon, vain de vouloir s'opposer : « Il n'y a pas de pouvoir sur la terre qui puisse empêcher que l'égalité croissante des conditions ne porte l'esprit humain vers la recherche de l'utile, et ne dispose chaque citoyen à se resserrer en lui-même [4]. »

Force est donc de constater que la représentation tocquevillienne de l'individualisme démocratique est indissociable d'une reconnaissance de la centralité éthique de l'intérêt et de l'utilité. Pour un critique de la Modernité tel que Alasdair MacIntyre, une telle conception morale présente un défaut majeur, celui de laisser échapper la possibilité de

1. Michael Sandel, *Liberalism and the Limits of Justice*, Cambridge, Cambridge University Press, 1982, introduction, p. 13. Il a forgé cette formule en référence à la tentative de Rawls de rapporter le contenu de la doctrine kantienne aux canons d'un empirisme raisonnable.

2. *DA, OC*, I, vol. 2, chap. VIII, p. 129 : « Si la doctrine de l'intérêt bien entendu venait à dominer entièrement le monde moral, les vertus extraordinaires seraient sans doute plus rares. Mais je pense aussi qu'alors les grossières dépravations seraient moins communes. La doctrine de l'intérêt bien entendu empêche peut-être quelques hommes de monter fort audessus du niveau ordinaire de l'humanité ; mais un grand nombre d'autres qui tombaient audessous la rencontrent et s'y retiennent. Considérez quelques individus, elle les abaisse. Envisagez l'espèce, elle l'élève. »

3. *Ibid.* Sur le rapport de la pensée de Tocqueville à l'utilitarisme, voir Catherine Audard, « La tradition utilitariste : Bentham, Mill et Sidgwick » in Alain Renaut (dir.), *Histoire de la philosophie politique*, vol. 4, Paris, Calmann-Lévy, 1999, p. 53 *sqq*.

4. *DA, OC*, I, vol. 2, chap. VIII, p. 129.

justifier rationnellement une moralité objective [1]. Pour lui, prendre acte que nous nous tenons dans un *Après la vertu*, cela « ne signifie pas seulement que la moralité n'est plus ce qu'elle était, mais, également et de manière plus significative, que la moralité a, dans une très large mesure, disparu ». C'est le signe d'une « dégénérescence », d'une grave « perte culturelle [2] ». Le propos de Tocqueville est bien différent. La vertu se métamorphose, mais ne disparaît pas. Il y a, pour lui, une vertu d'*après la vertu*.

Cette vertu nouvelle des temps démocratiques est libérale, c'est-à-dire qu'elle suppose que les individus soient d'abord et avant tout reconnus comme ayant la capacité et le droit de se déterminer eux-mêmes. Agir en fonction de préférences est, de ce point de vue, une des modalités de la liberté. C'est précisément cette liberté qui informe le rapport de l'individu à la conscience de son intérêt propre. Cette thèse ne correspond évidemment pas à une tentative de résolution du problème, mais relève davantage d'une formulation de celui-ci : « l'intérêt individuel deviendra plus que jamais, écrit Tocqueville, le principal, sinon l'unique mobile des actions des hommes ; mais il reste à savoir comment chaque homme entendra son intérêt individuel [3] ». Que faire pour s'assurer que l'intérêt ne soit pas simplement égoïste, mais puisse aussi être « éclairé » ? Cette question pose le problème de la relation entre sphère privée et sphère publique puisque l'individu ne sera dit « éclairé » que dans la mesure où il saura comprendre qu'il est parfois aussi dans son intérêt de sacrifier ses intérêts particuliers.

La relation entre sphère privée et sphère publique est devenue un problème central de la vie démocratique.

1. Alasdair MacIntyre, *After Virtue*, Notre Dame, University of Notre Dame, 1984 (2e édition), p. 19.
2. *Ibid.*, p. 22.
3. *DA*, *OC*, I, vol. 2, chap. VIII, pp. 129-130.

L'égalisation des conditions a ceci de particulier qu'elle ne semble rien laisser en dehors de sa juridiction. Dans tous les secteurs de l'activité sociale, l'individualisme paraît devoir s'immiscer. Les conséquences sont, pour Tocqueville, de plusieurs ordres. Nous assisterions, à mesure que l'individualisme se renforce, à un formidable mouvement de repli sur soi dont Hannah Arendt, dans *La Condition de l'homme moderne*, a brillamment dénoncé les conséquences tant d'un point de vue social que politique [1]. « Chacun songe à soi, écrivait aussi Sieyès en 1792, et veut faire son affaire à part. Il se fait de son bonheur l'idée que les circonstances lui ont permis d'avoir, et il veut y aller à sa manière. S'il s'unit avec d'autres qui tous pensent de même c'est pour s'assurer de n'être point troublé dans son travail, dans ses efforts, dans sa richesse [2]. » Selon Tocqueville, le lien social (lorsqu'il n'est plus que d'ordre privé ou naturel) n'est plus alors suffisamment dense : « après s'être créé une petite société à son usage, il abandonne volontiers la grande société à elle-même [3] ». L'individualisme s'accompagnerait ainsi d'un mouvement généralisé de désertion civique qui entame les fondements de l'organisation sociale : « l'aristocratie avait fait de tous les citoyens une longue chaîne qui remontait du paysan au roi ; la démocratie brise la chaîne et met chaque anneau à part [4]. » Ainsi la notion même de hiérarchie devient-elle, par principe, problématique ; ce qui se manifesterait par les formes multiples que peut prendre la mise en cause de l'autorité (requise pourtant dans le cadre de la transmission) et de la légitimité. L'homme, selon l'une des

1. Hannah Arendt, *The Human Condition*, Chicago, The University of Chicago Press, 1958, pp. 22-78.
2. Sieyès, « Contre la Ré-totale » in Pasquale Pasquino, *Sieyès et l'invention de la Constitution en France*, Paris, Odile Jacob, 1998, p. 176.
3. *DA*, *OC*, I, vol. 2, p. 105.
4. *Ibid.*, p. 106.

figures de « l'ingratitude », ne se veut plus « héritier [1] » : « Ainsi, non seulement la démocratie fait oublier à chaque homme ses aïeux, mais elle lui cache ses descendants et le sépare de ses contemporains ; elle le ramène sans cesse vers lui seul et menace de le refermer enfin tout entier dans la solitude de son propre cœur [2] ».

Ces intuitions tocquevilliennes n'impliquent toutefois pas, comme a pu le penser Hannah Arendt, que le repli sur soi doive entraîner une « étroitisation » de la vie individuelle. La vie en tant que vie individuelle se transforme certes, mais ce faisant elle transforme aussi ce à quoi elle se rapporte. L'histoire de la Modernité ainsi comprise se présente, également, comme histoire de l'extension du domaine privé. En première analyse, celle-ci peut sembler entamer l'intégrité de l'espace public. En y regardant de plus près toutefois, on constatera qu'il en va autrement. Le repli privatiste sur soi est de fait une logique de conquête ou de colonisation de la sphère publique. Nous n'observons pas seulement une diminution de l'espace public, mais sa transformation. Nous n'assistons pas seulement à une réduction du champ de juridiction de l'intérêt public, mais à une métamorphose de la représentation que nous nous en faisons.

Comment alors – ne serait-ce que d'un point de vue tocquevillien – articuler le constat du statut problématique des inégalités au regard des dynamiques de la Modernité et une définition de l'individualisme qui conduit à quasiment sacraliser une conception monadique de choix ? Comment, dans une telle perspective, justifier le principe d'une intervention de l'État destinée à réduire les inégalités grâce à des dispositifs de protection et de régulation sociales – alors même qu'une telle intervention ne peut que limiter le choix

1. C'est là une thématique chère à Alain Finkielkraut, cf. *L'Ingratitude*, Paris, Gallimard, 1999.

2. *DA*, *OC*, I, vol. 2, p. 106.

tel que le définit Tocqueville? Et comment, si cette action de l'État doit être acceptable en son principe, définir le niveau et la nature des inégalités acceptables? Il faut bien comprendre que, pour une part essentielle, nos débats politiques se structurent autour de problèmes qui se posent encore parce que nous n'avons pas su apporter de réponses satisfaisantes à ces questions qui toujours ressurgissent face au constat de l'insuffisance de l'égalité formelle des droits.

Liberté et exploitation

On sait ce que fut la fameuse critique marxienne des « droits de l'homme ». Marx et ses épigones les stigmatisèrent comme produits d'une révolution et d'une démocratie bourgeoises. Dans un texte de 1867, qu'en raison de sa force et de son influence nous nous permettrons de reprendre intégralement, Marx identifiait vigoureusement les bases de ce qui deviendrait la lecture marxiste ou crypto-marxiste de la révolution démocratique : « La sphère de la circulation des marchandises, écrit-il, où s'accomplissent la vente et l'achat de la force de travail, est en réalité un véritable Eden des droits naturels de l'homme et du citoyen. Ce qui y règne seul, c'est Liberté, Égalité, Propriété et Bentham. *Liberté!* car ni l'acheteur ni le vendeur d'une marchandise n'agissent par contrainte; au contraire ils ne sont déterminés que par leur libre arbitre. Ils passent contrat ensemble en qualité de personnes libres et possédant les mêmes droits. Le contrat est le libre produit dans lequel leurs volontés se donnent une expression juridique commune. *Égalité!* car ils n'entrent en rapport l'un avec l'autre qu'à titre de possesseurs de marchandises, et ils échangent équivalent contre équivalent.

Propriété! car chacun ne dispose que de ce qui lui appartient. *Bentham!* car pour chacun d'eux il ne s'agit que de lui-même. La seule force qui les mette en présence et en rapport est celle de leur égoïsme, de leur profit particulier, de leurs intérêts privés. Chacun ne pense qu'à lui, personne ne s'inquiète de l'autre, et c'est précisément pour cela qu'en vertu d'une harmonie préétablie des choses, ou sous les auspices d'une providence tout ingénieuse, travaillant chacun pour soi, chacun chez soi, ils travaillent du même coup à l'utilité générale, à l'intérêt commun [1]. »

Faisant écho à certains aspects de la critique du droit et de la propriété que donne Rousseau dans le *Second Discours sur l'origine et les fondements de l'inégalité parmi les hommes*, Marx se fait moraliste dans la dénonciation de cette innovation juridique et politique. Il inscrit d'emblée « les droits de l'homme » dans l'horizon d'une duplicité qu'il s'agit pour lui de faire éclater au grand jour. Paradant sous les augures d'une égalité morale enfin conquise entre les êtres humains, les « droits de l'homme » représenteraient bien plutôt la consécration de l'égoïsme moral. Les « droits de l'homme » ne mettent pas les êtres humains sur un pied d'égalité, mais les jettent en fait bien plus sûrement les uns contre les autres. À cette première dimension de la critique marxienne, qui recoupe certains aspects de la critique conservatrice, telle qu'elle se trouve par exemple exprimée dans les travaux d'Edmund Burke [2], Marx en ajoute une seconde, interne celle-ci et reposant sur une contestation du caractère émancipatoire des « droits de l'homme » et, en général, des Déclarations qui se font fort de les instituer. A l'instar de Rousseau, mais dans les termes d'une philosophie de l'histoire revue et

1. Karl Marx, *Le Capital*, trad. J. Roy, révisée par l'auteur, livre I, chap. VI, « La transformation de l'argent en capital », Paris, Éditions sociales, 1976, p. 135.

2. *Réflexions sur la Révolution française* (1790), trad. P. Andler, Paris, Hachette Pluriel, 1989, pp. 74 *sqq*.

précisée grâce aux catégories de l'économie classique, Marx dénonce la partialité d'un dispositif juridique dont la finalité ne serait que de préserver les intérêts de la classe possédante au détriment des autres : nul n'ignore que pour lui, « la société bourgeoise moderne issue de la ruine de la société féodale, n'a pas aboli les oppositions de classes. Elle n'a fait que substituer aux anciennes des classes nouvelles, des conditions d'oppression nouvelles, de nouvelles formes de lutte [1] ».

L'injustice sociale se définit ainsi chez Marx par le thème de l'exploitation. Celle-ci se manifeste selon lui dans la relation entre le capitaliste propriétaire des moyens de production et le salarié qui n'a d'autres ressources que de vendre sa force de travail.

En quel sens cette relation est-elle injuste ? Elle l'est dès lors que le propriétaire d'un capital (de capitaux) obtient d'un employé (sans capital) un produit et cela en vertu de son seul statut de propriétaire. Parce que l'employé est sans capital, il est en quelque sorte contraint de remettre une part de ce qui devrait lui revenir dans le cadre d'un échange égal pour avoir accès à des moyens de production. C'est ce prélèvement sur la rétribution de l'échange due à l'employé qui est constitutif, d'un point de vue marxiste, de l'injustice. Il correspond à ce que Marx appelle parfois un « vol de temps de travail ». En effet, selon cette perspective, le salaire de l'employé ne correspond jamais qu'à une partie de son temps de travail. S'il est égal, le contrat de travail ne l'est jamais qu'en apparence. C'est la magie d'un « surtravail » dissimulé qui, dans l'esprit de Marx, correspond à une forme de rémunération que le salarié verse à l'employeur pour que celui-ci lui permette d'accéder aux moyens de production.

1. Marx et Engels, *Manifeste du parti communiste* (1848), éd. E. Bottigelli et G. Raulet, Paris, GF-Flammarion, 1998, p. 74.

Il existe, dans la tradition marxiste, d'autres manières de critiquer la société capitaliste (certains courants mettent ainsi en avant le fait que le système d'échange de type capitaliste est un obstacle à l'épanouissement humain), mais néanmoins l'objection du vol de la force de travail est celle qui, de ce point de vue, permet le mieux de qualifier comme « injuste » ce système d'échanges. Ceux qui stigmatisent le caractère injuste de la répartition des richesses le font en se fondant au moins implicitement sur le fait que cette répartition est injuste *parce qu'*elle contraint certains à travailler gratuitement pour d'autres.

Marx ne considère pas que le discours des droits de l'homme soit lui-même travaillé par une contradiction entre une logique d'émancipation et une logique d'aliénation [1]. Ce Discours est bien plutôt l'expression, le symptôme, la résultante en même temps que l'instrument d'une domination de classes. L'homme non propriétaire de moyens de production se retrouverait ainsi doublement esclave : esclave à l'égard de son propre intérêt et esclave à l'égard de celui qui daignera lui acheter sa force de travail [2]. L'État et le droit sont par essence un État et un droit « bourgeois », c'est-à-dire qu'ils

1. Marcel Gauchet a, pour sa part, mis l'accent sur cette dimension intrinsèquement dialectique des Déclarations. Il écrit en ce sens : « Il est un envers menaçant – qui ne le sait à présent ? – du projet d'une société libérée de toute oppression : la domination totale. Il peut parfaitement y avoir aussi un revers à la lutte naïve pour l'accroissement de la sphère des droits de l'individu : le renforcement du rôle de l'État, l'approfondissement de l'anonymat social, l'aggravation encore du désintérêt pour la chose publique et de la banalisation angoissée des conduites. » (« Les droits de l'homme ne sont pas une politique » [1980] in M. Gauchet, *La Démocratie contre elle-même*, Paris, Gallimard, 2002, pp. 24-26).

2. Karl Marx, *La Sainte Famille* (1845), avec F. Engels, Paris, Éditions sociales, 1969, p. 139 : « La reconnaissance des droits de l'homme par l'État moderne ne signifie pas autre chose que la reconnaissance de l'esclavage par l'État antique. La base naturelle de l'État antique, c'était l'esclavage ; celle de l'État moderne, c'est la société bourgeoise, l'homme de la société bourgeoise, c'est-à-dire l'homme indépendant, qui n'est rattaché à autrui que par le lien de l'intérêt privé et de la nécessité naturelle, dont il n'a pas conscience, l'esclavage du travail intéressé, de son propre besoin égoïste d'autrui. L'État moderne, dont c'est la base naturelle, l'a reconnue comme telle dans la proclamation universelle des droits de l'homme. Et ces droits, il ne les a pas créés. Produit de la société bourgeoise poussée, par sa propre évolution, à dépasser les anciennes entraves politiques, il ne faisait que reconnaître quant à lui sa propre origine et son propre fondement en proclamant les droits de l'homme. »

correspondent à ces conditions nouvelles de l'oppression auxquelles répondront des formes de luttes inédites dont l'objet ne pourra pas être d'organiser un mode d'articulation entre propriété, liberté et solidarité, mais de « socialiser » la propriété des moyens de production afin d'établir les conditions d'un travail non aliéné.

On constate que l'argument ne se place pas, au fond, sur le terrain de la justice sociale [1]. Ne parvenant pas à imaginer une manière d'égaliser la répartition des ressources dans le contexte de l'économie moderne, il se rabat sur une logique maximaliste qui vise l'abolition de la propriété privée des moyens de production. Essentiellement axée sur le problème de l'exploitation, son analyse ne donne pas sa pleine mesure au problème de l'injustice sociale [2]. En un sens, nous pourrions dire que la véritable difficulté se trouve ainsi, non pas résolue, mais contournée. Selon une logique du tout ou rien, Marx laisse échapper la question cruciale des degrés de la propriété. L'illusion consistant à croire que l'abolition de cette forme spécifique d'appropriation fera cesser l'exploitation.

La propriété, dernier des privilèges

Dans sa manière de construire la représentation de la propriété comme privilège, Alexis de Tocqueville rassemble et élabore des éléments de langage dans lesquels aurait aussi pu

1. Robert C. Tucker, *The Marxian Revolutionary Idea*, New York, Norton & Co, 1969; Allen W. Wood, « The marxian critique of justice », *Philosophy and Public Affairs*, vol. 1, n °3, 1972, pp. 244-282. Voir également le développement que consacre à ce problème Alain Renaut dans *Qu'est-ce qu'une politique juste ?*, *op. cit.*, pp. 123 *sqq.*

2. Pierre Rosanvallon, *La Nouvelle Question sociale*, *op. cit.*, p. 7. Sur la possibilité de resituer, chez Marx, le thème de l'exploitation dans une perspective axée sur la répartition, voir Richard J. Arneson, « What's wrong with exploitation? », *Ethics*, vol. 91, n °2, 1981, pp. 202-227.

s'exprimer le marxisme de Marx. Dans ses *Souvenirs* (1850-1851), il rapporte ainsi qu'avec quelques amis parlementaires, il avait songé à rédiger « un programme sous forme de manifeste » qui définirait la marche qu'ils entendaient suivre pour « la session législative prochaine » afin de mettre cette question de la propriété au cœur des discussions.

Tocqueville fut chargé de rédiger ce programme et, en octobre 1847, il s'attela à la tâche. Il écrivit alors, avec la clairvoyance à laquelle il nous a accoutumés, « le temps viendra où le pays se trouvera de nouveau partagé entre deux grands partis. La Révolution française, qui a aboli tous les privilèges et détruit tous les droits exclusifs, en a pourtant laissé subsister un, celui de la propriété. Il ne faut pas que les propriétaires se fassent illusion sur la force de leur situation, ni qu'ils s'imaginent que le droit de propriété est un rempart infranchissable parce que, nulle part jusqu'à présent, il n'a été franchi, car notre temps ne ressemble à aucun autre. Quand le droit de propriété n'était que l'origine et le fondement de beaucoup d'autres droits, il se défendait sans peine ou plutôt il n'était pas attaqué ; il formait alors comme le mur d'enceinte de la société dont tous les autres droits étaient les défenses avancées ; les coups ne portaient pas jusqu'à lui ; on ne cherchait même pas sérieusement à l'atteindre. Mais aujourd'hui que le droit de propriété n'apparaît plus que comme le dernier reste d'un monde aristocratique détruit, lorsqu'il demeure seul debout, privilège isolé au milieu d'une société nivelée, qu'il n'est plus à couvert derrière beaucoup d'autres droits plus contestables et plus haïs, son péril est plus grand ; c'est à lui seul maintenant à soutenir chaque jour le choc direct et incessant des opinions démocratiques. [...] Bientôt, ce sera entre ceux qui possèdent et ceux qui ne possèdent pas que s'établira la lutte politique ; le grand champ de bataille sera la propriété, et les principales questions de la politique rouleront sur des modifications plus ou moins profondes à apporter au droit des propriétaires. Nous reverrons alors les grandes agitations publiques et les grands partis [1]. »

La position de Tocqueville est intéressante à plusieurs égards. D'une part, elle permet d'apprécier la justesse de ses analyses de la dynamique démocratique en général et, d'autre part, elle présente une forme singulièrement aboutie de problématisation du statut de la Révolution. Avec Tocqueville, le monde nouveau se détourne d'un Régime ancien et, à l'heure d'apprécier les fruits d'une telle révolution, réalise que celle-ci est toujours en mouvement, sans que l'on puisse en entrevoir alors le terme. Le « choc direct et incessant des opinions démocratiques » poursuit son œuvre et, du terrain politique, aspire à se déplacer désormais vers le terrain social [2]. Partout, Tocqueville dit percevoir les « signes précurseurs de cet avenir » et s'étonne que ses collègues parlementaires ne fassent pas le nécessaire pour, modifiant le « droit des propriétaires », garder la société présente de la « vieille maladie démocratique » : « Croit-on que ce soit par hasard, par l'effet d'un caprice passager de l'esprit humain, qu'on voit apparaître de tous côtés ces doctrines singulières, qui portent des noms divers, mais qui toutes ont pour principal caractère la négation du droit de propriété, qui, toutes, du moins, tendent à limiter, à amoindrir, à énerver son exercice ? Qui ne reconnaît là le dernier symptôme de cette vieille maladie démocratique du temps dont peut-être la crise approche ? » À un niveau très général, l'enjeu d'une telle discussion ne renvoie ni plus ni moins qu'au statut des Révo-

1. Alexis de Tocqueville, *Souvenirs* (1850-1851), éd. L. Monnier, J.-P. Mayer et B. M. Wicks-Boisson, préface Cl. Lefort, Paris, Gallimard, coll. « Folio Histoire », 1999, pp. 21-22.

2. Comme François Furet l'écrivait dans *Penser la Révolution française* (Paris, Gallimard, coll. « Folio Histoire », 1978, pp. 30-31) : « Le marxisme – ou disons ce marxisme qui pénètre avec Jaurès l'histoire de la Révolution – déplace vers l'économique et le social le centre de gravité du *problème* de la Révolution. Il cherche à enraciner dans les progrès du capitalisme la lente promotion du tiers État, chère à l'historiographie de la Restauration, et l'apothéose de 1789. »

lutions. Quand finissent-elles? demandera-t-on. La lecture de l'*Histoire socialiste de la Révolution française* de Jean Jaurès nous rappelle clairement qu'en définir le terme, c'est aussi concomitamment déterminer le sens et la portée de l'émancipation voulue [1]. Plus spécifiquement, cela peut conduire à soutenir qu'une autre Révolution est encore à venir ou à craindre. Le travail de l'égalité, autrement dit, se poursuit.

Là encore, retrouvons Tocqueville. Le 29 janvier 1848, il s'adressait à la Chambre des députés en ces termes : « On dit qu'il n'y a point de péril, parce qu'il n'y a pas d'émeute; on dit que, comme il n'y a pas de désordre matériel à la surface de la société, les révolutions sont loin de nous. Messieurs, permettez-moi de vous dire que je crois que vous vous trompez. Sans doute, le désordre n'est pas dans les faits, mais il est entré bien profondément dans les esprits. Regardez ce qui se passe au sein de ces classes ouvrières, qui, aujourd'hui, je le reconnais, sont tranquilles. Il est vrai qu'elles ne sont pas tourmentées par les passions politiques proprement dites, au même degré où elles en ont été tourmentées jadis; mais, ne voyez-vous pas que leurs passions, de politiques, sont devenues sociales? Ne voyez-vous pas qu'il se répand peu à peu dans leur sein des opinions, des idées, qui ne vont point seulement à renverser telles lois, tel ministère, tel gouvernement même, mais la société, à l'ébranler sur les bases sur lesquelles elle repose aujourd'hui? N'écoutez-vous pas ce qui se dit tous les jours dans leur sein? N'entendez-vous pas qu'on y répète sans cesse que tout ce qui se trouve au-dessus d'elles est incapable et indigne de les gouverner; que la division des biens faite jusqu'à présent dans le monde est

1. Jean Jaurès, *Histoire socialiste de la Révolution française*, Paris, Éditions sociales, 1968. La littérature consacrée à cette question est extrêmement vaste et dense. Nous nous contenterons de renvoyer, s'agissant de l'histoire de France, à l'ouvrage de François Furet, *Penser la Révolution française* (*op. cit.*). Cet ouvrage était au cœur des discussions au moment du Bicentenaire de la Révolution française et permettra de retrouver les références aux ouvrages de ceux qui furent alors ses adversaires.

injuste ; que la propriété repose sur des bases qui ne sont pas les bases équitables ? Et ne croyez-vous pas que, quand de telles opinions prennent racine, quand elles se répandent d'une manière presque générale, que, quand elles descendent profondément dans les masses qu'elles doivent amener tôt ou tard, je ne sais pas quand, je ne sais comment, mais qu'elles doivent amener tôt ou tard les révolutions les plus redoutables ? Telle est, Messieurs, ma conviction profonde : je crois que nous nous endormons à l'heure qu'il est sur un volcan [1]. »

Ces observations correspondent parfaitement à l'idée que Marx se faisait alors de la situation politique. « La Révolution française, qui a aboli tous les privilèges et détruit tous les droits exclusifs, en a pourtant laissé subsister un, celui de la propriété. » Nous devons cette formule à Tocqueville ; on imagine pourtant sans peine Marx la reprenant à son compte, sans l'effet de distance qu'y introduit Tocqueville, pour dénoncer l'inachèvement, voire la trahison, de la Révolution. Tant les Révolutions américaine que française pourront, à cette aune, être interprétées comme marquant, en une certaine mesure, la victoire de la contre-Révolution. La modération thermidorienne ne serait que l'expression d'une volonté d'interrompre un processus politique *et* social sur des bases qui soient favorables aux membres de la bourgeoisie. Dans la réinterprétation de ce moment de l'histoire politique moderne se mettront simultanément en place les premiers éléments d'une historiographie libérale [2].

1. Alexis de Tocqueville, *Souvenirs*, *op. cit.*, pp. 23-24.

2. François Furet, *La Révolution en débat*, présentation de M. Ozouf, Paris, Gallimard, 1999. Pour la « version américaine de la Révolution », cf. sur ce point Bruce Ackerman, *Au nom du peuple* (1991), préface P. Weill, trad. J.-F. Spitz, Paris, Calmann-Lévy, 1998, tome 1, chap. VIII, « La révolution perdue ».

Question sociale et classe moyenne

Pourtant, Tocqueville n'est pas Marx. D'abord parce que Marx pensait en termes d'exploitation l'inégalité qu'il repérait dans les rapports de production [1], alors que Tocqueville se réfère plus généralement aux inégalités de condition. Cette optique, qui le met en position d'exprimer de manière plus durable la dimension problématique du rapport entre l'expérience démocratique et la production des inégalités, se transforme toutefois en impasse intellectuelle et politique parce que Tocqueville ne peut accepter finalement l'idée d'une mutation profonde et légitime de l'assiette même de la société.

Sensible à l'idée d'autonomie de la société, il fait apparaître dans le registre du discours une représentation saisissante de la bourgeoisie – dont il pressent l'importance sociopolitique en tant que « classe moyenne ». Il voit bien, par-delà le schéma dualiste de la lutte des classes, le type de pression qu'elle peut exercer sur le pouvoir et la façon dont l'État et le droit seront alors susceptibles d'évoluer.

Sans homogénéité, ni contours précis, la classe moyenne se caractérise par sa faiblesse, nous dit Tocqueville. Cette faiblesse n'est toutefois pas sans effets sociaux, loin s'en faut. La bourgeoisie est une classe moyenne qui peut aussi contaminer de sa propre faiblesse tout gouvernement qui commettrait l'erreur de vouloir se régler sur ses aspirations

1. Cela ne signifie évidemment pas que l'œuvre de Marx n'ait plus rien à nous apprendre sur notre expérience présente. Moyennant certaines hypothèses de lecture, Marx peut ainsi nous éclairer sur la démocratie et le politique (cf. à ce propos l'excellente analyse de Miguel Abensour, *La Démocratie contre l'État. Marx et le moment machiavélien*, Paris, PUF, 1997). Voir également en ce sens les travaux de Jacques Bidet et notamment *Théorie générale : Théorie du droit, de l'économie et de la politique*, Paris, PUF, 1999.

et ses besoins. Pour Tocqueville, la monarchie de Juillet a commis cette erreur. Elle a donné naissance à un gouvernement tout entier enfermé dans les « limites étroites de cette bourgeoisie » qui occupe toutes les places, augmente leur nombre et s'habitue « à vivre presque autant du Trésor public que de sa propre industrie [1] ». Et il ajoute, pour faire bonne mesure : « Le goût des fonctions publiques et le désir de vivre de l'impôt ne sont point chez nous une maladie particulière à un parti, c'est la grande et permanente infirmité de la nation elle-même ; c'est le produit combiné de la constitution démocratique de notre société civile et de la centralisation excessive de notre gouvernement ; c'est ce mal secret, qui a rongé tous les anciens pouvoirs et qui rongera de même tous les nouveaux » (p. 45).

Pour Tocqueville, le gouvernement *de* la bourgeoisie *par* la bourgeoisie scellait dans un même mouvement la défaite de l'aristocratie et l'exclusion du peuple. Bien que n'étant pas à la hauteur de sa responsabilité et se révélant incapable d'assumer le pouvoir, un tel gouvernement restera toujours difficile à réformer. En effet, la classe moyenne, écrit Tocqueville, « ne forme jamais, au sein de la nation, un corps compact et une partie bien distincte dans le tout : elle participe toujours un peu de toutes les autres, et se confond en quelques endroits avec celles-ci. Ce manque d'homogénéité et de limites précises de la classe moyenne rend le gouvernement de la bourgeoisie faible et incertain, mais il la rend elle-même insaisissable et comme invisible à ceux qui veulent la frapper quand elle ne gouverne plus » (p. 99). Louis-Philippe s'affirma ainsi comme le « chef de la bourgeoisie », « il poussa celle-ci sur la pente naturelle qu'elle n'avait que trop de penchant à suivre. Ils marièrent leurs

1. *Souvenirs*, p. 13. Les citations suivantes seront renvoyées à la pagination de cet ouvrage directement dans le corps du texte.

vices en famille et cette union, qui fit d'abord la force de l'un, acheva la démoralisation de l'autre et finit par les perdre tous les deux » (p. 16).

Le corps politique institué était alors si homogène dans ses vues et dans ses intérêts que la politique se vidait progressivement de toute substance, lui donnant des raisons de se régénérer hors des enceintes du pouvoir légal. Parce que toutes « les affaires se traitaient entre les membres d'une seule classe, suivant ses intérêts » (p. 18), il en résultait un décrochage brutal entre les gouvernants et la société : « Cette singulière homogénéité de position, d'intérêt, et par conséquent de vues, qui régnait dans ce que M. Guizot avait appelé le pays légal, ôtait aux débats parlementaires toute originalité et toute réalité » (p. 18). Les « grands orateurs s'ennuyaient fort à s'écouter entre eux, et, qui pis était, la nation entière s'ennuyait à les entendre » (p. 19). La nation pressentait en tous les cas que la politique ne pourrait que se jouer ailleurs. Le pays était divisé en « deux zones inégales » : « dans celle d'en haut, qui seule devait contenir toute la vie politique de la nation, il ne régnait que langueur, impuissance, immobilité, ennui ; dans celle d'en bas, la vie politique, au contraire, commençait à se manifester par des symptômes fébriles et irréguliers que l'observateur attentif pouvait aisément saisir ». Symptôme (durable) des démocraties balbutiantes comme des démocraties avancées, cette fois « on ne renversait pas le gouvernement, on le laissait tomber » (p. 54). C'est que, selon Tocqueville, la gratitude est rarement de saison pour la classe moyenne. Ses représentants ne purent donc compter sur son soutien : « le courant de l'opinion publique avait fini par l'entraîner elle-même ; il la poussait contre ceux qui l'avaient flattée jusqu'à la corrompre » (p. 57) [1].

1. Notons que, selon certains historiens, les crises économiques successives qui ont eu

Tocqueville se tenait alors dans l'opposition mais éprouvait de fortes réticences à s'associer à des meneurs dont il ne dissimule pas le dégoût qu'ils lui inspirent. Le décor est ainsi campé pour que puisse se rejouer, en février 1848, une Révolution où se mêlent, dans une « vilaine tragédie jouée par des histrions de province », le terrible et le burlesque. Tocqueville refusa de « se couvrir de ces friperies révolutionnaires » (p. 121). Il reprit sa position d'observateur. Il remarqua surtout que l'acharnement à vouloir *faire* révolutionnaire était tel que personne ne percevait en fait l'originalité de ce qui se produisait alors. « L'imitation fut si visible que la terrible originalité des faits en demeurait cachée » (p. 72). Sensible à la façon dont discours et réalité s'acclimatent l'un à l'autre, il notait : « On faisait donc parler la langue enflammée de 93 les passions tièdes du temps, et l'on citait à tout moment l'exemple et le nom d'illustres scélérats, auxquels on n'avait ni l'énergie ni même le désir sincère de ressembler » (p. 100).

Où se nichait cette originalité que Tocqueville disait percevoir ? Nous avions affaire, selon lui, à l'une de « ces grandes inondations démocratiques, où les digues que veulent opposer les individus, et même les partis, ne servent qu'à noyer ceux qui les élèvent » (p. 48). Mais en quoi se distinguait-elle de celles qui l'avaient précédée ? S'il reconnaît qu'il s'agit bien là encore de « la Révolution française qui recommence » (p. 89), cela ne l'empêche pas de se demander si, comme le prétendent certains prophètes, nous allions parvenir « à une transformation sociale plus complète et plus profonde » ou si nous ne devions aboutir « qu'à cette anarchie intermittente, chronique et incurable maladie des vieux peuples » (p. 89).

lieu entre 1827 et 1848 et qui rendaient inopérant le principe de « la carrière ouverte aux talents » ont également entraîné un sentiment de frustration de la classe moyenne. Cf. Pamela Pilbeam, *French Socialists Before Marx. Workers, Women and the Social Question in France*, Acumen Publishing, 2000, p. 21-23.

Tocqueville ne partage pas l'enthousiasme de ceux qui, parmi ses proches, se laissent gagner par l'émotion populaire. La révolution de février 1848 ne lui inspire qu'indignation, douleur et colère. A son ami Ampère, il répond ainsi : « Vous appelez cela le triomphe de la liberté; c'est sa dernière défaite. Je vous dis que ce peuple, que vous admirez si naïvement, vient d'achever de montrer qu'il était incapable et indigne de vivre libre » (pp. 91-92). Du peuple, Tocqueville donne une définition lapidaire : ce sont « les classes qui travaillent de leurs mains » (p. 95). Il s'étonne de voir cette France *d'en bas*, dont il relève d'ailleurs la modération, accéder soudainement aux commandes d'un État centralisé : « Ce bas peuple devenu tout à coup seul maître du pouvoir [...] seul portait les armes, gardait les lieux publics, veillait, commandait, punissait; c'était une chose extraordinaire et terrible de voir dans les seules mains de ceux qui ne possédaient rien, toute cette immense ville, pleine de tant de richesse ou plutôt toute cette grande nation; car, grâce à la centralisation, qui règne à Paris commande à la France » (pp. 95, 97). Les Révolutions de 1848 ne doivent cependant leur originalité qu'à la nature de leurs mobiles. Désormais, c'était la propriété qui était le « grand champ de bataille ». Dorénavant, « les principales questions de la politique rouleront sur des modifications plus ou moins profondes à apporter au droit des propriétaires » (p. 22). « Qui ne reconnaît là le dernier symptôme de cette vieille maladie démocratique du temps dont peut-être la crise approche ? » (p. 22)

La question de la nature et de l'extension du droit de propriété se trouvait donc, dans le contexte d'un imaginaire démocratique en voie de réalisation, posée dans toute sa rigueur. C'est en ces termes que Tocqueville note l'irruption sur la scène politique de la fameuse « question sociale ». C'est elle qui, selon lui, scinde la France en deux : « Je vis la société coupée en deux : ceux qui ne possédaient rien unis dans une convoitise commune; ceux qui possédaient quelque chose, dans une commune angoisse » (p. 134). La question sociale avait pour effet de briser le lien social : « Plus de liens, plus de sympathies entre ces deux classes, partout l'idée d'une lutte inévitable et voisine » (p. 134).

Cette question sociale suscitera des réponses très diverses. Mme de Staël, par exemple, refusa de la prendre au sérieux. Elle jugeait que l'exacerbation de la revendication populaire était liée aux lenteurs avec lesquelles le pouvoir en place y avait répondu, lorsqu'il s'était finalement résolu de le faire. Pour elle, le peuple n'aurait pas été si loin dans la demande d'égalité, si ses premières réclamations avaient été entendues. « Les horreurs commises dans la Révolution », Mme de Staël les explique donc, en 1799, par les abus de l'Ancien Régime [1]. « La classe mitoyenne qui a fait la Révolution en France a armé contre les nobles les derniers rangs de la société, et dans un gouvernement absolu les derniers rangs sont dépravés par l'inégalité des rangs elle-même [2]. » C'est l'inégalité dans laquelle a été contenu le peuple qui est la cause de « l'abominable férocité » révolutionnaire.

Pour elle, toutefois, cette démarche de « vengeance » et d'« ignorance » ne pouvait libérer qu'un « esprit de subalternité révoltée », « sentiment [qui] diffère tout à fait du véritable amour de l'égalité [3] ». Autrement dit, la révolte des subalternes ne sera jamais qu'une révolte subalterne au regard des exigences de l'égalité. « L'homme qui, dans quelque situation qu'il fût, s'est cru subalterne, ne peut jamais arriver à l'égalité, il est le tyran, le despote, le persécuteur, jamais l'égal de celui qu'au fond de son âme, il croyait jadis devoir être son maître [4]. » Tout le problème tient au fait

1. G. de Staël, *Des circonstances actuelles qui peuvent terminer la révolution et des principes qui doivent fonder la république en France* (1799), Paris, Librairie Fishbacher, 1906, p. 36.

2. *Ibid.*, p. 36.

3. *Ibid.*

4. *Ibid.*

que cette violence dont on peut comprendre la cause et dont on avait besoin « pour détruire », « l'on s'en est servi pour fonder, de là tant de lois forgées comme des armes, tant de codes qui ne sont que des déclarations de guerre ». De Staël en tire un enseignement : la forme que prit cette révolution, « loin de naître du principe même de l'égalité, fait sentir la nécessité des institutions qui n'établissent plus à l'avenir ces semences de haine entre deux parts distinctes du genre humain [1] ».

Ce point est essentiel : ce n'est pas la doctrine des républicains qui pose problème à ses yeux, mais les obstacles qu'on lui a opposés et qui ont entraîné sa dérive cruelle et brutale, poussés en cela par des individus qui trahissaient eux-mêmes la république [2]. Germaine de Staël épouse autrement dit la cause de la république pour la sauver des républicains. Ce qu'elle souhaite, c'est aller au-devant d'une conception de l'égalité qui puisse, dès lors, être contenue dans les limites que tracent les droits civils et politiques. Car, à ses yeux, « l'égalité politique n'est autre chose que le rétablissement de l'inégalité naturelle [3] ». C'est vers cette inégalité naturelle qu'il faut faire remonter toutes les distinctions dans la société, et il importe par conséquent de mener un combat sans concession contre le principe incertain de l'hérédité : « Toutes les distinctions héréditaires sont une inégalité factice quelquefois d'accord, mais souvent en opposition avec l'inégalité naturelle. Quand vous admettez tous les hommes à la concurrence de tous les emplois et que vous assurez la liberté du choix par de bonnes institutions constitutionnelles, vous êtes assurés que tous les hommes les plus éclairés, les plus honnêtes, les plus considérés seront appelés par le peuple à le gouverner [4]. » Pour

1. *Ibid.*, pp. 36-37.
2. *Ibid.*, p. 32.
3. *Ibid.*, p. 9.
4. *Ibid.*

elle, et elle sera suivie en cela par Guizot [1], la question sociale n'est pas un prolongement de la question politique, mais une sorte d'excroissance monstrueuse qu'il s'agit de contenir au plus vite. Tel est le sens particulier que peut ici revêtir l'appel à « terminer la révolution ».

Même perspective générale, empruntée cependant d'un point de vue nettement plus conservateur, chez Guizot. En 1849, dans *De la démocratie en France*, celui-ci dresse, au nom du libéralisme, un réquisitoire sévère contre la démocratie qui, selon lui, fait indûment le jeu des diverses factions socialistes et revient à donner le pouvoir à des populations faciles à tromper. La République représente, à ses yeux, un grave danger parce qu'elle « leur offre des droits au service de leurs intérêts. Elle évoque leurs passions au nom de la justice et de la vérité [2] ».

Face à cette république, la critique ne doit pas désarmer. C'est nous, écrit Guizot, qui « alimentons sans cesse le foyer de l'incendie » par « le chaos de nos idées et de nos mœurs politiques »; chaos dont nous ne voulons ou ne pouvons prendre la mesure parce qu'il se cache « sous les mots de démocratie, égalité, peuple ». Ce chaos « abat devant elle [la république sociale] tous les remparts de la société [3] ». C'est là que, pour lui, se situe fondamentalement le nœud d'un problème auquel il donne une formulation tout à fait précise et utile, quand bien même nous ne partagerions pas ses conclusions. La République qu'il tient tout particulièrement en ligne de mire est une « république sociale » qui, d'une part, fonde sa légitimité sur le principe de souveraineté du peuple et qui, forte de cette légitimité, entend altérer, voire abolir, le régime de la propriété. Prenant Proudhon comme adversaire – qui est,

1. Cf. Jean-Fabien Spitz, *L'Amour de l'égalité. Essai sur la critique de l'égalitarisme républicain en France, 1770-1830*, Paris, Vrin, 2000, p. 148.
2. Guizot, *De la démocratie en France*, *op. cit.*, p. 64.
3. *Ibid.*, p. 65.

à ses yeux, le plus cohérent de tous les républicains sociaux –, Guizot s'attache donc à instruire le procès de ceux qui ambitionnent de « détruire l'appropriation spéciale et perpétuelle des biens qui donnent le bonheur, et des moyens de se procurer ces biens, pour en assurer la jouissance universelle et l'égale répartition entre tous les hommes et toutes les générations d'hommes [1] ». Les analyses politiques de Guizot, parfois nettement conservatrices, ne doivent pas conduire à ignorer qu'il a en revanche parfaitement bien compris quels pouvaient être les enjeux de la question sociale du point de vue de ceux qui en étaient l'objet : « Comment, écrit-il, abolir la propriété ? Comment la transformer du moins, de telle sorte que, dans ses effets sociaux et permanents, elle soit comme abolie [2] ? »

Vers l'égalité réelle ?

Dans un registre critique moins prononcé, et avec une capacité d'empathie plus grande, Tocqueville va plus loin dans la mise au jour des relations intimes qu'entretiennent, au sein du projet démocratique, les dynamiques politique et sociale. On ne peut pas dire qu'il s'en réjouisse, bien au contraire. L'aristocrate qu'il ne cessera jamais d'être [3] discerne, dans cette question sociale, « le dernier symptôme de cette vieille maladie démocratique », lui-même annonciateur d'une crise contre laquelle il veut prévenir ses contemporains. Mais il est, en même temps, pleinement convaincu que

1. *Ibid.*, p. 56.
2. *Ibid.*
3. Pierre Manent, *Tocqueville et la nature de la démocratie*, *op. cit.*, p. 59 : « Ce qu'il écrit du mouvement ouvrier naissant traduit une profonde hostilité et témoigne peut-être que l'insensibilité d'un aristocrate de vieille famille n'est pas loin d'égaler sur ce point celle des nouveaux riches. »

la dynamique démocratique n'est pas faite pour s'arrêter à la lisière des droits politiques et civils. Par ses lois propres, elle porte au-delà. C'est pour des raisons internes que la société démocratique cherche à se muer immédiatement en une sorte de « démocratie providentielle » dont l'ambition ne sera « plus seulement d'assurer l'égalité de tous devant la loi mais de rechercher l'égalité de tous par la loi [1] ».

Dépouillant et commentant les archives parlementaires post-révolutionnaires, Marcel Gauchet a fort bien montré que les discussions parlementaires et constitutionnelles de la fin du XVIIIe siècle – à la faveur d'un processus « singulièrement heurté » en raison de la parfaite représentation que les acteurs eux-mêmes avaient des intérêts en jeu – furent très tôt le théâtre d'un débat intense dont l'objet était d'établir un équilibre acceptable entre la propriété, conçue comme un droit imprescriptible, naturel, et un « droit d'exister » soutenu par les « secours publics ». Or chacun avait bien conscience que, pour fixer un tel point d'équilibre, il fallait que la propriété fût amendée sur un mode qui permette que, suivant la formule très féconde de Guizot, « dans ses effets sociaux et permanents, elle soit comme abolie ». Telle était du moins la conviction de ceux qui n'entendaient pas se contenter d'une déclaration des droits civils et politiques.

Marcel Gauchet rappelle ainsi que Rabaut Saint-Étienne, en 1793, avait parfaitement compris ce qui était à l'œuvre. Dans les termes de ce dernier : « L'égalité politique établie, les pauvres sentent bientôt qu'elle est affaiblie par l'inégalité des fortunes », « ils s'indignent et s'aigrissent, ajoute-t-il, contre les hommes desquels ils dépendent par leurs besoins ». Ce pourquoi il ne faut pas s'étonner qu'« ils demandent l'égalité des fortunes [2] ». Marcel Gauchet a raison de souli-

1. Dominique Schnapper, *La Démocratie providentielle*, Paris, Gallimard, 2002, p. 36.

2. Rabaut Saint-Étienne, « De l'égalité », *Chronique de Paris*, 19 janvier 1793, cité par Marcel Gauchet, *op. cit.*, p. 212.

gner que « la future "question sociale" est déjà là tout entière en ses vrais termes ultimes : comment concilier indépendance de droit et dépendance de fait [1] ? » La réponse, comme l'a montré Pierre Rosanvallon, correspondra à l'émergence d'un État de droit qui s'institue comme État protecteur des libertés fondamentales, des propriétés individuelles et des individus en situation de détresse matérielle [2]. A l'occasion du premier rapport du comité de mendicité à l'Assemblée constituante, en 1790, La Rochefoucauld-Liancourt put ainsi proclamer : « On a toujours pensé à faire la charité aux pauvres, et jamais à faire valoir les droits de l'homme pauvre sur la société, et ceux de la société sur lui ; voilà le grand devoir qu'il appartient à la Constitution française de remplir [3]. » Ce point est si déterminant qu'il convient de s'y arrêter un instant, afin de saisir ce qui, dans l'expérience proprement démocratique – tant du point de vue du rapport à soi que de celui du rapport aux autres –, explique cette volonté de situer au niveau constitutionnel le problème de la pauvreté et la radicalisation sociale concomitante du souci de l'indépendance. « La lutte contre l'arbitraire d'un régime despotique et la lutte contre l'aléa qui plonge un individu dans la misère participent en ce sens d'un même mouvement [4]. » Dans cette perspective, Sieyès écrivait : « On égare/trompe la reconnaissance comme la justice quand on dit qu'un bon établissement social est contre le pauvre, en faveur du riche ; il garantit au contraire le bien-être du pauvre aux dépenses d'une portion de l'industrie du riche, ou plutôt sur l'avantage de tous [5]. » Pour voir ce que recouvre un tel

1. *Ibid.*, p. 213.
2. Pierre Rosanvallon, *L'État en France de 1789 à nos jours*, Paris, Seuil, 1990, p. 139.
3. *Premier Rapport du comité de mendicité*, présenté le 15 juillet 1790, *Le Moniteur*, t. 5, p. 134, cité par P. Rosanvallon, *L'État en France...*, *op. cit.*, p. 139.
4. Pierre Rosanvallon, *L'État en France...*, *op. cit.*, p. 140.
5. Sieyès, manuscrit cité in Pasquale Pasquino, *Sieyès et l'invention de la Constitution en France*, *op. cit.*, p. 123.

mouvement, nul ne peut mieux nous guider que Jean-Jacques Rousseau.

En effet, Jean-Jacques Rousseau est sans doute l'un des penseurs à avoir été le plus loin dans l'élaboration intellectuelle des conditions de la liberté politique. Cela a pris, chez lui, la forme d'une réélaboration de la théorie de la souveraineté qui entend souligner la façon dont le principe de l'égalité politique peut faire accéder les individus à l'universalité de la citoyenneté. Mais ce qui nous importe ici, c'est de constater que, pour mener à bien son projet, il arrive que Rousseau développe des analyses qui portent nettement au-delà de la justification de l'égalité en droit.

Rappelons tout d'abord que le livre I du *Contrat social* avait pour objectif de disqualifier des conceptions concurrentes du pacte social. Cela ayant été accompli, Rousseau pouvait alors énoncer la double exigence visée par l'institution de la société civile : à savoir la liberté et l'égalité, tout en précisant que cette liberté ne sera elle-même possible que par et dans l'égalité. C'est un peu comme si la condition démocratique des Modernes exigeait, pour libérer le sens qu'on peut lui donner, d'affirmer une co-originarité de la liberté et de l'égalité.

Cette intrication structurante des deux normes se manifeste notamment à travers l'importance que Rousseau attache à la critique de l'inégalité – et non pas simplement de l'inégalité des droits (le problème des privilèges et des différences de statuts), mais bien d'une certaine forme d'inégalité réelle. Ce souci apparaît dans la note qui vient conclure le livre II et dont Rousseau souligne qu'elle est extrêmement importante puisqu'elle doit, selon lui, « servir de base à tout le système social[1] ». Il écrit : « Au lieu de détruire l'égalité naturelle, le pacte fondamental substitue au

1. Rousseau, *Du contrat social*, Paris, Gallimard, La Pléiade, p. 367.

contraire une égalité morale et légitime à ce que la nature avait pu mettre d'inégalité physique entre les hommes, et que, pouvant être inégaux en force ou en génie, ils deviennent tous égaux par convention et de droit. » Nous voyons que Rousseau, au contraire de Germaine de Staël ou de François Guizot, ne dit pas que l'objet de l'égalité politique est de reconduire à des rapports sociaux seulement régulés par les inégalités naturelles (par opposition aux inégalités factices que produit et reproduit le principe de l'hérédité), mais il est de souligner l'égalité morale et légitime entre les êtres humains. Et il ajoute immédiatement : « Sous les mauvais gouvernements cette égalité n'est qu'apparente et illusoire ; elle ne sert qu'à maintenir le pauvre dans sa misère et le riche dans son usurpation. Dans le fait les lois sont toujours utiles à ceux qui possèdent et nuisibles à ceux qui n'ont rien : d'où il suit que l'état social n'est avantageux aux hommes qu'autant qu'ils ont tous quelque chose et qu'aucun d'eux n'a rien de trop [1]. »

Rousseau perçoit le caractère déterminant de la situation matérielle dans laquelle vivent les individus. « Son » Individu n'est pas cet individu abstrait que Marx critique dans *La Question juive*. Rousseau, dans la voie qu'il avait déjà remarquablement ouverte dans le *Second Discours*, sait bien que la législation penche toujours en faveur des possédants – dans ce *Second Discours*, le droit est même tout d'abord un piège que le riche tend au pauvre. La solution de Rousseau n'est pas détaillée, c'est le moins que l'on puisse dire. Mais il indique néanmoins une direction : il faut restreindre l'échelle des inégalités qui apparaîtront dans l'état social. Il faut faire en sorte que la propriété des biens se réduise au nécessaire (que personne n'ait « rien de trop ») et que personne ne soit exclu de la distribution (« ils ont tous quelque chose »). Pour définir

1. *Ibid.*

les principes d'un État social qui soit avantageux, il ne faudra donc pas se contenter d'établir « l'égalité morale et légitime »; il faudra encore assurer une certaine égalisation des circonstances matérielles. Cette prise de position fait de Rousseau un adversaire des penseurs libéraux du XIXe siècle en France.

Nous l'avons vu, en effet, ceux-ci considéraient que, dès lors que les inégalités factices sont abolies, on peut et, à vrai dire, on « doit » laisser la société à elle-même. La volonté de niveler, dans les faits, les positions pouvait certes se comprendre, écrivait Mme de Staël[1]; après tout, les manœuvres dilatoires visant à toujours retarder l'établissement de l'égalité des droits avaient, à juste titre, paru insupportables, provoquant d'ailleurs au passage une radicalisation du désir d'égalité qui allait faire de la loi révolutionnaire une arme destinée à venger les humiliations passées. Pour Mme de Staël, la volonté de niveler s'inscrit donc essentiellement dans le registre affectif. Du point de vue rationnel qu'elle revendique comme étant le sien, on devra naturellement comprendre que l'impartialité de la loi a précisément pour finalité d'autoriser un « épanouissement des différences » et que « l'inégalité des fonctions et des pouvoirs est indispensable au maintien de l'égalité des droits elle-même[2] ». En revanche, vouloir instaurer l'égalité réelle impliquerait que la force publique investisse toujours plus profondément la société jusqu'à la contenir entièrement dans ses lois et règlements. Pour ces libéraux classiques, il n'y aurait dès lors plus de liberté. S'ouvre, dans ces termes, la voie pour une dénonciation des dangers du volontarisme politique.

De ce point, on nous invite, autrement dit, à tempérer l'amour de l'égalité afin que l'égalité extrême n'ait jamais raison de l'esprit d'égalité. Comme l'écrivait Montesquieu :

1. *Des circonstances actuelles qui peuvent terminer la Révolution et des principes qui doivent fonder la république en France* (p. 36).

2. Jean-Fabien Spitz, *L'Amour de l'égalité*, *op. cit.*, p. 12.

« Le principe de la démocratie se corrompt, non seulement lorsqu'on perd l'esprit d'égalité, mais encore quand on prend l'esprit d'égalité extrême, et que chacun veut être égal à ceux qu'il choisit pour lui commander. Pour lors, le peuple, ne pouvant souffrir le pouvoir même qu'il confie, veut tout faire par lui-même, délibérer pour le séant, exécuter pour les magistrats, et dépouiller tous les juges [1]. »

Au-delà de l'avertissement qui nous est adressé – et qu'il est effectivement prudent de ne pas négliger –, la distinction proposée par Montesquieu n'est évidemment pas à la mesure de la difficulté. D'emblée, les « révolutionnaires » attachés à faire naître l'armature constitutionnelle de la démocratie française, y compris les plus modérés, sentent bien que le propos libéral passe à côté du problème. Ils comprenaient, comme l'écrit Marcel Gauchet, qu'il n'y aurait « pas de production légale de la société à partir de la libre volonté des individus sans l'exigence en retour d'une production par la société du statut d'individu là où il en est question, qu'il s'agisse par l'instruction de contribuer au développement de l'autonomie des personnes ou qu'il s'agisse par l'assistance de préserver la réalité de son exercice [2] ».

On pourrait estimer au fond que l'objectif poursuivi est double : il s'agirait, d'une part, de garantir l'exercice des droits civils et politiques et, d'autre part, d'aller plus loin dans l'égalisation en inscrivant celle-ci dans le registre des conditions matérielles de l'existence. Mais penser de la sorte serait encore très largement insuffisant. C'est en effet pour réaliser l'égalité politique qu'il faut égaliser les conditions sociales, sachant que cette égalisation ne sera envisageable que si, par ailleurs, est garantie l'égalité des droits. Sans expliciter la manière dont les deux objectifs se fondent pour n'être plus

1. Montesquieu, *L'Esprit des lois*, livre VIII, chap. II, p. 241 de l'édition Goldschmidt, GF.
2. Marcel Gauchet, *La Révolution des droits de l'homme*, *op. cit.*, p. 213.

qu'un, Harmand, en 1793, affirma en ce sens : « Les hommes qui voudront être vrais avoueront avec moi qu'après avoir obtenu l'égalité politique de droit, le désir le plus naturel et le plus actif, c'est celui de l'égalité de fait. Je dis plus, je dis que, sans le désir ou l'espoir de cette égalité de fait, l'égalité de droit ne serait qu'une illusion cruelle qui, au lieu des jouissances qu'elle a promises, ne ferait éprouver que le supplice de Tantale à la portion la plus nombreuse et la plus utile des citoyens [1]. »

Le problème est de relever le défi que pose la complexité de l'expérience démocratique en entrant de plain-pied dans un cercle qu'il s'agirait de rendre vertueux. Face à cette difficulté, la réponse a d'emblée été d'ordre procédural : mettons en place, nous disent ces révolutionnaires, une procédure d'élaboration législative qui garantisse l'impartialité de la loi. Parce que la dynamique sociale est contraire, la loi tend cependant à toujours basculer dans le sens des intérêts des plus puissants. Il faudra donc, concluent-ils, aller au-delà et, par la loi, agir pour que l'inégalité des conditions ne débouche pas sur une inégalité des droits, provoquant ainsi une rupture secrète de l'impartialité de la loi.

La conclusion que donne Rousseau à son projet de *Constitution pour la Corse* est particulièrement éloquente à cet égard : « Partout où les richesses dominent, la puissance et l'autorité sont ordinairement séparées, parce que les moyens d'acquérir la richesse et les moyens de parvenir à l'autorité n'étant pas les mêmes sont rarement employés par les mêmes gens. Alors la puissance apparente est dans les mains des magistrats et la puissance réelle est dans celle des riches. Dans un tel gouvernement tout marche au gré des passions des hommes, rien ne tend au but de l'institution [2]. » Cela

1. Archives parlementaires, tome LXII, p. 271, cité par M. Gauchet, *op. cit.*, pp. 213-214.
2. Rousseau, *Projet de constitution pour la Corse*, in *Du contrat social*, *op. cit.*, p. 939.

n'implique évidemment pas que Rousseau ou les autres aient défendu une option intégralement égalitariste, loin s'en faut. « A l'égard de l'égalité, écrit Rousseau, il ne faut pas entendre par ce mot que les degrés de puissance et de richesse soient absolument les mêmes, mais que, quant à la puissance, elle soit au-dessous de toute violence et ne s'exerce jamais qu'en vertu du rang et des lois, et quant à la richesse, que nul citoyen ne soit assez opulent pour en pouvoir acheter un autre, et nul assez pauvre pour être contraint de se vendre : ce qui suppose du côté des grands modération de biens et de crédit, et du côté des petits, modération d'avarice et de convoitise. » Dans le même ordre d'idées, Harmand se défendra d'aspirer « au renouvellement de l'ordre social et au nivellement convulsif des propriétés [1] ». « Les institutions sociales peuvent-elles procurer à l'homme cette égalité de fait que la nature lui a refusée, sans atteinte aux propriétés territoriales et industrielles ? » interroge-t-il. Comment redistribuer la propriété sans lui porter atteinte ?

La question est complexe. Formulée dès les premières heures de la société démocratique, elle nous accompagne et nourrit encore aujourd'hui toutes nos perplexités sociales. Historiquement, la voie retenue se définit par une tension toujours renouvelée entre la loi et la société. C'est sur ce point que très durablement vont se nouer le dialogue et les confrontations qui opposeront libéraux et républicains sociaux. Gardons-nous cependant des caricatures. Nous n'avons pas, d'un côté, des libéraux, ne jurant que par la société, et de l'autre des républicains socialisants, campés dans une attitude de défiance perpétuelle à l'égard de celle-ci, et toujours prompts à fourbir leurs lois pour la corriger. De part et d'autre de cette alternative durable, on sait que le secret réside dans l'équilibre des deux tendances. Rousseau,

1. Cité in M. Gauchet, *op. cit.*, p. 214.

dont on fit pourtant « le plus terrible auxiliaire de tous les genres de despotisme » (Constant)[1] ou qui, selon Charles Taylor, aurait justifié « les formes les plus terribles de tyrannie homogénéisatrice, débutant avec les Jacobins et s'étendant aux régimes totalitaires de notre siècle[2] », s'est engagé en ce sens. A ceux qui prétendent que l'égalité est une chimère qui ne peut exister dans la pratique sans tout briser sur son passage, il répond : « mais si l'abus est inévitable, s'ensuit-il qu'il ne faille pas au moins le régler? C'est précisément parce que la force des choses tend toujours à détruire l'égalité, que la force de la législation doit toujours tendre à la maintenir[3] ». L'impartialité de la législation est à ce prix; ce qui n'implique par pour autant qu'il ne faille prendre des dispositions pour éviter les abus que la volonté politique de maintenir l'égalité peut entraîner. Jusque dans la formulation de l'intention, toute la difficulté réside cependant dans la définition des moyens permettant sa réalisation.

Tocqueville, de son côté, a surtout été éloquent dans la critique des formes que pourrait prendre un État social. Que l'on songe simplement à ces pages célèbres dans lesquelles il dénonce un État qui, au-dessus des hommes, se chargerait « seul d'assurer leur jouissance et de veiller sur leur sort ». « Absolu, détaillé, régulier, prévoyant et doux », il s'attacherait à assurer toujours plus étroitement sa prise sur la société et les individus qui la composent, avec l'idée de les « fixer irrévocablement dans l'enfance ». Il s'inquiète de ce que pourrait être « un pouvoir immense et tutélaire » qui « pourvoit à leur sécurité, prévoit et assure leurs besoins, facilite leurs plaisirs, conduit leurs principales affaires, dirige leur industrie, règle leurs successions, divise leurs hérita-

1. Benjamin Constant, « Principes de politique » in *Écrits politiques* (éd. par M. Gauchet, Paris, Gallimard, 1997), p. 313.
2. Charles Taylor, *Multiculturalisme, op. cit.*, p. 51.
3. *Du contrat social*, livre II, chap. XI, pp. 391-392.

ges [1] ». Et pourtant, cette défiance de principe ne l'empêche pas de reconnaître que la question de l'égalisation des conditions matérielles restera posée tant qu'une réponse satisfaisante ne lui sera pas apportée.

Il faut ici relever un paradoxe dans la pensée de Tocqueville qui ne nous est pas totalement étranger. S'il ne manque pas une occasion de reconnaître le sérieux de la question sociale, il est en même temps toujours soucieux de délégitimer toute démarche visant à transformer « l'assiette de la société ». La propriété est un élément constitutif de l'ordre social existant. Elle pose problème. Il le sait, le dit même, mais pour autant se résout ultimement à se « jeter à corps perdu dans l'arène, et à dévouer à la défense, non pas de tel gouvernement, mais des lois qui constituent la société même, [sa] fortune, [son] repos et [sa] personne [2] ». Face aux dangers insurrectionnels, il s'écrie : « La propriété, chez tous ceux qui en jouissaient [paysans, gentilhommes, bourgeois], était devenue une sorte de fraternité ». « Spectacle qui m'étonna et me charma », alla même jusqu'à écrire Tocqueville à ce propos [3].

Sa marge de manœuvre est alors étroite. Il accepte le nouvel ordre politique, entend les revendications sociales auxquelles ce nouvel ordre permet de prendre corps, mais juge que si une réponse doit être donnée à ces réclamations, il faut qu'elle soit « compatible avec les anciennes lois de la société [4] ». Son point de vue n'est pas strictement conservateur. Pour lui, il ne fait aucun doute « que les lois constitutives de notre société moderne ne soient fort modifiées à la longue ». Il sait en effet qu'« elles l'ont déjà été dans beaucoup de leurs parties principales ». Et s'il résiste à l'idée que

1. *De la démocratie en Amérique*, tome II, p. 385.
2. Tocqueville, *Souvenirs*, p. 116.
3. *Ibid.*, p. 118.
4. *Ibid.*, p. 176.

l'on puisse parvenir à « les détruire et à en mettre d'autres à la place », parce qu'il juge cette entreprise « impraticable », il entend bien rester prudent face aux capacités d'innovation sociale que peuvent manifester les collectivités humaines : « Je ne dis rien de plus, car, à mesure que j'étudie davantage l'état ancien du monde, et que je vois plus en détail le monde même de nos jours ; quand je considère la diversité prodigieuse qui s'y rencontre, non seulement parmi les lois, mais parmi les principes des lois, et les différentes formes qu'a prises et que retient, même aujourd'hui, quoi qu'on en dise, le droit de propriété sur la terre, je suis tenté de croire que ce que l'on appelle les institutions nécessaires ne sont souvent que les institutions auxquelles on est accoutumé, et qu'en matière de constitution sociale, le champ du possible est bien plus vaste que les hommes qui vivent dans chaque société ne se l'imaginent. » Que le champ du possible soit vaste ne signifie toutefois pas que toutes les possibilités y soient légitimes. Peut-être Tocqueville était-il enclin à penser que *la question sociale* était au fond une question trop importante pour être laissée aux socialistes. « Cette inquiétude naturelle de l'esprit du peuple, cette agitation inévitable de ses désirs et de ses pensées, ces besoins, ces instincts de la foule » formèrent en effet, à ses yeux, un tissu sur lequel les novateurs socialistes ne surent dessiner que des « figures monstrueuses et grotesques ». À cette insuffisance théorique venait s'ajouter un manque d'« énergie pratique » et de capacité d'organisation insurrectionnelle qui les conduisirent droit à l'échec en 1848. Pour autant, prenons garde, nous dit Tocqueville, car « on peut trouver leurs œuvres ridicules, mais le fond sur lequel ils ont travaillé est l'objet le plus sérieux que les philosophes et les hommes d'État puissent regarder [1] ».

Il est particulièrement intéressant de voir que ce qui sem-

1. *Ibid.*, p. 102.

ble primer pour Tocqueville est sans doute lié à son refus de penser pleinement le problème de la propriété sous l'angle de la justice sociale. On peut aisément comprendre que sa crainte de voir surgir un despotisme démocratique suffise à motiver son refus des théories socialistes, mais l'on aura beau examiner attentivement le cœur de la critique tocquevillienne, on n'y trouvera nulle reformulation de ce droit exclusif qu'est le « droit des propriétaires » sur un mode qui puisse, dans le respect des « anciennes lois de la société » constituer une réponse aux revendications sociales à une plus juste redistribution. C'est qu'au fond Tocqueville ne veut voir, dans le moteur de l'action révolutionnaire et des théories socialistes qui l'alimentent, que la manifestation d'une jalousie qui sort de ses gonds. Témoin de la déferlante des théories socialistes, il voit en elles « la philosophie de Février ». Ce sont elles qui « allumèrent plus tard des passions véritables, aigrirent les jalousies et suscitèrent enfin la guerre entre les classes [1] ». Dès la chute de la « classe gouvernementale », écrit-il encore, « mille systèmes étranges sortirent impétueusement de l'esprit des novateurs, et se répandirent dans l'esprit troublé de la foule ». Il relève leur extraordinaire diversité, leurs inventions surabondantes, toutes destinées à frapper sous la question politique pour atteindre l'assiette même de la société. « L'un prétendait détruire l'inégalité des fortunes, se souvient-il, l'autre l'inégalité des lumières, le troisième entreprenait de niveler la plus ancienne des inégalités, celle de l'homme et de la femme ; on indiquait des spécifiques contre la pauvreté et des remèdes à ce mal du travail, qui tourmente l'humanité depuis qu'elle existe. Ces théories étaient fort diverses entre elles, souvent contraires, quelquefois ennemies ; mais toutes, visant plus bas que le gouvernement et s'efforçant d'atteindre la société même, qui

1. *Ibid.*, p. 100.

lui sert d'assiette, prirent le nom commun de socialisme. Le socialisme restera le caractère essentiel et le souvenir le plus redoutable de la révolution de Février [1]. »

La spécificité du socialisme est donc de « viser plus bas que le gouvernement », soit, pour le dire autrement, de se détourner de la question de savoir quelle est la forme légitime du gouvernement et quelle est la source de son pouvoir, pour poser celle, désormais plus pressante, de la répartition des richesses. Si le socialisme se détourne de la question de l'égalité politique, ce n'est évidemment pas qu'il s'en désintéresse, mais bien qu'il l'estime réglée en son principe. La chose est dite : le peuple détient la souveraineté et la seule difficulté concerne désormais la nature des dispositifs qui permettront de la réaliser pleinement. Reste, autrement dit, le problème de l'égalisation sociale. Or, pour apporter des solutions aux inégalités qui subsistent à ce niveau, les socialistes jugent qu'il ne faut pas se contenter de transformer la constitution du gouvernement. Ils jugent qu'il est nécessaire d'agir sur la constitution sociale elle-même. Le peuple avait vu sa condition s'améliorer; « son importance, ses lumières, ses désirs, son pouvoir, s'augmentaient sans cesse », écrit Tocqueville. Il supportait donc de plus en plus difficilement que son aisance ne progressât plus. « Elle approchait du terme qu'elle ne dépasse guère dans de vieilles sociétés, où il se rencontre beaucoup d'hommes et peu de places », écrit Tocqueville. Il fait de cette nouvelle frontière apparemment infranchissable le moteur du ressentiment qui ne cessera alors de s'intensifier. « Comment des classes pauvres, inférieures et pourtant puissantes n'auraient-elles pas songé à sortir de leur pauvreté et de leur infériorité, en se servant de leur pouvoir? Aussi y travaillaient-elles depuis soixante ans. Le peuple avait d'abord voulu s'aider en

1. *Ibid.*, pp. 100-101.

changeant toutes les institutions politiques, mais après chaque changement, il avait trouvé que son sort ne s'était point amélioré, ou ne s'améliorait qu'avec une lenteur insupportable à la précipitation de ses désirs. Il était inévitable qu'il finirait un jour ou l'autre par découvrir que ce qui le resserrait dans sa position, ce n'était pas la constitution du gouvernement, c'était les lois immuables qui constituent la société elle-même ; et il était naturel qu'il serait amené à se demander s'il n'avait pas le pouvoir et le droit de changer aussi celles-là, comme il avait changé les autres [1]. »

« Pauvres » et pourtant « puissantes », c'est en prenant conscience de cette double caractéristique, que, pour les classes laborieuses, se fait le passage de la question politique à la question sociale. C'est en réalisant sa puissance politique, que sa destinée sociale lui apparaît toujours plus insupportable. Portée par l'émergence d'un ordre démocratique, elle prend progressivement conscience de ce qui la retient dans cette position sociale subalterne qui peut désormais concentrer sur elle le feu de la critique sociale. Pour Tocqueville, cependant, ce passage des passions politiques aux passions sociales n'est en rien commandé par un désir de justice ; ce n'est pas un mouvement guidé par une tendance légitime de la dynamique démocratique, mais le simple déchaînement d'un tempérament.

Comparant le portier de son domicile à son domestique, Tocqueville nous livre le fond de sa pensée. Ce portier, note-t-il, était un « homme fort mal famé dans le quartier, ancien soldat, un peu timbré, ivrogne et grand vaurien, qui passait au cabaret tout le temps qu'il n'employait point à battre sa femme. On peut dire, ajoute Tocqueville, que cet homme était socialiste de naissance ou plutôt de tempérament [2] ». Il

1. *Ibid.*, p. 102.
2. *Ibid.*, p. 207.

l'oppose à son domestique qui était un homme tranquille, heureux de son sort : « toujours content de lui-même et assez satisfait d'autrui, il ne convoitait d'ordinaire que ce qui était à sa portée et atteignait à peu près, ou croyait atteindre tout ce qu'il convoitait ». Il jouissait d'un « heureux équilibre entre les facultés et les désirs, qui donne seul le bonheur que la philosophie promet ». « Celui-ci, ajoute-t-il, n'était socialiste, à coup sûr, ni de théorie, ni de tempérament. Il n'était même atteint à aucun degré de la maladie la plus ordinaire du siècle, qui est l'inquiétude de l'esprit et on eût difficilement rencontré, même dans d'autres temps que les nôtres, un homme plus tranquille dans sa position et moins chagrin de son sort [1] ». Le socialisme, autrement dit, est une doctrine politique soumise aux diktats de l'*hubris*. L'individu « atteint » de socialisme veut et désire toujours au-delà de lui-même ; il ne parvient plus à se satisfaire de sa position et se plaint de son sort. On imagine assez le type d'objection qu'il serait possible d'opposer à une telle réduction. Sous ses dehors superficiels, la critique de Tocqueville est pourtant moins aisée à écarter qu'il n'y paraît, parce qu'elle pressent le rôle que joue l'envie, de manière générale, dans la constitution d'une inégalité en tant que telle. Si aucun des biens que possède le « riche » ne suscite mon envie, alors je suis, sur ce plan, en tout point son égal.

A son domestique, Tocqueville accorde sans doute le bénéfice de l'amour de soi et n'imagine pas que son portier « socialiste » puisse être mû par autre chose que les passions devenues mauvaises par l'action de l'amour-propre. On est loin de cet enfant que Montaigne dit avoir voulu tirer de l'indigence et qui n'eut de cesse de retourner aux voluptés de sa première vie : ni « par prière, ni par menace, je ne sus [le] distraire de la saveur et douceur qu'il trouvait en l'indigence.

1. *Ibid.*, pp. 209-210.

Les gueux ont leurs magnificences et leurs voluptés, comme les riches, et, dit-on, leur dignité et ordres politiques[1] ». Le socialiste selon Tocqueville est sans magnificence et sans cette dignité que louait Montaigne. Il ne sait qu'envier la condition du riche.

Dans le contexte d'une interrogation sur les inégalités, il est extrêmement important de se demander quels sont les objets par rapport auxquels nous constituons les inégalités en tant que telles. Tocqueville le savait bien, lui qui, ayant distingué les besoins physiques des besoins que l'homme tient de l'usage et de l'éducation, avait établi un lien de corrélation entre la multiplication des besoins et l'augmentation de la misère : « En Angleterre, écrivait-il, la moyenne des jouissances que doit espérer un homme dans la vie est placée plus haut que dans aucun autre pays du monde. Ceci facilite singulièrement l'extension du paupérisme dans ce royaume[2]. »

Si Tocqueville n'a pas voulu tenter une articulation du droit de propriété et de l'assistance publique, c'est qu'il n'imagine pas, au fond, que les nouvelles « passions sociales » puissent être légitimes, dans leur aspiration à transformer les « anciennes lois de la société ». Il laisse donc le champ libre à l'envie et ne trace comme perspective que la logique d'une confrontation de passions. Sans doute n'était-il pas loin de penser avec François Guizot, dans *De la démocratie en France*, que l'altération socialiste de la propriété ne pourrait qu'entraîner l'abolition du genre humain[3].

---

1. Montaigne, *Essais*, livre III, Paris, Gallimard, La Pléiade, 1962, p. 1060.

2. Tocqueville, *Mémoire sur le paupérisme*, reprod. d'un extrait du « Bulletin des sciences économiques et sociales du Comité des travaux historiques et scientifiques » Paris, Imprimerie nationale, 1915, Paris, Hachette, 1971, p. 24.

3. Pour Guizot, l'humanité n'est que par les vertus de la transmission, or sans propriété, il ne saurait y avoir de transmission : « Pour assurer à tous les individus humains la répartition égale et incessamment mobile des biens et des plaisirs de la vie, la république sociale fait descendre les hommes au rang des animaux ; elle abolit le genre humain » (*De la démocratie en France*, p. 60).

Cette formidable tension au cœur même de la Modernité n'a pas été résolue. Certains révolutionnaires ont bien perçu qu'il existait un lien interne entre la question politique et les aspirations sociales à une égalisation des circonstances matérielles d'existence. Tocqueville, sur ce point, n'était pas en reste. Mais les uns, par incapacité, et Tocqueville, parce que son cœur ne pouvait entraîner sa raison, ne parvinrent pas à produire la formule d'une justice sociale faite pour l'âge démocratique. Tocqueville voyait bien que le droit des propriétaires devait être modifié au nom de la démocratie, mais il se refusait à admettre que, pour cela, il faille oser transformer l'assiette même de la société ou, à tout le moins, la représentation que l'on avait alors de ses lois constitutives.

Tocqueville n'est pas seul coupable sur ce point. Depuis lors, nous n'en connaissons pas qui furent plus heureux que lui en la matière. « Cette limite au droit de propriété capable, sans porter atteinte au principe de son exercice, de garantir les faibles contre la domination des forts, demeure un talisman dont l'authentique formule est toujours à trouver », écrit Marcel Gauchet [1]. Dans notre histoire politique, cette irrésolution a pris la forme d'un débat toujours renouvelé entre libéralisme et socialisme – débat dont l'objet fut aussi d'identifier les rapports que doivent entretenir l'État et la société. Elle a aussi pu conduire à s'interroger sur les relations entre libéralisme économique et libéralisme politique. Le problème demeure; cela signifie que « l'exacte articulation de la subsistance et de l'indépendance qui refermerait la déchirure des droits, nul [...] n'est encore parvenu à la trouver [2] ». Cela implique aussi que l'on sache quel rôle et quel statut accorder à l'envie dans une réflexion sur la justice sociale.

1. Marcel Gauchet, *La Révolution des droits de l'homme*, *op. cit.*, p. 214.
2. *Ibid.*, p. 233.

Et l'envie dans tout ça ?

Si nous étions, comme Hume nous l'expliquait, dans un contexte d'abondance, le problème ne se poserait pas. En effet, si la société avait les moyens de satisfaire tous les besoins de tous les citoyens, on peut supposer que les politiques de tous les partis de gouvernement ne différeraient significativement que sur la question des moyens et non sur celle des fins. La confrontation politique ne peut avoir une signification morale que parce qu'il y a rareté et que cette rareté appelle des choix, l'instauration d'un ordre de priorité entre différents objectifs sociaux. Mais quels sont les objectifs sociaux qui, si on les atteignait, permettraient de refermer cette « déchirure des droits » qu'évoque Marcel Gauchet ? Quels besoins est-il légitime de prendre collectivement en charge ? Répondre à cette question supposerait de déterminer en même temps le type de bien-être qu'il incomberait à un gouvernement de promouvoir.

Qui contestera cependant que cette référence au « bien-être » présente un problème plus qu'elle n'apporte une solution. Pour qu'un gouvernement s'attache à garantir les conditions du bien-être, encore faut-il qu'il identifie ce bien-être et les besoins auxquels il correspond. Cela pose plusieurs problèmes. Ceux qui, parmi les théoriciens de la justice sociale, privilégient le principe de l'égalisation du bien-être, savent bien, tout d'abord, qu'ils ne peuvent surmonter un obstacle majeur : le bien-être de chacun dépend de facteurs très différents. Cela a pour conséquence d'en faire l'objet très improbable d'une politique publique. Si l'on devait néanmoins s'y employer, cela impliquerait que l'on tienne compte des différences de tempérament et de situations qui font que certains se contentent de peu pour « être bien », tandis qu'à d'autres il en faudra bien plus. Cela reviendrait, de manière surprenante, à devoir pratiquer une forme inversée de discrimination positive : donner davantage à ceux qui ont l'habitude et le goût d'avoir *plus*.

Enfin, nous savons que les spécialistes de la protection sociale évoquent souvent ici l'importance de la notion de « besoins sociaux ». Il y a deux manières au moins de comprendre une telle notion. Il peut s'agir des besoins individuels dont une société décide d'assurer collectivement la satisfaction en raison de la légitimité qu'elle leur attribue ou des besoins qu'il est important *pour* la société de satisfaire. A ce double titre, on le voit, la notion de besoin reçoit sa définition d'un contexte donné. Quel est donc le critère ou l'ensemble des critères qui permettra de caractériser comme « besoin social » un besoin individuel? Si la société veut encourager la natalité pour assurer la défense du pays ou pour financer les retraites, elle peut décider de retenir comme besoin social les différents besoins des familles. *A contrario*, les Beatles auront beau nous avoir tous convaincus que *All you need is love*, il est peu probable que dans un proche avenir un quelconque gouvernement se mette en tête de satisfaire ce besoin-là.

Jean-Jacques Rousseau a su, dans son *Discours sur l'inégalité*, décomposer la dynamique humaine du désir de distinction qui peut aussi avoir un impact sur la représentation que nous avons des besoins à prendre en compte socialement. Il en faisait d'ailleurs le principe de la dégénérescence de l'humanité. Pour lui, les hommes ne se contentent pas de produire pour combler des manques, ils produisent aussi, indéfiniment, de nouveaux besoins. Si la « perfection de l'individu » induit la « décrépitude de l'espèce », c'est que l'homme s'est engagé lui-même dans une logique qui l'assujettit à « une multitude de nouveaux besoins » qui le rendent dépendant des autres. S'il est riche, il a besoin du service des autres, s'il est pauvre, il a besoin de leurs secours. « Enfin, écrit surtout Rousseau, l'ambition dévorante, l'ardeur d'élever sa fortune relative, moins par un véritable besoin que pour se mettre au-dessus des autres, inspire à tous les hommes un noir penchant à se nuire mutuellement, une jalousie secrète d'autant plus dangereuse que, pour faire son coup plus en sûreté, elle prend souvent le masque de la bienveillance ; en un mot concurrence et rivalité d'une part, de l'autre opposition d'intérêts, et toujours le désir caché de faire son profit aux dépens d'autrui. » Il en est ainsi des biens, comme des honneurs et nos désirs sont le plus souvent des désirs qui n'ont d'intérêt pour nous que dans la mesure où ils sont en partie exclusifs.

Il est bien évident que le gouvernement d'un pays ne peut pas affirmer l'illégalité de tels désirs. La tâche visant à corriger ces manières de penser et de sentir, excéderait à coup sûr les pouvoirs du politique. Rousseau n'hésitait pas à déclarer que celui qui crée une communauté politique devait « se sentir en état de changer, pour ainsi dire, la nature humaine ; de transformer chaque individu, qui par lui-même est un tout parfait et solitaire, en partie d'un plus grand tout dont cet individu reçoive en quelque sorte sa vie et son être » ; la volonté au principe de la société civile devait être prête, selon lui, à « altérer la constitution de l'homme [1] ». Cette position peut valoir pour le législateur quasi divin du contrat social de Rousseau mais on ne voit pas comment l'on pourrait envisager de confier des pouvoirs aussi exorbitants à un gouvernement quel qu'il soit. L'État peut sans doute chercher à orienter les mœurs, mais il ne peut sans danger décréter ce qu'elles doivent être. Sa fonction pourrait essen-

1. *Du contrat social*, livre II, chap. VII.

tiellement consister à entériner les « choix » éthiques s'exprimant socialement et de manière conforme aux principes fondamentaux sur la base desquels il a été institué. On peut attendre que l'État interdise la poursuite de désirs contraires à ces principes, mais non pas qu'ils veuillent, parmi les désirs n'impliquant aucune injustice, se piquer de démêler le bon du mauvais. Qu'il se borne à être juste, écrivait Constant !

Certains pourraient toutefois être tentés d'affirmer que le désir de corriger certaines inégalités sociales relève *de facto* d'une question éthique qui excède manifestement l'obligation faite à l'État d'être juste. Militer pour que le gouvernement réduise les inégalités, ce serait donc – dans le langage de la philosophie contemporaine – confondre inévitablement le juste et le bien.

Le bonheur n'est pas un concept universalisable. Tenons-nous-le pour dit. La difficulté ne s'arrête cependant pas à un tel constat. Ce qui rend la question de la justice sociale si difficilement appréhendable et quantifiable dans les objets d'une redistribution possible, c'est que le besoin ou l'envie ne s'exprime pas seulement à travers la relation d'un sujet à un objet.

On a pu considérer que cette manière de penser le besoin comme simple rapport d'un sujet à un objet constituait une faiblesse quasi structurelle de théories redistributrices dominées par la pensée économique. Dans une perspective fortement marquée par les intuitions fondatrices de René Girard, Jean-Pierre Dupuy s'attache ainsi à disqualifier les prétentions d'une « pensée économique [qui] réifie la richesse et ne voit plus que la relation du sujet à l'objet », à décrier une approche du social qui « s'interdit d'être autre chose qu'une "géométrie morale" dans laquelle la souffrance des hommes est jaugée à l'aune d'une logique et d'une mathématique triviales [1] ».

1. J.-P. Dupuy, « Inégalité, hiérarchie, humiliation et ressentiment victimaire » in

A cette perspective « *économystificatrice* », Jean-Pierre Dupuy oppose la permanence des passions violentes qui nous conduisent à nous intéresser finalement davantage à ce qui fait obstacle à notre accès à l'objet de notre envie, qu'à l'objet lui-même. L'objet ne serait ainsi que le prétexte à une relation qui demeure irrésistiblement une relation entre sujets. La « déchirure des droits » ne se refermerait jamais parce qu'elle est toujours renaissante du fait de cette relation triadique. Se trouve, par conséquent, renvoyé à la périphérie lointaine d'une interrogation sur les conditions d'une recherche effective de la justice, le problème de la réduction des inégalités, entendue comme entreprise visant à accroître la capacité qu'ont les individus défavorisés d'une société donnée à accéder à certains biens. Insistant sur le rôle du ressentiment dans l'histoire, Jean-Pierre Dupuy fait droit à cette conception sociale de l'envie. Il l'associe à une dénonciation de la « rhétorique victimaire » imposant une sacralisation des victimes qui rend impossible une pensée véritable de l'exigence de justice. En ces efforts de théorisation s'attachant à penser la justice à partir d'une prise en compte de la situation des plus défavorisés (les « victimes »), Jean-Pierre Dupuy ne voit finalement que l'expression « de ce souci pour les victimes qui, selon Nietzsche, le plus antichrétien des philosophes, est la marque du christianisme et de la morale d'esclaves qu'il a enfantée ». Cette logique victimaire nourrirait le ressentiment dont on peut craindre, selon lui, les pires effets et les plus stériles aveuglements. Nous devrions donc cesser de « croire qu'il existe une solution au problème de la justice et que cette solution résout du même coup la question des passions destructrices » pour nous soucier en premier lieu, « étant entendu qu'on ne supprimera pas le

J.-P. Fitoussi et P. Savidan (dir.), *Comprendre*, n° 4, « Les inégalités », Paris, PUF, 2003, pp. 263-283.

ressentiment [...], de savoir comment en minimiser ou en différer les effets, les canaliser vers des formes bénignes voire productives ». En récusant les termes de cette « justice victimaire », on cesse de considérer que le supérieur doive, « en guise de compensation », « rétribuer sa "victime" pour le ressentiment qu'elle éprouve », pour soutenir la nécessité qu'un « dialogue s'instaure entre les parties, puisque le seul fait qu'elles y participent rétablit au moins partiellement l'égalité morale [1] ».

Dans le cadre de cette rapide évocation, nous ne pourrons pas rendre justice, en son détail, à la thèse défendue par Jean-Pierre Dupuy, précisée et développée dans son essai : *Avions-nous oublié le mal ?* [2], mais qu'il nous soit au moins permis de nous appuyer sur elle pour souligner ce que les théories redistributivistes pourraient retenir de la perspective tocquevillienne. Marc Fleurbaey, dans son intéressante mise au point sur les *Théories économiques de la justice* [3], a déjà indiqué quelles pourraient être les limites d'une conception de la justice inspirée de la pensée de René Girard. Ce ne sera nullement contester l'intérêt critique d'une telle perspective, que de souligner – sans prétendre pouvoir toutefois clore à si bon compte cette importante discussion – que « les modalités pratiques institutionnelles d'une vie sociale pacifique [y] restent assez floues » : « Il est bien difficile, note Fleurbaey, de tirer des enseignements de sa réflexion en matière d'organisation socio-politique ou de justice distributive. » A ce problème d'application, vient s'ajouter une interrogation : n'est-il pas possible d'expliquer autrement que par le seul jeu d'un mimétisme inconscient, le fait qu'un individu puisse en venir à *envier* la situation d'un autre, et à estimer que la

1. C'est une analyse qu'il est intéressant de rapprocher de celles de René Girard, qu'il développe notamment dans *Le Bouc émissaire*, Paris, Grasset, 1982, pp. 277-295.
2. Jean-Pierre Dupuy, *Avions-nous oublié le mal ?*, Paris, Bayard, 2002.
3. Marc Fleurbaey, *Théories économiques de la justice*, Paris, Economica, 1996, pp. 224-229.

perception qu'il a des inégalités entre sa condition et celle des autres puisse jouer un rôle fondamental ?

Pour autant, gardons-nous de négliger le rôle social et politique de l'envie telle qu'elle se trouve nourrie par un désir de bien-être si vif, dans les sociétés démocratiques, que, si une religion devait se risquer à tenter de « détruire cette passion-mère », c'est la religion elle-même qui « serait à la fin détruite [1] », nous dit Tocqueville. L'égalité démocratique dépose bien « en même temps dans le cœur de tous les hommes [...] l'amour du bien-être » ; et ce « goût du bien-être forme comme le trait saillant et indélébile des âges démocratiques [2] ». Tocqueville se trompe peut-être lorsqu'il juge que, dans les sociétés démocratiques, « la sensualité du public a pris une certaine allure modérée et tranquille ». Après tout, le très tocquevillien Gilles Lipovetsky explore avec le succès que l'on sait les formes que peut prendre la consommation des temps hypermodernes et ne détecte rien qui soit là modéré ou paisible [3]. Pour autant, Tocqueville n'a sans doute pas tort de relever qu'en fait de jouissances matérielles, les goûts des uns et des autres ne sont guère différents. Si les goûts se ressemblent, c'est qu'ils ne visent plus des « jouissances extraordinaires ». Les hommes démocratiques, riches ou pauvres, « se contentent d'une multitude de petits désirs ». En cela, ils se ressemblent et, souci de distinction et rareté obligent, en viennent inévitablement à s'opposer.

Cette manière de voir et de sentir a des effets significatifs sur la représentation des inégalités. L'inégalité renvoie évidemment à la nature particulière d'un rapport entre deux personnes ou entre deux groupes d'individus. Mais, pour qu'elle se constitue en tant que telle, il faut en outre que ce

1. *De la démocratie en Amérique*, tome II, 1re partie, chap. 5, p. 35.
2. *Ibid.*
3. Gilles Lipovetsky, *Le Bonheur paradoxal. Essai sur la société d'hyperconsommation*, Paris, Gallimard, 2006.

rapport se noue à propos de l'objet d'un désir commun. Je ne concevrais pas comme inégalitaire le fait que quelqu'un puisse disposer de quelque chose dont je ne veux pas. Plus les goûts dans une société s'homogénéiseront, plus apparaîtront, par conséquent, des « inégalités ». Vient redoubler ce phénomène le fait que les progrès de l'égalité rendent plus visibles et, donc, plus insupportables, les inégalités subsistantes. « Quand l'inégalité est la loi commune d'une société, écrit Tocqueville, les plus fortes inégalités ne frappent point l'œil ; quand tout est à peu près de niveau, les moindres le blessent. C'est pour cela que le désir de l'égalité devient toujours plus insatiable à mesure que l'égalité est plus grande. » La quête d'égalité s'anime en se nourrissant d'elle-même : « la plus petite dissemblance paraît choquante au sein de l'uniformité générale ; la vue en devient plus insupportable à mesure que l'uniformité est plus complète. Il est donc naturel que l'amour de l'égalité croisse sans cesse avec l'égalité elle-même ; en le satisfaisant, on le développe [1] ». Autre manière de dire aussi que le sentiment d'injustice est niché au cœur même de notre dynamique démocratique. C'est ce que voulait souligner Judith Shklar lorsqu'elle écrivait que, dans la théorie démocratique moderne, « le sentiment d'iniquité que peuvent ressentir les citoyens occupe une place centrale, comme préoccupation psychologique aussi bien que politique ». C'est « un sentiment qui fait partie intégrante de notre structure morale » et, de ce fait, nous apparaît « comme la réaction appropriée aux privations sociales injustifiables [2] ».

De même, ce n'est pas exprimer un point de vue anthropologique particulièrement original que de considérer avec

1. *De la démocratie en Amérique*, II, p. 361.

2. Judith Shklar, *Visages de l'injustice*, trad. J. Mouchard, Paris, Circé, 2002, p. 124. Sur cette auteure encore trop mal connue en France, signalons le livre intéressant de Paul Magnette, *Judith Shklar. Le Libéralisme des opprimés*, Paris, Michalon, 2006.

Rousseau que, si les « passions primitives, qui toutes tendent directement à notre bonheur, ne nous occupent que des objets qui s'y rapportent », elles ne souffrent pas que des obstacles se dressent sur son chemin. Tant qu'elles ont le champ libre, ces passions peuvent demeurer « aimantes et douces ». Elles ne le resteront pas cependant si on leur barre la route. « Détournées de leur objet par des obstacles, écrit Rousseau, elles s'occupent plus de l'obstacle pour l'écarter que de l'objet pour l'atteindre. » C'est alors qu'elles « changent de nature et deviennent irascibles et haineuses ». Voilà comment l'amour légitime de soi devient amour-propre.

De cette chimie particulière de l'envie, David Hume se fait une idée qui peut nous aider à mieux comprendre la façon dont les choses se passeraient en nous. Tout tient au fait que nous ne jugerions pas des objets « par leur valeur intrinsèque », mais plutôt « par comparaison avec d'autres objets [1] ». Lorsque nous réfléchissons « sur notre propre situation et sur nos conditions d'existence », nous sommes conduits à ressentir une « satisfaction ou une insatisfaction plus ou moins proportionnée au bonheur ou au malheur qu'elles paraissent renfermer, aux degrés de richesse, de pouvoir, de mérite, de réputation dont nous nous croyons détenteurs [2] ». Or, la dure loi du processus de comparaison fait que des objets, suivant les rapports qu'ils entretiennent aux autres, nous apparaîtront plus grands ou plus petits et, par voie de conséquence, produiront en nous un sentiment plus ou moins grand de satisfaction ou d'insatisfaction. De cette évidence, nous dit Hume, « je dérive les passions de méchanceté et d'envie [3] ». La sympathie rencontre ici une limite que Hume exprime sans fard : « Selon la part plus ou moins

1. David Hume, *Traité de la nature humaine*, II, trad. J.-P. Cléro, Paris, Flammarion, GF, 1991, pp. 224-225.
2. *Ibid.*, p. 224.
3. *Ibid.*

grande de bonheur ou de misère que nous observons chez les autres, nous ne pouvons pas nous empêcher d'estimer la nôtre et d'en ressentir en conséquence une peine ou un plaisir. La misère d'autrui nous donne une idée plus vive de notre bonheur, et son bonheur, une idée plus vive de notre misère. » Et il ajoute : « La première, par conséquent, produit un agrément; le dernier, un malaise [1]. » On comprendra qu'un tel propos puisse ne pas nous être agréable, mais, dans nos sociétés où toute la puissance de l'opinion et des médias s'attache à produire et publiciser les marqueurs d'une vie réussie, devra-t-on s'étonner que les individus puissent éprouver bien des difficultés à échapper à leur emprise. Il est possible de s'y soustraire, mais il est (malheureusement) humain de les subir. « Un petit objet fait apparaître un grand encore plus grand. Un grand objet fait apparaître un petit plus petit », se plaît à nous asséner Hume. « Toute supériorité paraît naturellement nous éclipser et nous rend la comparaison désagréable [2]. »

En parfaite consonance avec ce que sera plus tard le propos de Tocqueville, David Hume souligne en même temps le paradoxe d'une envie qui se renforce à mesure que les conditions se rapprochent. Hume relève : « Il vaut la peine d'observer, à propos de l'envie, qui provient d'une supériorité d'autrui, que ce n'est pas la grande disproportion de nous-mêmes à un autre qui la suscite; c'est au contraire, notre proximité. Un soldat du rang ne saurait envier son général comme il envie son sergent ou son caporal [3]. » C'est qu'une « grande disproportion interrompt la relation des idées [4] ». A cette aune, il était inévitable que la société démocratique, égalisant les conditions, soit le fécond terreau de l'envie.

1. *Ibid.*, p. 225.
2. *Ibid.*, p. 227.
3. *Ibid.*
4. *Ibid.*

Jean-Pierre Dupuy reproche à la philosophie politique contemporaine son acharnement à vouloir ignorer ce « tragique de la condition humaine » en feignant de croire que l'humanité « n'est peuplée que d'êtres "rationnels" et "raisonnables" ». Pour lui, les êtres humains n'ont pas besoin de grand-chose pour éprouver le désir de se jeter les uns contre les autres [1]. Pour autant, la philosophie politique peut-elle en rester à un tel constat anthropologique ?

Même si l'on conçoit que l'envie puisse posséder cette efficace particulière, cela implique-t-il que toute réflexion normative sur la justice sociale et la redistribution soit vaine ou qu'elle ne soit au fond que la rationalisation pathétique de cette émotion qu'est l'envie [2]? Ne pourrions-nous pas considérer que c'est précisément parce que l'envie possède cette indéniable et détestable influence, qu'il faut poser, sous l'angle de l'éthique sociale, le problème de la pertinence de ses objets. L'envie, comme donnée anthropologique fondamentale, ne disqualifie pas la théorie de la justice sociale, mais, en un sens, la requerrait plutôt [3]. C'est parce qu'elle joue sans doute un rôle majeur dans le surgissement et l'intensification du désir et des frustrations, qu'une théorie de la justice sociale, quelle qu'elle soit, ne peut faire

1. Jean-Pierre Dupuy, *Avions-nous oublié le mal ?*, *op. cit.*, pp. 37-38.

2. Robert Nozick, *Anarchy, State, and Utopia*, *op. cit.*, p. 240 : « On a souvent prétendu que l'envie sous-tend l'égalitarisme. D'autres ont rétorqué à cela que, dans la mesure où l'on peut avancer une justification autonome des principes égalitaristes, il n'est nul besoin d'attribuer à l'égalitariste une psychologie discutable ; celui-ci désire simplement la réalisation de principes corrects. Si l'on songe à la grande ingénuité avec laquelle les gens rêvent des principes pour rationaliser leurs émotions et étant donné la difficulté qu'il y a à trouver des *arguments* en faveur de l'égalité en tant que valeur, cette réponse reste, à tout le moins, en attente d'une justification. »

3. De ce point de vue, il nous paraît préférable d'intégrer le problème de l'envie et d'essayer de lui opposer la notion d'attentes légitimes, plutôt que de chercher à formuler une conception de la justice sociale dont l'un des critères serait une absence d'envie. Sur ces questions, voir notamment Bruce Ackerman (*Social Justice in the Liberal State*, New Haven, Yale University Press, 1980) et Philippe Van Parijs (*Real Freedom for All*, Oxford, Oxford University Press, 1995). Cf. également, dans une perspective critique, Marc Fleurbaey, « L'absence d'envie dans une problématique post-welfariste », *Recherches économiques de Louvain*, vol. 60, pp. 9-41, 1994.

l'économie d'une réflexion sur les moyens de délimiter son champ de juridiction et d'identifier les finalités et les moyens de la justice distributive.

Par certaines de ses tendances, notre Modernité ne rend pas la tâche aisée. L'émergence d'un nouveau complexe de valeurs contribuera même à obscurcir encore davantage les conditions d'une juste articulation de la propriété individuelle et de la solidarité. Cette configuration normative inédite, à laquelle on doit la constitution de « l'égalité des chances » comme nouvel idéal de justice, est en même temps le cadre à partir duquel il nous faut chercher les voies de son éventuelle reformulation. C'est elle qui nous conduit à penser que les seules inégalités injustes sont celles qui nous empêchent de jouir pleinement – et à égalité avec les autres – des ressources grâce auxquelles nous pourrons réellement nous constituer en tant qu'individu autonome.

II.

Valeurs de la justice distributive à l'ère de l'individu

La naissance, la fortune !
Laissons là les jeux du hasard...

Rosine, dans *Le Barbier de Séville* de Beaumarchais
(acte IV, scène VI)

Nous avons évoqué les principaux éléments et les plus vives tensions sur la base desquels s'est progressivement construit le discours moderne sur la justice sociale et la façon dont, à partir de là, s'est trouvé posé le problème de l'égalisation ou, plus exactement, la façon dont la représentation de l'égalisation sociale s'est construite comme problème. Nous pouvons, sans risque de nous tromper, prédire que ce problème ne disparaîtra pas tant que n'aura pas été élaborée, pour le droit de propriété, une formule qui permette que soient assumées par ailleurs, en toute légitimité, les conditions de cette égalisation. Cette formule suppose toutefois, tant pour être conçue que pour être socialement et politiquement défendue, tout un ensemble de valeurs. Dans le contexte du monde démocratique, tel que Tocqueville nous a appris à nous le représenter, des valeurs particulières vont de fait acquérir une certaine primauté éthique et sociale. Leur nature et le type de relations qu'elles entretiennent entre elles vont nous conduire vers la formulation d'un principe de justice distributive, celui de l'égalité des chances. Pour en comprendre la dynamique et la nécessité, tâchons d'identifier – même si cela ne peut être fait ici que de manière très sommaire – celles qui, parmi les principales valeurs de la Modernité, vont contribuer à définir la représentation dominante de la justice distributive.

Dénaturaliser l'ordre social

La société démocratique repose d'abord et avant tout sur une expérience nouvelle des autres. Faisant passer au second plan les caractéristiques particulières de chacun, la perception démocratique de l'autre me fait découvrir qu'il est au fond mon « semblable ». Elle réalise ainsi une évidence dont le Nouveau Testament avait porté témoignage. Dès lors, il devenait possible de donner corps à l'idée radicale d'égalité morale et politique entre les hommes, en bousculant les résistances de tous ordres (sociales, culturelles, religieuses et politiques) qui cherchèrent à en limiter la pleine effectuation. Au principe de la démocratie, opère donc un « amour de l'égalité » qui prend tout naturellement, dans le contexte de la lutte contre les privilèges, la forme d'une affirmation de l'égalité des droits. Cette formule de l'égalité n'est pas le fruit d'une résolution harmonieuse des contradictions sociales et politiques auxquelles les Révolutions de la Modernité auraient mis un terme. L'égalité des droits est un champ de bataille. Il le demeure pour l'essentiel, sommes-nous tenté d'ajouter, dès lors que nous ne nous préoccupons pas seulement de l'attribution de ces droits, mais allons au-delà pour nous interroger sur les conditions de leur exercice. Cette impartialité de la législation impliquait en même temps l'invention d'un élément central du dispositif politique moderne : l'État de droit, soit le fait que nul membre de la société ne puisse se prévaloir d'un statut qui lui permette de se soustraire à l'exigence de respect du droit. La loi doit s'appliquer également à tous. Autrement dit, la notion même de privilège devenait, au sein de cette nouvelle configuration, un élément foncièrement hétérogène.

Pour donner à ce bouleversement sa pleine mesure, il faut le rapporter aux transformations profondes qui sont intervenues dans les rapports sociaux et politiques. En effet, c'est fondamentalement la confusion aristocratique de l'ordre naturel et de l'ordre social hiérarchisé qui faisait obstacle à l'égalisation des conditions [1]. Or cette confusion procédait tout d'abord d'une sorte de naturalisation des rangs sociaux. Disons que tous les liens d'appartenance structurant l'ordre social (et les rapports de pouvoir auxquels ils donnent prise) semblent, pour l'aristocrate, relever de l'essence et de la nature. Ces liens d'appartenance, tout comme l'ordre qui est conçu comme en résultant, ne sont pas rapportés à une décision ou à une convention quelconque. Dans le prolongement de cette relation de l'essentiel et du naturel, se profile l'indissociation du naturel et du normatif. Aussi l'appartenance déterminant le rang social d'un individu indique-t-elle dès lors son identité essentielle, en même temps qu'elle lui signale où se situe son devoir. Il doit vouloir être ce qu'il est par nature : « Quand les mœurs sont sous l'emprise du principe hiérarchique, écrit Robert Legros, chacun doit

1. Nous suivrons ici les analyses de Robert Legros dans *L'Avènement de la démocratie, op. cit.*

vouloir suivre la voie tracée à sa naissance : doit vouloir la suivre en raison de ses propres inclinations, en raison de sa nature. Le noble se veut noble, ou doit se vouloir noble, comme la femme doit se vouloir féminine ou l'homme (*vir*) viril : en suivant ses propres inclinations. » Les faiblesses de la volonté ou la corruption de la nature peuvent seules expliquer qu'il en aille autrement. « Dès lors que les appartenances de naissance semblent faire partie de l'ordre naturel du monde, les normes qu'elles impliquent, les fins auxquelles elles soumettent ceux qu'elles identifient et caractérisent, paraissent elles-mêmes naturelles », précise-t-il encore. Ainsi est-il naturel que celui qui commande, commande, et que celui qui obéit, obéisse. Sont par là même étroitement associées la naturalisation des fins et la finalisation de la nature.

Cette intégration des éléments naturels et normatifs tire sa puissance d'un autre rapport constitutif du monde aristocratique, à savoir le lien du naturel et du surnaturel. L'ordre du monde est en effet, pour l'aristocrate, à la fois naturel et surnaturel. C'est bien dans des puissances supra-humaines que la loi ou l'ensemble des normes trouvent leur origine et, du même coup, le principe de leur légitimation. Suivons de nouveau Robert Legros sur ce point : « le commandement est censé exprimer l'exigence d'une soumission au sacré », tandis que les hiérarchies entre les membres d'une communauté reproduisent la hiérarchie entre le sacré et le profane : « la communauté aristocratique entretient avec le divin une relation *analogue* à celle qui, en elle, est établie entre un inférieur et un supérieur ».

Ce soubassement théologique de la nature, dont on constate qu'il n'exclut pas mais se fonde sur le principe hiérarchique, informe dès lors inévitablement les relations humaines. Dans la société pleinement aristocratique, chacun semble de fait recevoir son essence comme une nature. Or, cette nature à laquelle notre naissance nous assigne, doit s'actualiser dans des manières de vivre, des modes de penser, des façons de croire, etc. Du moins la volonté de chacun, suivant son rang, doit-elle accompagner ce développement naturel des dispositions déterminées par le principe hiérarchique. Ainsi, le membre de la société aristocratique est-il intimement persuadé que ce qui le fait être ce qu'il est ne vient pas de lui mais tient à son origine, à sa naissance. Avec Robert Legros toujours, nous pourrions dire, en d'autres termes, que l'aristocratisme est bien un communautarisme – en ce sens que l'idée d'un moi désengagé ne saurait y avoir droit de cité : « Quand les mœurs sont pleinement aristocratiques, écrit-il, la subjectivité, la pensée au sens le plus large – les conceptions, volontés, désirs, perceptions, sentiments – est absorbée par des appartenances ressenties comme naturelles. » L'expérience d'autrui, dans la société aristocratique, est donc d'emblée l'expérience d'un rang dans la communauté ; elle se donne comme l'expérience d'une différence qui résiste à l'expérience d'une similitude biologique et métaphysique des hommes qui, contrairement à ce qui se produit dans les sociétés archaïques, se donnent également comme étant politique et sociale. L'humanité est vécue au quotidien comme humanité différenciée, à ceci près cependant que les différences sont quasiment vécues comme des différences de degré d'humanité. Le rang social (naturel et surnaturel) de chacun révèle en quelque sorte son degré d'humanité et il en restera ainsi tant que cette compréhension et cette expérience quotidienne demeureront « sous l'emprise du principe hiérarchique, du principe d'hétéronomie et du principe communautaire ». « Bref, dans la mesure où ils sont imprégnés par une compréhension aristocratique du monde, [les membres de l'aristocratie] ne peuvent faire l'expérience de leur humanité comme humanité à la fois essentielle et universelle. Ce qui signifie qu'ils ne peuvent ressentir l'autre – l'autre homme – comme essentiellement humain. »

Grâce à cette décomposition un peu abstraite des principaux éléments constitutifs de l'expérience aristocratique du monde, nous pouvons mieux souligner la nature et le sens des métamorphoses que requiert la constitution d'une expérience démocratique du monde. Tant que l'organisation hiérarchique et communautaire paraissait naturelle, l'ordre aristocratique pouvait apparaître immuable. En revanche, lorsque dans les mœurs s'actualisent progressivement les principes d'égalité des conditions, d'autonomie humaine et d'indépendance individuelle, « les hommes en viennent peu à peu à se traiter comme des semblables, à se découvrir essentiellement semblables les uns aux autres, et dès lors à se concevoir, de prime abord et habituellement, comme essentiellement humains ». La conséquence en était prévisible : le caractère conventionnel des principes structurant l'ordre hiérarchique aristocratique fut progressivement dévoilé. Ce qui signifie que l'ordre social et politique perdit ces deux dimensions qui en assuraient la légitimité ; il apparut comme n'étant, du point de vue de son origine, ni naturel ni surnaturel.

Cette découverte du caractère conventionnel de l'ordre social et politique n'affecte pas seulement l'organisation de la vie collective mais transforme profondément l'expérience que fait l'homme de sa propre humanité ainsi que les rapports des êtres humains entre eux. Le recul du principe hiérarchique implique donc un certain effacement de la communauté et, corrélativement, la constitution progressive d'une expérience de soi comme sujet.

Ce qui était indissociable se sépare alors lentement et inexorablement. La découverte de l'autre comme semblable affecte au premier chef ceux qui, élus de Dieu, n'apparaissent plus que dans leur simple humanité. « Le surnaturel ne transparaît plus à travers la puissance des supérieurs, ni à travers la gloire de la Cité, ni à travers le rayonnement d'un chef », souligne Robert Legros ; dans une perspective qui rejoint celle de Marcel Gauchet [1], il peut ainsi écrire que « les indices de l'Au-delà disparaissent de l'organisation du vivre-ensemble. Et du même coup ils disparaissent aussi de la nature elle-même ». L'expérience de l'Au-delà n'est précisément alors plus que cela : l'expérience de quelque chose de complètement étranger à la vie ici-bas. On peut bien alors parler d'une « dédivinisation du monde, d'un désenchantement ou d'une désacralisation de l'ici-bas ». Corrélativement, la tradition apparaît elle-même désormais comme « tradition » ; de naturelle, normative, surnaturelle qu'elle était, elle devient le fondement arbitraire, contingent, d'un ordre qui ne saurait être soustrait à la critique des hommes, ni à leur volonté de transformation.

L'affirmation des différences entre les hommes conférées par la seule naissance ne saura résister à l'expérience neuve de l'autre comme semblable. Du coup, tous les liens d'appartenance perdent leurs déterminations essentialistes et naturelles. Les différences s'effacent devant l'expérience de l'humanité en chaque être humain ; elles se dénaturalisent, pour ne plus paraître « qu'inessentielles, accidentelles, contingentes ». C'est l'appartenance à l'humanité qui est perçue comme étant essentielle, mais d'une essentialité que ne donne pas la nature et qui, par conséquent, ne saurait relever d'une expérience empirique. « Autrui est immédiatement perçu comme un semblable en tant qu'homme, alors même que son humanité, notre humanité commune et ressentie comme essentielle, se dérobe à toute définition. »

Il y a ainsi un lien étroit entre la dénaturalisation de l'ordre social, le reflux des appartenances identificatoires et la promotion d'une représentation plus fluide de la société. Norbert Elias écrivait à ce propos que, dans la société mo-

1. Marcel Gauchet, *Le Désenchantement du monde*, Paris, Gallimard, 1985.

derne, « la mobilité des individus augmente, sur le plan spatial comme sur le plan social. Leur inéluctable encadrement à vie par la famille, la parentèle, la communauté locale et d'autres groupes de cet ordre, l'adaptation de leur comportement, de leurs objectifs et de leurs idéaux à la vie au sein de ces groupes et leur identification naturelle avec eux se réduisent [1] ». Les individus sont désormais moins dépendants à l'égard de ces groupes. Cela signifie qu'est désormais moins impérieux « le besoin qu'ils ont d'eux pour la protection de leur corps et de leur vie, leur alimentation, leurs chances de réussite, la garantie de ce qu'ils ont hérité ou acquis, l'aide, les conseils et la participation à leurs décisions [2] ». Ce pas de retrait vis-à-vis des groupes induit en même temps une déstabilisation des rangs sociaux que ces groupes instauraient. Désormais, la vie des individus n'est plus dictée par leur naissance. « Ils ont le choix entre un plus grand nombre de possibilités », écrit Elias. « Ils peuvent bien plus librement décider de leur sort. Mais aussi *doivent*-ils décider de leur sort. Non seulement ils *peuvent* devenir plus autonomes, mais ils le doivent. A cet égard, ils n'ont pas le choix [3]. » L'assouplissement des rangs sociaux s'accompagne ainsi d'une promotion de la mobilité (spatiale puis sociale) comme valeur fondée sur cette liberté individuelle qu'elle est censée exprimer [4].

Alors qu'il pouvait y avoir une apparence de rationalité à répartir les titres et les avantages en fonction de principes héréditaires, selon cette perspective nouvelle, la transmission des positions sociales ne peut être désormais que marquée du sceau de l'arbitraire le plus total. Dans la mesure où la dynamique présidant à l'émergence de ce nouvel ordre social

1. Norbert Elias, *La Société des individus*, Paris, Fayard, 1991, p. 168.
2. *Ibid.*
3. *Ibid.*, p. 169.
4. Pour comprendre ces dynamiques, l'œuvre anthropologique de Louis Dumont est ici essentielle.

vise à réduire au maximum l'arbitraire, la transmission héréditaire d'un titre, de quelque nature qu'il soit, est perçue comme une véritable faute contre la rationalité elle-même. C'est de ce renversement que se nourrit la lutte contre les « privilèges ».

Cette disqualification de principe de la transmission héréditaire – radicale s'agissant du principe de souveraineté, plus embarrassée et relative s'agissant des formes diverses de l'héritage (social, culturel, financier, patrimonial) – s'accompagnera de la promotion de la méritocratie. Le mérite, comme principe de légitimation des inégalités de pouvoir ou des inégalités sociales, se fonde sur la volonté de débiologiser, dénaturaliser, la stratification sociale et de situer au cœur de ses mécanismes constitutifs l'action individuelle, les talents qu'elle manifeste et le respect qu'elle inspire.

Kant le montre avec la plus grande des nettetés dans un opuscule daté de 1793. Après avoir affirmé l'égalité des êtres humains en tant que sujets, il souligne que « cette égalité générale des hommes dans un État, en tant que sujets de celui-ci, coexiste parfaitement avec la plus grande inégalité dans l'importance et le degré de ce qu'ils possèdent, qu'il s'agisse d'une supériorité corporelle ou intellectuelle sur les autres ou de biens matériels en dehors d'eux et de droits en général (il peut y en avoir beaucoup) que certains ont éventuellement sur d'autres, de telle sorte que le bien-être de l'un soit très dépendant de la volonté de l'autre (le bien-être du pauvre dépendant du riche), que l'un doive obéir (comme l'enfant aux parents, ou la femme au mari) et que l'autre lui commande, que l'un serve (comme journalier) et que l'autre lui verse un salaire, etc. [1] ». Cette affirmation de « l'égalité générale » est précisément ce qui le conduit à faire valoir que

1. Kant, *Sur le lieu commun : Il se peut que ce soit juste en théorie, mais en pratique, cela ne vaut point*, trad. L. Ferry, *Œuvres philosophiques*, Paris, Gallimard, La Pléiade, vol. III, p. 273.

« tout membre de cette communauté doit pouvoir atteindre tout niveau de situation (pouvant revenir à un sujet) auquel son talent, son activité et sa chance peuvent le conduire ; il ne faut pas que ses co-sujets, grâce à une prérogative *héréditaire* (en tant que disposant d'un privilège pour une certaine situation), lui barrent la route pour le maintenir éternellement, lui et ses descendants, en dessous de cette situation [1] ».

Cette montée en puissance sociale du motif rétributif est l'une des lames de fond les plus fortes de la Modernité. Elle consiste non à rechercher l'éradication des inégalités mais à identifier le dernier foyer à partir duquel il est possible – sans contrevenir à l'affirmation de l'égale dignité des êtres humains – de considérer celles-ci comme étant légitimes. Il fallait, pour cela, réussir à imposer culturellement le thème du mérite contre celui de la naissance. Ce à quoi, on le sait, s'attacha avec talent le cortège de nos plus fameux auteurs modernes, de Beaumarchais à Condorcet ou Paine. Dans les mots du Voltaire de l'*Eriphile* : « Les mortels sont égaux ; ce n'est pas la naissance/C'est la seule vertu qui fait la différence. »

C'était là un travail de précision, une œuvre de microchirurgie visant à isoler dans le tissu de nos valeurs ce qui allait permettre au système de légitimation de se réorganiser efficacement autour d'une représentation nouvelle de l'individu. D'un point de vue normatif, à « l'invention démocratique » devait ainsi immédiatement correspondre *l'invention méritocratique* qui elle-même exigeait que nous disposions d'une nouvelle conception de l'être humain.

1. *Ibid.*, p. 273.

L'individu et ses propriétés

Même s'il n'en épuise évidemment pas l'entière signification, le concept d'« individualisme possessif », avancé par l'historien d'obédience marxiste C.B. Macpherson [1], permet de thématiser efficacement cette dimension fondamentale de la Modernité. Cette notion cerne une expérience de soi nouvelle qu'exprime fortement l'idée selon laquelle « l'individu n'est absolument pas redevable à la société de sa personne ou de ses facultés ». Désormais, il faut penser que, de sa personne et de ses facultés, l'individu « est par essence le propriétaire exclusif [2] ». Comme l'écrivait John Stuart Mill en 1859, « pour ce qui ne concerne que lui, son indépendance est, de droit, absolue. Sur lui-même, sur son corps et son esprit, l'individu est souverain [3] ». Cette manière de penser l'individualité humaine a pris un tel caractère d'évidence que nous la distinguons à peine. Enfouie au cœur de notre système de valeurs, c'est elle qui pourtant en fixe les rythmes et les trajectoires [4]. Quel que soit le domaine, personne ne conteste le fait qu'*être* soi, c'est pour l'essentiel *avoir* tels ou tels attributs et avoir tout pouvoir sur eux. Dire : « Le Style, c'est l'homme », c'est payer tribut à cette image du soi. C'est conforter l'idée qu'être pleinement « individu », c'est pouvoir *disposer* de soi, avoir sur soi un droit *exclusif* que nul ne peut

1. C. B. Macpherson, *La Théorie politique de l'individualisme possessif*, trad. M. Fuchs, Paris, Gallimard, 2004.
2. *Ibid.*, p. 434.
3. John Stuart Mill, *De la liberté*, trad. Dupont White révisée par L. Lenglet, Paris, Gallimard, 1990, p. 75.
4. Sur l'histoire de la construction philosophique de cet « individu », cf. l'ouvrage d'Alain Renaut, *L'Ere de l'individu. Contribution à une histoire de la subjectivité*, Paris, Gallimard, 1989.

concurrencer [1]. L'économiste Jean-Baptiste Say expliquait en 1821, dans son *Catéchisme d'économie politique*, qu'une chose devient une propriété dès lors qu'elle comprend « le droit garanti à son propriétaire d'en disposer à sa fantaisie, à l'exclusion de toute autre personne [2] ». En s'intégrant lui-même dans une telle dynamique, l'individu en vient ainsi à se constituer comme « individu propriétaire [3] ».

On a pu, à juste titre, considérer que cette forme d'individualisme pouvait s'interpréter à partir des caractéristiques de l'atomisme. Nous retrouvons cette idée dans la critique que donne par exemple Charles Taylor de la conception de l'individu moderne et de ses effets sur la société. Dans les *Sources du moi*, celui-ci souligne que l'atomisme en politique n'équivaut pas à une absence de lien social et politique, mais désigne les doctrines qui contribuèrent à imposer « l'idée que la société est, en un sens, constituée par les individus, en vue d'accomplir des fins qui sont d'abord individuelles [4] ». Il précise : « Ce siècle nous a légué nos théories des droits, la tendance moderne à définir les objets requérant une protection juridique (*immunities*) en termes de droits subjectifs. » C'est, ajoute-t-il, « une conception qui place l'individu autonome au centre de notre système juridique. Locke a donné à cette idée la touche finale qui contribuera à en accroître l'influence, c'est ce que Brough Macpherson a appelé "l'individualisme possessif", par le biais duquel nous en venons à nous représenter les biens les plus fondamentaux dont nous jouissons – la vie, la liberté – sur le mode de la propriété. Cette construction reflète l'extrême désengage-

1. Pour une discussion des implications éthiques de cette représentation de soi, voir Ruwen Ogien, *L'Ethique aujourd'hui*, *op. cit.*

2. Jean-Baptiste Say, *Cours d'économie politique et autres essais*, Paris, GF-Flammarion, 1996, p. 363.

3. Robert Castel & Claudine Haroche, *Propriété privée, propriété sociale, propriété de soi. Entretiens sur la construction de l'individu moderne*, Paris, Fayard, 2001.

4. Charles Taylor, *La Liberté des modernes*, trad. Ph. de Lara, Paris, PUF, 1999, p. 223.

ment du moi lockéen à l'égard de lui-même. La persistance de cet individualisme est un signe de la séduction durable que continue d'exercer cette manière de nous comprendre nous-mêmes [1]. »

Cette convergence de fait entre Macpherson et Taylor montre que le concept d'individualisme possessif conserve, pour notre condition et l'idée que nous nous en faisons, une valeur heuristique certaine. Pour en juger, nous pouvons nous intéresser à une option politique, le néolibéralisme, qui s'est constituée elle-même comme une sorte de radicalisation du contenu normatif de la Modernité libérale. Avec les choix qui sont les siens (et que l'on peut discuter), elle exprime de la manière la plus nette une représentation moderne possible de l'individualité humaine. Sa façon de penser la question de la redistribution permet de le comprendre très aisément.

Le *credo* néolibéral consiste à affirmer qu'il est essentiel de ne pas séparer la logique de la répartition sociale des richesses de la structure de leur production. Robert Nozick, l'un des théoriciens les plus convaincants de cette tradition, jugeait ainsi, dans *Anarchy, State, and Utopia* [2], que la répartition des richesses doit être exclusivement déterminée par la structure de la production de ces richesses. De ce point de vue, il juge donc qu'il est proprement aberrant de faire intervenir une visée supérieure ou ne serait-ce qu'un « modèle de redistribution » qui aurait pour fonction d'introduire un décrochage entre production et répartition : « Penser que la tâche d'une théorie de la justice distributive, écrit-il, est de remplir l'espace laissé en blanc dans la formule "à chacun selon son...", c'est être prédisposé à rechercher un modèle ; et le traitement séparé de la formule "de chacun selon son...", fait comme si la production et la répartition

1. Charles Taylor, *The Sources of the Self. The Making of Modern Identity*, Cambridge, Harvard University Press, 1989, pp. 195-196.

2. *Anarchy, State, and Utopia*, New York, Basic Books, 1974.

étaient deux problèmes distincts et indépendants. Du point de vue du droit, ces deux questions *ne sont pas* distinctes [1]. »

Il est évident que, pour Nozick, il suffit de produire un objet pour avoir un droit sur lui – dès lors, bien entendu, que les éléments entrant dans le processus de la fabrication nous appartiennent aussi. La question de la propriété de l'objet ne se pose donc pas : « Les choses viennent au monde déjà rattachées à des gens ayant des droits sur elles [2]. »

A l'instar de l'économiste autrichien Friedrich Hayek dans *Le Mirage de la justice sociale* [3], Nozick considère que l'instauration d'un principe de redistribution des richesses induirait la négation, non seulement de l'idée d'égalité entre les individus, mais également et surtout de leur intégrité en tant que tel. Les deux arguments que met en avant Nozick pour justifier une telle thèse montrent, nous semble-t-il, la pertinence du concept d'individualisme possessif, dans la mesure où ils nous invitent à nous demander ce que signifie le fait d'être propriétaire de sa force de travail et des fruits de son exercice.

Le premier argument cherche à montrer qu'intuitivement nous serions tous profondément néolibéraux, en ce sens que nous serions viscéralement attachés à l'idée de pouvoir jouir des avantages résultant d'un libre exercice de nos droits de propriété. Cet argument, très souvent repris dans les discussions de l'ouvrage de Nozick, se déploie à partir de son fameux exemple proposant à l'analyse l'évolution de la situation d'un joueur professionnel de basket-ball, Wilt Chamberlain. Schématiquement, l'argument consiste à demander au lecteur de définir ce qui lui paraît être la situation initiale la plus légitime du point de vue de la

1. *Ibid.*, pp. 159-160.
2. *Ibid.*, p. 160.
3. Volume 2 de son ouvrage majeur : *Droit, législation et liberté* (1976), trad. fr. par R. Audouin, Paris, PUF, coll. « Quadrige », 1982.

répartition des biens. Sur cette base, il entend montrer, grâce à l'exemple de ce joueur de basket-ball, qu'intuitivement nous préférons toujours le principe néolibéral de circulation des biens et services, plutôt que l'idée d'une redistribution même minime des richesses. La démonstration fonctionne de la manière suivante : nous partons d'une situation (D1) que nous établissons de sorte que la répartition des biens nous apparaisse comme étant légitime. Sur ce, intervient un joueur de basket-ball qui, grâce à son talent personnel, va accroître sa part de richesse. Le mécanisme de cette progression est simple : son talent attire du public, le club qui l'engage tire profit de ce pouvoir d'attraction et décide de lui reverser une part des sommes gagnées grâce à lui. Au terme de la saison sportive, la situation sociale présente une structure nouvelle de la répartition des richesses (D2) : Wilt Chamberlain a vu la somme de ses richesses légitimement augmenter, puisque tous ses « supporters » ont volontairement acheté leur billet d'entrée pour les matches où se produisait le joueur. Celui-ci a donc un droit légitime et absolu sur les richesses accumulées, quand bien même, parallèlement, un autre individu privé de talents monnayables sur le marché aura consommé toutes les ressources que nous lui aurons attribuées dans la situation légitime (Dl). Ce qui conduit Nozick à demander : « Si D1 était une répartition juste, et que les gens, volontairement, sont passés de D1 à D2, transférant une partie de ce qui leur revenait en D1 (à quoi sert la répartition, si on ne peut disposer de ce qui a été réparti?), alors la répartition en D2 n'est-elle pas également juste [1] ? »

En d'autres termes, dès lors que les individus ont un droit sur les ressources dont ils disposent en D1, ce droit comprend nécessairement la possibilité pour eux d'en disposer

1. Nozick, *op. cit.*, p. 161.

librement, par exemple en versant une partie de leurs ressources à Wilt Chamberlain ou en procédant à un échange avec lui. Pour Nozick, cette situation et son évolution en D2 ne peuvent être considérées comme étant injustes. Autrement dit : parce que tous les transferts de biens se sont déroulés légitimement (c'est-à-dire que les individus avaient un droit sur ce qu'ils transféraient et que personne ne les contraignait à entrer dans cette relation d'échange), et ce, à partir d'une répartition des biens établie sur une base légitime, alors la nouvelle répartition des richesses (D2) ne peut être que légitime. Chaque individu possède donc un droit absolu de propriété sur les biens dont il dispose désormais en D2 ; ce qui signifie du même coup que personne ne peut prétendre avoir aussi un droit sur ces biens. Or, précise Nozick, pour qu'une politique de redistribution des richesses soit concevable et légitime, il faudrait que l'on dispose d'un critère permettant de limiter le droit de propriété sur les choses. Il faudrait, par exemple, qu'on puisse démontrer qu'une personne ayant épuisé toutes ses ressources à la fin de la saison sportive a un *droit* sur les biens résultant des échanges qui auront fait la fortune de Wilt Chamberlain. Pour Nozick, cela est tout simplement impossible.

L'effectivité de l'argument tient à la conviction qu'il est absurde, d'un côté, d'exiger que chacun ait une juste part des richesses disponibles et d'empêcher, d'un autre côté, que chacun dispose pleinement des richesses qui lui reviennent [1]. Nous voyons que l'exemple choisi a beau ne pas être le plus « noble » que l'on puisse trouver en ce type de recherche, il n'en reste pas moins excellent, en ce sens qu'il renvoie à un contexte familier et qu'il lie au corps même du sportif les mécanismes de production de la richesse [2]. Cela nous amène

1. Will Kymlicka, *Contemporary Political Philosophy. An Introduction*, Oxford, Oxford University Press, seconde édition, 2002, pp. 105 *sqq*.

2. Notre propos n'est pas ici de tester la validité des arguments de Nozick, mais de cerner

au second argument avancé par Nozick; argument qui nous situe au cœur d'une problématique que la notion d'individualisme possessif permet d'exprimer en des termes tout à fait convaincants.

Le problème de la légitimité de la situation initiale rejoint celui, bien connu dans l'histoire de la philosophie politique, du fondement de la première appropriation. Locke et Rousseau, notamment, ont contribué magistralement à établir la configuration et les limites de cette problématique. Comme on le sait, Rousseau n'en reste pas à sa condamnation morale de la propriété qui l'amène, dans la seconde partie de son *Discours sur l'origine et les fondements de l'inégalité parmi les hommes,* à faire du premier propriétaire un simple « imposteur [1] ». Il envisage en effet le principe d'une légitimité possible de la propriété, dès lors que celle-ci trouve sa justification et sa valeur dans le travail humain qui lui est attaché. Rousseau écrit ainsi sur un mode tout à fait lockéen : « [...] il est impossible de concevoir l'idée de la propriété naissante d'ailleurs que de la main-d'œuvre; car on ne voit pas ce que, pour s'approprier les choses qu'il n'a point faites, l'homme y peut mettre de plus que son travail. C'est le seul travail qui donnant droit au cultivateur sur le produit de la terre qu'il a labourée lui en donne par conséquent sur le fond, au moins jusqu'à la récolte, et ainsi d'année en année,

---

les valeurs attachées à l'individualisme possessif; nous n'insistons pas donc ici sur les raisons pour lesquelles l'argumentation de Nozick nous paraît poser problème. Signalons malgré tout que 1) la démarche est incomplète parce qu'elle part d'une situation légitime sans prendre en compte les principes qui font que cette situation peut être considérée en tant que telle – ce qui présente un sérieux problème pour une théorie procédurale de la justice; 2) non seulement Nozick ne tient pas compte des principes rendant possible D1, mais il suppose que les droits de propriété qui ont été initialement répartis correspondent à *sa* conception du droit de propriété qui, nous le rappelons, prévoit que l'on possède de façon absolue des biens particuliers. Ce qui, bien entendu, n'est pas nécessairement le cas, puisque la propriété peut bien exister suivant d'autres modalités.

1. J.-J. Rousseau, *Discours sur l'origine et les fondements de l'inégalité parmi les hommes* (1754), seconde partie : « Que de crimes, de guerres, de meurtres, que de misères et d'horreurs n'eût point épargnés au genre humain celui qui arrachant les pieux ou comblant le fossé, eût crié à ses semblables : Gardez-vous d'écouter cet imposteur; vous êtes perdus, si vous oubliez que les fruits sont à tous, et que la terre n'est à personne. »

ce qui, faisant une possession continue, se transforme aisément en propriété [1]. » Dans l'*Émile*, Rousseau défendra de nouveau le principe d'une justification de la propriété par le travail, affirmant notamment que « l'idée de la propriété remonte naturellement au droit du premier occupant par le travail [2] ». Ce faisant, Rousseau, tout comme Locke, apporte une précision tout à fait importante que l'on va retrouver au cœur de la conception néolibérale de l'individu et de la propriété. Dans l'*Émile*, lorsque le gouverneur cherche à faire comprendre à son élève ce que signifie la propriété, il établit un lien étroit entre le bien susceptible d'appropriation et la personne à travers la médiation du travail : « [...] je lui fais sentir, dit-il, qu'il a mis là son temps, son travail, sa peine, sa personne enfin; qu'il y a dans cette terre quelque chose de lui-même qu'il peut réclamer contre qui que ce soit, comme il pourrait retirer son bras de la main d'un autre homme qui voudrait le retenir malgré lui [3] ».

Cette idée capture précisément le sens de ce que Macpherson a appelé l'« individualisme possessif », à savoir le lien que, par le biais du travail, les premiers penseurs de la Modernité politique établissent entre l'individu et le bien possédé, le lien qu'ils affirment avec la plus grande netteté entre la « propriété de soi » et la « propriété privée ». Nozick exprime lui-même cette idée, lorsqu'il choisit de fonder son second argument sur l'idée moderne de *propriété de soi*.

Ce second point correspond en fait à un approfondissement du premier. La chance de Wilt Chamberlain était finalement de posséder des talents ayant une valeur d'échange. La propriété sur les biens acquis était, nous l'avons vu, fondée sur la propriété des talents qu'il exerçait dans le cadre de son activité sportive. En donnant de sa personne, il produisait de la

1. *Ibid.*
2. J.-J. Rousseau, *Émile ou de l'éducation*, Paris, Garnier-Flammarion, p. 121.
3. *Ibid.*, p. 120.

richesse. L'exemple était d'autant plus efficace qu'il renvoyait aux exigences de l'individualisme possessif le plus pur : le sportif produit la richesse par son propre corps et semble ne rien devoir à personne.

La portée de l'argument que Nozick tirait tout d'abord de cet exemple était limitée : il s'appuyait sur l'évidence d'avantages liés à un libre exercice des droits de propriété, mais, à ces avantages, on pouvait tout aussi bien opposer le constat d'inconvénients, d'effets pervers. Nozick se place donc sur un autre plan, en cherchant à dévoiler *un rapport de nécessité* entre « individualisme possessif » et « droit absolu sur des biens particuliers ». Cette conception de la propriété comme appropriation spéciale ne va pas du tout de soi. Louis Dumont, dans ses travaux d'anthropologie, a su montrer que dans la civilisation indienne traditionnelle par exemple la notion de propriété n'impliquait pas que tous les droits soient attachés à une seule et même personne [1]. Nozick veut ainsi démontrer que la théorie néolibérale de l'État minimal et du libre marché est irréfutable dans une perspective moderne, quand bien même nous réprouverions les effets négatifs que sa mise en œuvre peut également produire. Sa thèse tire sa force de l'attractivité, d'un point de vue moderne, d'une représentation de l'être humain comme « maître et possesseur » de lui-même.

C.B. Macpherson a défini l'individualisme possessif par un ensemble de sept propositions :

1. Dans *Homo hierarchicus* (Paris, Gallimard, 1966, p. 201), Louis Dumont écrit à propos du droit sur le sol : « Le Système des castes est très opposé à ce que nous appelons propriété foncière. Ce qui se passe dans ce domaine aurait presque pu être déduit *a priori* des caractères généraux du système. Étant donné un objet, le sol, qui dans les sociétés traditionnelles complexes en général est de la plus grande importance et intimement lié au pouvoir politique, on peut prévoir que le système des castes ne le mettra pas en rapport exclusif avec un individu ou une fonction, mais le mettra en rapport au contraire avec l'ensemble des fonctions que le système comporte. Si quelque chose comme des droits coutumiers sont en pratique définis, ce seront des droits fragmentaires, complémentaires les uns des autres ; il y aura sans doute un droit éminent, mais ce sera un droit soumis aux valeurs et par conséquent asservi à sa fonction. »

Proposition I : L'homme ne possède la qualité d'homme que s'il est libre et indépendant de la volonté d'autrui. *Proposition II :* Cette indépendance et cette liberté signifient que l'homme est libre de n'entretenir avec autrui d'autres rapports que ceux qu'il établit de son plein gré et dans son intérêt personnel. *Proposition III* : L'individu n'est absolument pas redevable à la société de sa personne ou de ses facultés, dont il est par essence le propriétaire exclusif. *Proposition IV* : L'individu n'a pas le droit d'aliéner totalement sa personne, qui lui appartient en propre; mais il a le droit d'aliéner sa force de travail. *Proposition V* : La société humaine consiste en une série de rapports de marché. *Proposition VI* : Puisque l'homme ne possède la qualité d'homme que s'il est libre et indépendant de la volonté d'autrui, la liberté de chaque individu ne peut être légitimement limitée que par les obligations et les règles nécessaires pour assurer à tous la même liberté et la même indépendance. *Proposition VII* : La société politique est d'institution humaine : c'est un moyen destiné à protéger les droits de l'individu sur sa personne et sur ses biens, et (par conséquent) à faire régner l'ordre dans les rapports d'échange que les individus entretiennent en tant que propriétaires de leur propre personne [1].

Nozick s'inscrit résolument dans ce cadre, tout en y joignant une référence au principe kantien de l'égalité morale entre les personnes qu'il présente comme une interprétation de ce principe de la propriété de soi [2]. Le raisonnement s'engage de la façon suivante : « Les individus ont des droits, affirme-t-il, et il est des choses qu'aucune personne, ni aucun groupe, ne peut leur faire (sans enfreindre leurs droits) [3]. » Le principe d'égalité morale entre les individus, en même temps qu'il permet à ceux-ci d'affirmer leur spécificité en tant qu'être humain, leur permet de revendiquer le droit de ne

1. C. B. Macpherson, *La Théorie politique de l'individualisme possessif*, *op. cit.*, pp. 287-288.
2. R. Nozick, *op. cit.*, p. 30 *sqq.*
3. *Ibid.*, p. 9.

jamais être traité comme un moyen, mais toujours comme une fin. Nozick peut ainsi entreprendre de démontrer que les biens et les facultés dont l'individu est le propriétaire font partie intégrante de son individualité. Toute atteinte à ces droits est, par conséquent, en même temps une atteinte à sa dignité. En ce sens, toute politique redistributive porterait atteinte à la dignité des individus mis à contribution, puisqu'elle comprend effectivement la nécessité d'utiliser certains individus comme moyens visant à compenser les déséquilibres sociaux dont d'autres pâtissent. Selon Nozick, seule une société organisée suivant une logique néolibérale est à la mesure de l'exigence éthique kantienne, puisqu'elle serait la seule à ne pas institutionnaliser le principe suivant lequel les individus peuvent être utilisés à titre de moyen : « L'État minimal, écrit-il, respecte notre intégrité en tant qu'individus qui ne peuvent être utilisés de quelque façon que ce soit par d'autres, comme moyens, outils, instruments ou ressources ; il nous traite comme des personnes ayant des droits individuels avec la dignité que cela implique [1]. »

C'est seulement dans un tel contexte que nous pouvons, selon Nozick, conduire notre vie comme nous l'entendons et réaliser nos desseins, tenter de nous porter au niveau de la conception que nous nous faisons de nous-mêmes.

Il faut bien prendre la mesure de la puissance et de la cohérence d'une défense du néolibéralisme qui se présente certes comme une critique de toute théorie redistributive, mais qui peut aussi se présenter comme une expression politique cohérente de la Modernité, voire comme la seule pouvant prétendre à une telle cohérence ; toutes les autres perspectives – et notamment les doctrines redistributivistes – se situeraient en deçà de ces exigences, parce qu'elles empê-

1. Nozick, *op. cit.*, p. 334.

cheraient celui qui dispose de talents particuliers de profiter *pleinement* des ressources qu'il génère et parce qu'elles l'instrumentaliseraient au bénéfice d'autrui.

Nous aurons à revenir sur ce problème – et tout particulièrement pour soutenir qu'il peut y avoir une conception *moderne* de la propriété bien différente de celle mise en avant par le néolibéralisme. Quelles que soient les critiques que l'on peut vouloir opposer à cette orientation philosophico-politique, il faut toutefois lui reconnaître le mérite d'avoir su exprimer de manière radicale cette idée forte de Modernité qui lie intimement la propriété et le projet d'émancipation individuelle. L'affirmation du caractère sacré de la propriété dans la *Déclaration* de 1789 n'est en ce sens que l'aboutissement d'un long processus qui trouve ses racines au Moyen Age [1] et qui, progressivement, connaîtra des phases d'élaboration successive, jusqu'à sa mise en forme magistrale et décisive par John Locke. Propriétaire de soi et de ses facultés, l'individu peut se constituer comme propriétaire de son travail. Les Modernes n'ont sans doute pas immédiatement aboli l'esclavage. Il n'en demeure pas moins que cette forme d'instrumentalisation de l'être humain n'était plus, sur le plan des principes, concevable dans l'horizon de la Modernité. Propriétaire de son travail, l'individu trouvait là le ressort de toutes les propriétés possibles. Comme Adam Smith l'écrivait : « La plus sacrée et la plus inviolable de toutes les propriétés est celle de son propre travail, parce qu'elle est la source originaire de toutes les autres propriétés. Le patrimoine du pauvre est dans sa force et dans l'adresse de ses mains ; et l'empêcher d'employer cette force et cette adresse de la manière qu'il juge la plus convenable, tant qu'il ne porte de dommage à personne, est une violation manifeste

1. Voir sur ce point un texte de synthèse tout à fait éclairant de Janet Coleman, « Propriété et pauvreté » in J. H. Burns, *Histoire de la pensée politique médiévale*, trad. J. Ménard, Paris, PUF, 1993, pp. 574-614.

de cette propriété primitive [1]. » En ce sens, le droit de propriété, ultimement fondé sur cette conception patrimoniale de soi, allait pouvoir s'imposer comme matrice des droits subjectifs modernes qui parachèveront la figure de l'individu moderne.

La préférence légitimée

Il serait sans doute passionnant et utile de proposer ici une vaste reconstitution de la façon dont certaines valeurs se sont trouvées promues dans le prolongement de cet individualisme possessif. La grammaire de ce nouveau langage, qui introduisit de nouvelles règles de conduite et en problématisa d'anciennes, fit naître des configurations éthiques inédites, produisit de nouvelles exigences, et libéra ce faisant de nouveaux espaces d'exploration sociale [2]. Même si l'on ne peut, à propos des recompositions qui se sont ainsi opérées au sein de notre imaginaire social, parler de pure innovation éthique, il importe de ne pas minimiser l'importance des effets culturels et sociaux que celles-ci furent amenées à produire. Une telle reconstitution dépasse toutefois très largement les limites du présent ouvrage. En nous réservant la possibilité d'y revenir plus minutieusement, nous nous contenterons de brosser à grands traits quelques-unes des caractéristiques éthiques saillantes qui influent sur notre conception dominante de la justice sociale, afin d'en repérer les éventuelles failles.

Dans la perspective de l'individualisme possessif, on assiste tout d'abord à la puissante promotion éthique d'une notion

1. Adam Smith, *La Richesse des nations*, tome 1, trad. G. Garnier, Paris, GF, 1991, p. 198.
2. Henry Sidgwick, *Methods of Ethics*, livre IV, chapitre V.

de préférence étroitement associée à un idéal d'authenticité personnelle. Le libéralisme en tira l'un de ses traits les plus déterminants. Dans cette perspective, qui nous est devenue familière au point de constituer pour nous comme une seconde nature, l'individu – pour être pleinement tel – doit pouvoir exercer en toute indépendance sa faculté d'orientation dans le registre tant intellectuel que pratique. Pour cela, il faut que la société laisse ouvert un éventail de choix significatifs entre lesquels il va pouvoir choisir. Au-delà, il faut même qu'il dispose d'une certaine marge de manœuvre pour que, dans le respect des droits d'autrui, il puisse éventuellement composer entre ces différentes voies et définir un chemin qui lui soit propre.

Le libéralisme ainsi défini puise aux sources mêmes de la Modernité et entre en parfaite consonance avec le discours d'un Pic de la Mirandole fondant, au XVe siècle, la dignité de l'homme sur son indétermination et sur la responsabilité qui lui incombe de se faire advenir lui-même [1]. Dans un passage célèbre, reprenant le fil de la Genèse, il imagine Dieu ayant tout créé sauf l'homme et ayant épuisé tous les archétypes qui auraient pu lui permettre de « forger une nouvelle lignée ». Comme « il ne convenait pas à son amour bienfaisant que l'homme, qui devait louer chez les autres créatures la générosité divine, fût contraint à la condamner pour soi-même », Dieu jugea, écrit Pic de la Mirandole, qu'à « celui à qui il ne pouvait rien donner en propre serait commun tout ce qui avait été le propre de chaque créature [2] ». Dans ce récit, Dieu faisait en quelque sorte un pas en arrière pour laisser à l'homme, « cette œuvre à l'image indistincte », à qui ne furent donnés « ni place déterminée, ni visage propre, ni don particulier », le soin et la charge de se les donner à lui-

1. Pic de la Mirandole, *Œuvres philosophiques*, trad. O. Boulnois et G. Tognon, Paris, PUF, 1993.

2. *Ibid.*, p. 5.

même. « La nature enferme d'autres espèces en des lois par moi établies. Mais toi, que ne limite aucune borne, par ton propre arbitre, entre les mains duquel je t'ai placé, tu te définis toi-même [1]. » Cette liberté, dont, au cœur de la Renaissance, Pic de la Mirandole justifie le principe, dans un contexte théologique fort loin d'être acquis à sa cause, donne à l'être humain la possibilité de faire des choix, les meilleurs ou les pires. Lui qui se « forge, se fabrique et se transforme lui-même en toute figure de chair [2] », devra en même temps assumer la responsabilité à laquelle son libre arbitre le condamne. Le libéralisme le plus prosaïque et le plus laïc que l'on puisse envisager s'est nourri d'un tel retrait divin ou de son idée. Plus encore, il se nourrit désormais de la croyance en la nécessité et en l'inévitabilité d'un retrait de la société elle-même. Au *Deus absconditus* de la théologie, succède, selon la formule de Zygmunt Bauman, une *societas abscondita* qui, dans l'ombre où elle se réfugie, ne doit plus nous dicter les normes de notre agir [3]. L'éthique publique de ces temps nouveaux ne saurait être alors que minimale [4], soucieuse de ne pas prétendre assurer, sur un mode paternaliste, une quelconque direction des consciences. L'individu, moderne, libéral, est d'abord – comme se le représentait le Sartre de *L'Etre et le néant* – un être de choix, un « être de possibles », exprimant des préférences, orientant son action en fonction de celles-ci, dans le respect de celles des autres. Préférer, consentir : ces verbes s'arrogent ainsi une place déterminante dans ce nouveau langage de la Modernité.

1. *Ibid.*, p. 7.
2. *Ibid.*, p. 11.
3. Zygmunt Bauman, *La Société assiégée*, Rodez, le Rouergue/Chambon, 2005, p. 72.
4. Voir ce point et sur tous les problèmes aussi que cela peut soulever l'ouvrage déjà cité de Ruwen Ogien, *L'Éthique aujourd'hui*, Paris, Gallimard, 2007.

L'État et la distance

Ce point a des implications politiques majeures. En effet, quelles que soient les prérogatives d'un gouvernement, il faudra, d'une part, que celles-ci soient toujours indexées sur le consentement explicite ou implicite des individus et, d'autre part, qu'elles ne conduisent pas ce gouvernement à intervenir dans ce qui sera considéré comme relevant de la seule juridiction de l'individu. De ce type de considérations procède la conviction que la définition du caractère libéral d'un régime tient précisément à la distance instaurée et maintenue entre la société et l'État, entre l'individu et le gouvernement.

Présentant les contours de l'individualisme possessif, nous avons déjà rencontré quelques-uns des arguments militant pour le respect de l'intégrité individuelle. Nous en croisons ici un autre dans cette manière d'associer la dignité de l'être humain à sa faculté et au droit qu'on lui reconnaît de choisir la vie qu'il souhaite mener. On pourrait bien sûr envisager de multiples raisons de limiter l'exercice de cette faculté autrement que par référence à la nécessité de respecter l'exercice de cette faculté chez d'autres. On pourrait par exemple faire valoir que les individus sont susceptibles de faire de « mauvais » choix et que la responsabilité de la collectivité est de les en empêcher. Mais globalement – et en tout état de cause, sur le plan des principes – notre conception de l'individu s'oppose à toute forme intrusive de paternalisme politique et éthique. Il en va d'abord ainsi parce qu'un gouvernement n'est pas moins susceptible qu'un individu de faire de mauvais choix – certains, dissertant sur le rapport entre vices privés et vertus publiques, pourront même estimer que les mauvais choix sont plus souvent le fait des gouvernements que des individus. Ensuite parce que l'on ne peut attendre d'un gouvernement qu'il soit en mesure de satisfaire tous les besoins, y compris les plus singuliers, d'un individu. Et enfin parce que le gouvernement, s'il veut pouvoir jouer son rôle de stabilisateur social, doit s'abstenir de trancher en faveur d'un mode de vie particulier au détriment de tous les autres.

On attend certes de l'État – outre les fonctions qui lui sont traditionnellement dévolues – qu'il favorise, en tant qu'acteur de la vie économique et sociale, les conditions qui permettront d'assurer le bien-être de la population qui est au principe de sa légitimité. Chacun peut aisément constater que les attentes des citoyens-usagers sont à cet égard toujours plus importantes et que cette évolution est même inscrite dans l'histoire des principes sur lesquels nous nous appuyons encore aujourd'hui [1]. Reprenons, pour en juger, le texte de la Déclaration d'indépendance américaine de 1776 : celui-ci ne stipule-t-il pas que la vie, la liberté et la poursuite du bonheur constituent des droits de l'homme inaliénables ? De manière plus significative encore, en 1787, la Constitution des États-Unis d'Amérique justifiera, explicitement, l'établissement de l'union fédérale par référence notamment à cette mission : « développer le bien-être général ». Bref, l'État doit agir pour assurer le bien-être des individus. Il doit chercher à mettre en œuvre, en quelque sorte, une véritable politique du bonheur.

Cette idée n'aurait pas déplu à Aristote. Lui, qui affirmait qu'il n'est pas de quête plus importante pour les hommes que celle du bonheur, estimait en effet également que c'est à

1. Dominique Schnapper, *La Démocratie providentielle*, *op. cit.*

la politique qu'il appartient de nous y conduire : « Quel est le but, écrivait-il, que nous assignons à la politique et quel est le souverain bien de notre activité ? Sur son nom du moins il y a un assentiment presque général : c'est le bonheur [1]. » Pour Aristote, nous le voyons, le politique et l'individuel ne s'opposaient donc pas. Le politique était même le plus sûr chemin vers le bonheur. A vrai dire, c'était pour lui le seul [2]. Différence de taille tout de même : ce n'était pas la cité qui faisait le bonheur des citoyens, mais les citoyens qui accédaient au bonheur par la politique.

Aristote n'en restait pas là cependant. Il notait aussi que des désaccords ne manquent jamais d'éclater dès lors qu'on interroge les hommes sur la nature de ce bonheur auquel ils aspirent : « Sur la nature même du bonheur, on ne s'entend plus et les explications des sages et de la foule sont en désaccord [3]. » La Cité n'a cependant pas à se soucier de gérer cette pluralité des conceptions du bonheur. Ce pluralisme est en effet, pour Aristote, une offense faite à la raison. C'est pourquoi il s'appliqua à résoudre les antagonismes et à dévoiler la nature véritable du bonheur. A charge, ensuite, pour chacun de conformer son existence aux normes qui définissent le cadre de la poursuite légitime du bonheur.

En l'occurrence, la question de la nature du bonheur devait donc être tranchée en référence à ce que commande l'ordre du cosmos, de la nature, l'ordre des choses, en somme. Et l'on pouvait fort bien imaginer une « politique » dont l'objet serait de promouvoir celui-ci. Aujourd'hui, il en

1. Aristote, *Éthique à Nicomaque*, *op. cit.*, p. 22.

2. Certes, tous les contemporains d'Aristote ne partageaient pas ce point de vue ; d'autres, à l'instar d'Épicure, préféraient ainsi professer qu'en raison de la très grande misère politique qui frappait Athènes au IVe siècle avant notre ère, il était plus sage de vivre à l'écart de la cité, entre amis choisis, à l'abri d'un jardin transformé en sanctuaire. Le bonheur suppose une certaine maîtrise de soi et de nos vies et lorsque le politique n'est plus qu'une coquille vide ou lorsqu'il n'est plus que le lieu de la destitution, de l'aliénation des hommes, alors il importe de trouver d'autres voies d'accès au bonheur.

3. Aristote, *Éthique à Nicomaque*, *op. cit.*, p. 22.

va autrement. L'éventuelle similarité des conceptions en la matière ne peut plus être simplement perçue comme la marque d'une conformité à un ordre supérieur, elle s'impose surtout à nous comme un signe de conformisme. Si nous nous accordons à reconnaître unanimement l'importance de la quête du bonheur [1], nous sommes plus proches de Kant lorsque celui-ci renvoie la notion de bonheur à une diversité d'aspirations si grande qu'il ne reste plus qu'à constater son caractère non universalisable. Non pas au sens où tout le monde n'y aurait pas universellement droit, mais au sens où ce que chacun place dans l'idée qu'il se fait du bonheur ne saurait valoir universellement. Aussi est-il très important que le gouvernement reste à sa place : « Personne, écrit Kant, ne peut me contraindre à être heureux à sa manière » et « chacun a le droit de chercher son bonheur suivant le chemin qui lui paraît personnellement être le bon », pour autant que cette liberté « peut coexister avec la liberté de tous d'après une loi générale possible ». Les citoyens ne sont pas des enfants et le gouvernement qui voudrait se faire « paternel » à leur égard, se ferait en fait « despotique [2] ». Aujourd'hui, le fait du pluralisme et la conscience que nous en avons nous ont, sur ce chapitre, rendu particulièrement prudents.

Que reste-t-il alors au politique ? Il lui reste, dans une conception plus modeste des responsabilités qui sont les siennes, à assurer les conditions de possibilité du bien-être : non pas chercher à faire le bonheur des individus, mais ménager les conditions dans lesquelles ceux-ci pourront effectivement viser ce qu'ils estiment être propice à celui-ci.

On ne soulignera jamais suffisamment l'importance de cette mutation historique, spirituelle et sociale qui a vu les

1. A tel point d'ailleurs que Pascal Bruckner a pu parler à cet égard d'un « devoir de bonheur », dans *L'Euphorie perpétuelle. Essai sur le devoir de bonheur*, Paris, Grasset, 2000.

2. Kant, *Sur un lieu commun...*, *op. cit.*, p. 271.

membres des sociétés occidentales réinvestir sur le mode de l'*ici-bas* la question du salut. En un sens, la question du bonheur n'est pas une préoccupation des sociétés fortement empreintes de religiosité ; elle est surtout, paradoxalement, la propriété d'un monde désenchanté, laïcisé, dans lequel les êtres humains se découvrent face à face, abandonnés à une injonction commune : réussir leur vie, ici et maintenant [1].

Aristote associait étroitement bonheur et vertu, aussi pouvait-il sans difficulté soutenir que – l'homme ne réalisant pleinement son humanité qu'en tant que citoyen – le « souverain bien » est la grande affaire du politique. Aujourd'hui, même si « *the pursuit of happiness* » reste susceptible d'être politiquement proclamée, le divorce entre politique et bonheur n'en semble pas moins désormais consommé. Il n'appartient plus à des responsables politiques de chercher, de manière paternaliste, à « faire le bonheur » de leurs électeurs. Tout comme la religion, le bonheur, voire plus modestement le bien-être, sont devenus – dans les sociétés politiquement libérales – une affaire strictement privée qui doit donner à chaque individu la possibilité de singulariser son existence. Autrement dit, l'État doit limiter son action à une tâche précise : mettre les individus en position de faire des choix, d'agir – dans le respect du droit – conformément à des préférences qui leur sont propres, et non pas faire des choix à leur place et leur imposer des préférences. Il faut, autrement dit, qu'il garantisse les conditions qui permettront aux individus de singulariser leurs vies [2]. Cet idéal et la représentation de l'État qui lui est logiquement associée tirent une part non négligeable de leur puissance du culte moderne de l'authenticité. L'État libéral va en effet pouvoir se présenter comme un moyen grâce auquel il va être

1. Luc Ferry, *Qu'est-ce qu'une vie réussie ?*, Paris, Grasset, 2002, pp. 33 *sqq.*
2. *Ibid.*, p. 472.

possible de cultiver ce goût moderne pour l'authenticité dont l'œuvre de Rousseau a si fortement contribué à fixer le sens.

Le goût de l'authenticité

Agir par soi-même, c'est, selon cette perspective, sonder les ressources d'une intériorité qu'il s'agit d'exprimer dans un souci de fidélité à soi. Charles Taylor a identifié, dans le prolongement des intuitions séminales de Rousseau, le romantisme allemand comme source de cet idéal moral qui structure puissamment nos vies contemporaines. Le tournant « expressiviste » de la Modernité [1] est ainsi rendu possible par la conviction qu'en chaque être humain peut se faire entendre et sentir une conscience morale. Dès lors « être au contact intime de nos perceptions morales est important comme moyen d'atteindre la fin de l'action juste [2] ». La source de la normativité se niche désormais au fond de l'être humain et non pas quelque part, ailleurs, dans un ciel qui nous surplombe ou dans un livre de révélations. Tel est, pour Taylor, le principe de la « conversion massive de la culture moderne au subjectivisme », parachevée par l'insistance, soulignée notamment par Herder, sur le caractère moralement significatif des différences. Selon cette vision, je suis, en tant qu'individu, enclin à penser qu'« il existe une certaine façon d'être humain qui est *ma* façon. Je suis appelé à vivre ma vie de cette façon, non à l'imitation de la vie de quelqu'un d'autre. Mais cette notion donne une importance nouvelle à la fidélité que je dois à moi-même. Si je ne suis pas

1. Charles Taylor, *Sources of the Self*, Cambridge, Harvard University Press, 1989, chap. XXI, pp. 368 *sqq*. Voir également, du même auteur, *Hegel and Modern Society*, Cambridge, Cambridge University Press, 1979, pp. 1-14.
2. Charles Taylor, *Multiculturalisme*, trad. D.-A. Canal, Paris, Flammarion, 1994, p. 45.

moi-même, je manque l'essentiel de ma vie; je manque ce qu'être humain signifie pour *moi*[1] ».

L'importance de ce contact avec soi-même prend ainsi le sens que nous lui connaissons aujourd'hui parce qu'il s'est accompagné de l'affirmation d'un principe d'originalité. Taylor encore : « Être fidèle à moi-même signifie être fidèle à ma propre originalité qui est quelque chose que moi seul peux énoncer et découvrir. En l'énonçant, je me définis moi-même du même coup. Je réalise une potentialité qui est proprement mon bien. C'est la notion de base de l'idéal moderne d'authenticité, pour les objectifs d'accomplissement et de réalisation de soi dans lesquels l'idéal est habituellement formulé[2]. » Tout manquement à l'authenticité sera donc, en ce sens, une forme d'aliénation.

Nous voyons bien comment, dans ce nouveau langage de l'individualisme possessif, prennent rang d'idéal moral la notion de préférence et celle d'authenticité. Soutenu par les transformations de la consommation de masse depuis les années 1960, la « singularisation, comme le montre de manière convaincante Alain Ehrenberg, réalisée dans un espace limité et dans des conditions spécifiques est devenue un phénomène banal[3] ». Le recul de la société de classes dans la consommation *et* du travailleur exécutant dans la production marque l'émergence de nouvelles « normes de conduite aujourd'hui dominantes dans la consommation ou les loisirs *et* dans l'entreprise. Polarisées sur l'individu se faisant lui-même, ces normes prennent simultanément la place des idéaux d'émancipation à l'œuvre dans le modèle politique de la citoyenneté républicaine et celle de l'autoritarisme hiérarchique des bureaucraties privées et publiques. Elles accom-

1. *Ibid.*, p. 47.
2. *Ibid.*, p. 48.
3. Alain Ehrenberg, *Le Culte de la performance* (1991), Paris, Hachette littératures, 2005, p. 149.

pagnent leur recul solidaire dans le paysage imaginaire français [1] ».

Ces analyses d'Alain Ehrenberg nous paraissent conserver aujourd'hui toute leur pertinence, à ceci près cependant que la citoyenneté elle-même nous apparaît être également désormais, au même titre que la consommation ou le monde de l'entreprise, un espace de réalisation *personnelle* [2]. En philosophie politique, au même titre qu'en psychologie, de la plus savante à la plus populaire, on souligne que l'acceptation de soi passe par la visée d'une telle authenticité. Elle garantit ensuite la possibilité pour l'individu qui parvient à être « authentiquement » lui-même dans un ordre social quelconque, qu'il puisse adhérer à cet ordre social. Autrement dit, cette authenticité, dont l'enjeu paraît se situer intégralement en soi, porte bien au-delà puisqu'elle ouvre un chemin vers les autres. Être en paix avec soi-même, pour être en paix avec les autres. Il y a là comme une figure facile de la reconnaissance et de la gratitude. J'aime la société qui me permet de m'aimer moi-même. Ou pour le dire avec la pointe de cynisme qu'il convient d'arborer lorsqu'on s'aventure ainsi à découvert : j'aime la société dans la mesure de l'amour qu'elle ne m'empêche pas de me porter à moi-même.

Industrie et indépendance

Cette originalité que je me dois d'affirmer et de réaliser pour vivre authentiquement, trouve dans l'industrie un autre

1. *Ibid.*, p. 168.
2. C'est une évolution très lourde de conséquences sur laquelle nous aurons l'occasion de revenir dans un prochain ouvrage.

vecteur d'accomplissement. Dans une perspective que Hegel a contribué à définir, le travail cesse d'être une sorte de malédiction, pour devenir l'occasion donnée à une conscience, non seulement d'exprimer sa supériorité sur la matière qu'elle transforme, mais encore de se réaliser elle-même, par les efforts qu'elle fournit et qui s'accomplissent en productions. Nous ne reprendrons pas ces analyses déjà menées par d'autres [1]. Celles-ci ont mis au jour les évolutions à la faveur desquelles le travail en vient à être conçu comme un révélateur de l'essence de l'homme et se trouve affirmé dans ses puissances d'intégration sociale. Nous ne rappellerons pas non plus les enseignements qu'il est possible de tirer des travaux de Max Weber sur l'éthique protestante et l'esprit du capitalisme. Fût-elle à nuancer sur certains points, l'idée selon laquelle un basculement moderne dans l'ordre des préoccupations humaines serait intervenu à cette époque et dans cette culture, conserverait néanmoins toute sa pertinence. L'aspiration au salut n'est plus contraire et peut même trouver des points d'articulation avec la volonté de s'investir, ici et maintenant, dans une activité productrice et matérielle. Pour cela, il a bien fallu qu'apparaisse, en soutien d'un capitalisme en pleine expansion, une certaine « mentalité professionnelle [2] » portée par des qualités éthiques (audace, rigueur, sobriété, etc.) qui s'opposent aux valeurs traditionnelles dans ce rapport à la matérialité, constituant ce que Weber n'hésite pas à appeler une « *Aufklärung* libérale [3] ». Bien loin d'être une *turpitudo*, comme l'affirmait Thomas d'Aquin, la recherche du profit va pouvoir bénéficier, à la faveur de ces évolutions culturelles, d'une justification morale. Dans le langage de la Réforme, on

1. Pour une synthèse fort utile de toutes ces évolutions et de leurs enjeux, cf. Dominique Méda, *Le Travail, une valeur en voie de disparition*, Paris, Flammarion, 1995.
2. Max Weber, *L'Ethique protestante et l'esprit du capitalisme*, Paris, Pocket, 1967, p. 67 n.
3. *Ibid.*, p. 72.

voit se renforcer des éléments d'évaluation positive de l'activité quotidienne. Au final, cela débouchera sur l'idée que « le devoir s'accomplit dans les affaires temporelles, qu'il constitue l'activité morale la plus haute que l'homme puisse s'assigner ici-bas [1] ». Et Weber d'ajouter, en s'appuyant sur les écrits de Luther, que désormais « l'unique moyen de vivre d'une manière agréable à Dieu n'est pas de dépasser la morale de la vie séculière par l'ascèse monastique, mais exclusivement d'accomplir dans le monde les devoirs correspondants à la place que l'existence assigne à l'individu dans la société, devoirs qui deviennent ainsi sa "vocation" [2] ». Adoptant une position diamétralement opposée à celle que contribueront à diffuser Bernard Mandeville ou Adam Smith (mais qui facilitera l'émergence de celle-ci), Luther allait même jusqu'à faire de la vie monastique le produit d'un égoïsme et d'une « sécheresse du cœur ». En effet, bien loin de répondre à la considération de l'intérêt uniquement particulier, le fait de s'accomplir dans son travail devient « l'expression extérieure de l'amour du prochain ». La division du travail est à ses yeux une manière de conduire « chaque individu à travailler pour les autres [3] ». Le temps de ces naïvetés est sans doute lointain, mais il nous donne une idée des ressorts moraux sur lesquels s'est appuyé le formidable renversement dans la représentation du travail dont s'est nourri le capitalisme. Le travail devient une figure louable de la coopération sociale.

Mais ce n'est pas que cela. Au-delà de cette contribution par une activité productive à la vie collective, le travail devient en même temps la marque de celui qui « se prend en charge », qui assume les responsabilités qui sont les siennes, vis-à-vis de lui-même et de ceux qui dépendent directement

1. *Ibid.*, p. 90.
2. *Ibid.*
3. *Ibid.*, p. 91.

de lui. Non seulement il est indépendant, mais il se présente aussi comme un *good provider*, selon cette expression anglaise si chargée de sens sur le plan éthique. Derrière cette idée d'indépendance joue l'idéal moral si ancien de l'autarcie, qui lui-même renvoie à la possibilité ainsi acquise de ne dépendre que de soi et de pouvoir soutenir les autres [1]. L'autarcie s'accompagnait dans l'épicurisme notamment d'une ferme injonction à la limitation des besoins afin que l'individu n'ait plus à satisfaire que les plus simples d'entre eux. C'est qu'il fallait, dans cette optique, ne pas être dépendant de choses extérieures qui pourraient être difficiles à obtenir. Se limiter ainsi, c'est se mettre en position de pouvoir alors sans crainte affronter la fortune, le destin, ainsi que l'enseignait Épicure dans sa *Lettre à Ménécée*. Plus proche de nous cependant, cet idéal d'indépendance se veut nettement moins frugal et s'est enrichi de l'attachement moderne à la liberté définie comme capacité de se soustraire à toute forme de domination. Chez Kant, l'indépendance économique garantit l'intégrité morale de l'individu en le préservant de toute tentative visant à l'instrumentaliser. Chez lui, la soumission contredit la vocation de l'être humain comme être moral, or la dépendance entraîne la soumission. Elle est donc à ce titre moralement condamnable. De ce type de débat procèdent toutes les confrontations éthiques, sociales et politiques, qui accompagneront l'émergence du salariat, comme forme de lien à distinguer – notamment grâce à ses diverses formes de contractualisation – de l'esclavage [2].

Nous pouvons relire dans une telle perspective le fameux passage des *Remarques touchant les observations sur le sentiment*

1. Aristote était sur ce point ambitieux puisque le fait de « se suffire à soi-même » impliquait d'être en mesure de soutenir famille, amis et concitoyens : « par ce qui se suffit à soi-même, nous entendons non pas ce qui suffit à un homme menant une vie solitaire, mais aussi à ses parents, ses enfants, sa femme, ses amis et ses concitoyens en général, puisque l'homme est par nature un être politique » (*Éthique à Nicomaque*, I, 5, 1097a, *op. cit.*)

2. Robert Castel, *Les Métamorphoses de la question sociale*, *op. cit.*

du beau et du sublime. Kant y décrit la répulsion que lui inspire l'idée même de dépendance, en soulignant justement l'état de soumission auquel elle réduit l'être humain : « Il y a dans la soumission, non seulement quelque chose d'extrêmement dangereux, mais aussi une certaine laideur et une contradiction qui en révèle le caractère illégitime. Un animal n'est pas encore un être au sens plein du terme, car il n'est pas conscient de lui-même [...], il ne sait rien de sa propre existence. Mais que l'homme lui-même soit pour ainsi dire dépouillé de son âme et de sa volonté propre, qu'un autre commande à ses membres, c'est chose absurde et perverse. Un tel homme n'est plus, en quelque sorte, que l'instrument d'un autre [...]. L'homme qui est dans la dépendance d'un autre n'est plus un être humain, il a perdu ce rang, il n'est plus que l'accessoire d'un autre homme [1]. » Évoquant les interférences naturelles liées au déterminisme (qui pose le problème de la liberté métaphysique) et les interférences sociales, Kant se préoccupe surtout du problème de la servitude : « Il ne peut y avoir rien de plus insupportable pour une personne que de voir son action soumise à la volonté d'une autre. Par conséquent, notre aversion pour la servitude est toute naturelle [2]. »

Il est particulièrement aisé d'établir un parallèle à ce propos entre Kant et les auteurs classiques du républicanisme. James Harrington écrivait en effet : « L'homme qui n'a pas les moyens de subvenir à ses besoins doit être valet; mais celui qui en dispose peut être un homme libre [3]. » Cela signifiait, pour Harrington, que le fait de vivre soumis à la volonté d'un autre – à sa volonté arbitraire – à la façon d'un esclave est le *summum* de l'absence de liberté. Comme l'écrit

1. Cité par E. Cassirer, *Rousseau, Kant, Goethe*, trad. fr. J. Lacoste, Paris, Belin, 1991, pp. 47-48. Kant, *Remarques touchant les observations sur le sentiment du beau et du sublime*, trad. B. Geonget, Paris, Vrin, 1994, p. 175.

2. AK XX 92. Kant, *Remarques touchant les observations sur le sentiment du beau et du sublime*, *op. cit.*, p. 176.

3. James Harrington, *Océana*, *op. cit.*, p. 269.

Philip Pettit, à ce propos : « L'essence de la liberté consiste à ne pas avoir à souffrir une telle dépendance et une telle vulnérabilité [1]. » Cette dépendance vaut domination, parce que même si celui qui se trouve en position d'exercer un pouvoir d'interférence s'abstient de le faire, il pourrait toutefois, à tout moment, décider de le faire, sans que nulle loi l'en empêche. Dans le même esprit, Algernon Sidney pouvait écrire que « la liberté consiste seulement dans l'indépendance à l'égard de la volonté d'un autre, et nous nommons esclave un homme qui ne dispose pas de sa personne ni d'aucun bien, mais dépend pour cela de son maître [2] ». Peu de temps après, les auteurs des *Cato's Letters* exprimèrent fortement cette même idée : « La liberté, c'est ne dépendre que de soi-même ; l'esclavage, c'est vivre à la merci d'un autre ; et une vie d'esclave est, pour ceux qui peuvent la souffrir, un état continuel d'incertitude et de misère, marqué par l'appréhension de la violence et souvent par la crainte persistante d'une mort violente [3]. »

Cette vulnérabilité de l'individu exposé à la domination de celui dont il dépend conduit Kant à lui refuser le statut de citoyen actif, tout en insistant sur les moyens qui devraient lui permettre d'accéder graduellement à ce statut. Les attributs juridiques de la citoyenneté comprennent en effet également, selon Kant, « l'indépendance civile » dont il nous dit qu'elle « réside dans le fait d'être redevable de son existence et de sa conservation, non à l'arbitre d'un autre au sein du peuple, mais à ses propres droits et à ses propres forces comme membre de la république, par conséquent la personnalité civile, à savoir le fait de ne pouvoir être représenté dans les affaires de droit par aucun autre [4] ». La qualité

1. Philip Pettit, *Républicanisme*, *op. cit.*, p. 54.
2. Algernon Sidney, *Discourses concerning Government*, Indianapolis, Liberty Classics, 1990, p. 17.
3. J. Trenchard et T. Gordon, *Cato's Letters*, New York, Da Capo, 1971, pp. 249-250.
4. *Métaphysique des mœurs*, II (AK VI 313), *op. cit.*, p. 129.

requise pour être citoyen « est qu'il soit *son propre maître (sui juris)*, qu'il possède par conséquent une quelconque propriété » et Kant précise immédiatement que pourront être considérés comme « propriété » « toute technique, tout métier ou tout art ou science qui lui permette[nt] de vivre ; c'est-à-dire qu'au cas où il doit trouver chez autrui de quoi vivre, il faut qu'il le trouve par l'*aliénation* de ce qui est *sien* et non par l'autorisation qu'il donne à d'autres de faire usage de ses forces, il faut par suite qu'il ne serve, au sens propre du mot, personne d'autre que la communauté [1] ».

La dépendance et la domination que nous pouvons lui associer sont tellement préjudiciables, pour Kant, qu'elles justifient à ses yeux le fait de refuser la citoyenneté active à ceux qui la subissent. Pour qu'ils puissent accéder à la liberté que garantit pleinement la citoyenneté, il faudra donc tout d'abord les soustraire à la domination : « De quelque sorte que puissent être les lois positives votées par les citoyens actifs, elles doivent en tout cas ne pas entrer en contradiction avec les lois naturelles de la liberté et de l'égalité correspondantes de tous au sein du peuple – liberté et égalité qui consistent à pouvoir travailler à s'élever de cet état passif à l'état actif [2]. » Il écrit encore, à propos de ceux qui ne sont pas auto-suffisants, qu'ils sont « en tant que membres de la communauté, soumis au respect de ces lois, et ils ont par là une part de la protection qu'elles assurent ; seulement ce n'est pas en tant que *citoyens* [sous-entendu : *actifs*] mais en tant que *protégés* [3] ». Pour Kant, la dépendance, parce qu'elle rend vulnérable celui qu'elle affecte, conduit, on le voit, à des situations de domination. Un être humain fidèle à la destination morale qui est la sienne devra donc être « propriétaire » de biens, de techniques ou d'un art qui lui permettent de ne

1. *Sur un lieu commun* (AK VIII 295), *op. cit.*, pp. 276-277.
2. *Métaphysique des mœurs*, II (AK VI 315), *op. cit.*, p. 130.
3. *Sur un lieu commun* (AK VIII 294), *op. cit.*, p. 276.

pas vivre aux dépens d'autrui. S'il doit trouver de quoi vivre chez un autre, il faut que ce soit par aliénation de ce qui est sien, autrement dit, par une aliénation de sa force de travail que rendent pensable et acceptable les termes de l'individualisme possessif.

L'homme parasite

Outre la rémunération qu'elle implique, l'activité laborieuse a aussi été conçue comme une source de vertu. Le travail, nous indique l'*Encyclopédie* de Diderot et de D'Alembert, est une « occupation journalière à laquelle l'homme est condamné par son besoin, et à laquelle il doit en même temps sa santé, sa subsistance, sa sérénité, son bon sens et sa vertu peut-être [1] ». Les multiples mémoires sur le paupérisme, rédigés tout au long du XIXe siècle, montrent bien qu'avant d'être ressaisi dans le langage des *droits*, le travail s'est construit aussi comme un *devoir*. D'où une distinction très tôt faite entre les « bons pauvres » et les « mauvais pauvres » qui jouera un rôle central dans les débats autour de la question de la solidarité entre les diverses orientations du catholicisme social [2] et les courants socialistes et solidaristes [3]. Présente en France, cette tendance était aussi marquée en Angleterre. En 1849, Henry Mayhew, à l'occasion de la célèbre série d'articles (« The Labour and the Poor ») publiés tout d'abord dans le journal *The Morning Chronicle*, dressait

1. Diderot & d'Alembert, *Encyclopédie*, « Travail », tome XVI.
2. Georges Hoog, *Histoire du catholicisme social en France. 1871-1931*, Paris, Domat, 1946 et Jean-Baptiste Duroselle, *Les Débuts du catholicisme social en France (1822-1870)*, Paris, PUF, 1951.
3. André Gueslin, *Gens pauvres, pauvres gens dans la France du XIXe siècle*, Paris, Aubier, 1998.

un très sombre portrait de la pauvreté à Londres. Mais il en profitait pour élaborer une taxinomie extrêmement précise des types de pauvres. Une personne pauvre est tout d'abord une personne qui ne satisfait pas ses besoins les plus élémentaires. Tous les pauvres ne se valent pas cependant, il en est des « honnêtes » et des « malhonnêtes ». La catégorie des gens pauvres honnêtes se subdivise en outre en deux groupes, ceux qui font des efforts (*the striving*) et ceux qui souffrent de handicaps. Autrement dit, Mayhew distingue trois catégories : « ceux qui font des efforts, ceux qui ne peuvent pas travailler et ceux qui ne veulent pas travailler [1] ». Ceux qui font des efforts se subdivisent encore en deux groupes : ceux qui bénéficient de secours et ceux qui n'en bénéficient pas, qui eux-mêmes comptent des imprévoyants et ceux qui perçoivent des salaires de misère. Au sortir de cet organigramme de la pauvreté, on comprend vite que Mayhew a exercé ses talents analytiques à des fins de hiérarchisation. S'il s'alarme, c'est essentiellement au vu des conditions misérables dans lesquelles doivent vivre les travailleurs pauvres. Pour autant, il dit vouloir résister aux inclinations que pourrait entraîner une « sympathie morbide » : les pauvres ne sont pas seulement à ses yeux les victimes de l'égoïsme des autres ; et il s'engage à ne pas omettre de souligner, dans ses articles, « leur manque de prudence, de tempérance, d'énergie, de propreté, de connaissance et de moralité [2] ».

Au fond, l'objectif est de mettre de l'ordre dans la pauvreté afin de bien distinguer les « bons pauvres » et les « mauvais pauvres » comme on sépare le bon grain de l'ivraie. En 1790, le duc de la Rochefoucauld-Liancourt écrivait en ce sens que les « véritables pauvres » sont ceux qui, sans propriété et sans ressources, veulent acquérir leur

1. *Chronicle*, 19 octobre 1849, cité in Gertrude Himmelfarb, *The Idea of Poverty. England in the Industrial Age*, New York, A. Knopf, 1984, p. 316.

2. Cité in Himmelfarb, *ibid.*

subsistance par le travail » et il y associait « ceux auxquels l'âge ne permet pas encore ou ne permet plus de travailler » et ceux enfin « qui sont condamnés à une inaction durable par la nature de leurs infirmités, ou à une inaction momentanée par des maladies passagères ». Quant aux « mauvais pauvres », ce sont ceux qui, « connus sous le nom de mendiants de profession et de vagabonds se refusent à tout travail, troublent l'ordre public » ; ces derniers sont à ses yeux « un fléau dans la société et appellent sa juste sévérité [1] ».

Le mauvais pauvre, c'est donc essentiellement celui qui refuse de travailler, qui refuse de subvenir à ses propres besoins, qui néglige d'œuvrer pour assurer sa propre indépendance matérielle. La norme qui vient qualifier ce refus en disqualifiant moralement celui qui s'en rend coupable plonge très profondément dans notre histoire culturelle. Robert Castel cite ainsi une ordonnance de Jean le Bon, datant de 1351, qui intime à ceux souhaitant donner l'aumône de ne la donner cependant « à nul gens sains de corps et de membres qui puisse besogne faire dont ils puissent gagner leur vie, mais les donnent à gens contrefaits, aveugles, impotents et autres misérables personnes [2] ». Le « mauvais pauvre » qui ne mérite pas d'être aidé et doit au contraire être sévèrement puni est ainsi l'objet d'un mépris unanime. Le comte de Saint-Simon lui-même n'hésitait pas à dénoncer le désœuvrement coupable de l'oisif : « Le désœuvré est à charge à lui-même, en même temps qu'il est un fardeau pour la société, écrit-il. Le désœuvrement est le père de tous les vices. Le désœuvrement constitue l'homme dans un état de maladie. » Ce pourquoi le moraliste doit faire en sorte que l'opinion publique condamne toutes les formes d'oisiveté, celle du

1. « Plan de travail du comité pour l'extinction de la mendicité », cité in A. Gueslin, *Gens pauvres, pauvres gens dans la France du XIXe siècle*, *op. cit.*, p. 112.
2. « Ordonnance concernant la police du Royaume », cité in R. Castel, *op. cit.*, p. 104.

propriétaire et du rentier, tout comme celle du pauvre. « L'homme doit travailler », affirme Saint-Simon. Celui-ci qui s'y refuse alors qu'il pourrait travailler ne mérite que mépris. Il invite les hommes industrieux à se méfier de cette « *foule d'hommes parasites* qui, ayant les mêmes besoins et les mêmes désirs que les autres, n'ont pu surmonter comme eux la paresse naturelle à tous, et qui, ne produisant rien, consomment ou veulent consommer comme s'ils produisaient. Il est de force que ces gens-là vivent sur le travail d'autrui, soit qu'on leur donne, soit qu'ils le prennent; en un mot, il y a des fainéants, c'est-à-dire des voleurs [1] ». Et s'il doit y avoir néanmoins assistance, alors il appartiendra à la seule classe des gens qui travaillent, soit la « classe industrielle », d'en définir librement les termes : « La classe industrielle est la classe fondamentale, la classe nourricière de toute la société, celle sans laquelle aucune autre ne pourrait subsister. » Elle peut à ce titre proclamer devant les « non-industriels » : « nous ne voulons vous nourrir, vous loger, vous vêtir et satisfaire en général vos goûts physiques qu'à telle condition ».

L'histoire de ce mépris social n'est pas close. John Galbraith pouvait encore écrire en 2004 que, dans les pays développés, « nul n'est plus critiqué qui se dérobe à l'obligation de travailler. C'est un paresseux, un irresponsable, un fardeau – bref, un mauvais. Quand l'alternative au travail consiste à vivre sur l'argent public, cette critique devient condamnation sévère. Rien n'est aussi inacceptable aux yeux de l'opinion que de passer du statut d'employé à celui d'assisté [2] ». Ruwen Ogien souligne également à juste titre le lien étroit qui s'est durablement noué entre assistance

---

1. Citations extraites de Saint-Simon, *La Physiologie sociale*. Œuvres choisies par Georges Gurvitch, PUF, 1965.

2. J. K. Galbraith, *Les Mensonges de l'économie*, trad. fr. P. Chemla, Paris, Grasset, 2004, p. 35.

et stigmatisation, solidarité et infériorisation[1], lien que viennent parfois compliquer encore les relations difficiles que la personne « assistée » doit entretenir avec les administrations dont elle « dépend[2] ».

Outre ce soupçon de culpabilité pesant sur la personne pauvre jugée apte au travail, joue également l'idée selon laquelle l'assistance apportée à la personne nécessiteuse encouragerait celle-ci à s'installer dans ce rapport de dépendance. Soulager la misère serait donc une façon de contribuer à son développement. S'opposant à la fin du XVIIIe siècle aux *Poor Laws*, Malthus leur reprochait de tendre « manifestement à accroître la population, sans rien ajouter aux moyens de subsistance ». Leur tort ? Permettre au pauvre de fonder une famille : « un pauvre peut se marier bien qu'il ait peu ou même pas du tout de possibilités de nourrir sa famille en dehors des secours paroissiaux : ainsi, ces lois créent les pauvres qu'elles assistent ». C'est d'autant plus regrettable pour ce fondateur de la démographie que « la quantité d'aliments consommés dans les asiles et distribués à une partie de la société que l'on peut considérer comme la moins intéressante, diminue d'autant la part des membres les plus laborieux et les plus dignes de récompense. Par ce mécanisme, les lois forcent donc un plus grand nombre d'individus à retomber à la charge de la collectivité. Et si les pauvres occupés dans les asiles y étaient encore mieux nourris et entretenus, cette nouvelle distribution d'argent empirerait le sort de ceux qui travaillent au-dehors en faisant monter encore plus sûrement le prix des subsistances ». Malthus, on le constate, n'est pas favorable – c'est le moins que l'on puisse dire – au principe de l'assistance publique et si celle-ci doit être néanmoins accordée, il faut qu'un sentiment

1. Ruwen Ogien, *Théories ordinaires de la pauvreté*, Paris, PUF, 1983.

2. Serge Paugam, *La Disqualification sociale. Essai sur la nouvelle pauvreté*, Paris, PUF, 1991 et *id.*, *Les Formes élémentaires de la pauvreté*, Paris, PUF, 2005, pp. 56 *sqq*.

de honte soit attaché au fait de la percevoir : « Aussi dur que cela puisse paraître dans les cas particuliers, écrit Malthus, il faut que l'assistance s'accompagne toujours d'un peu de honte. Cet aiguillon est absolument nécessaire au bien général de la société. Tout effort tendant à affaiblir ce sentiment, même si l'intention est bonne, produit un effet directement opposé à celui qu'on en attend. Quand on engage des hommes pauvres à se marier en leur offrant l'assistance de la paroisse, non seulement on les invite à se mettre, eux et leurs enfants, dans le malheur et la dépendance, mais on les entraîne (sans qu'ils s'en doutent eux-mêmes) à faire tort à tous ceux qui sont dans la même situation qu'eux [1]. »

Tocqueville, sur ce point, est à peine moins brutal [2]. Proposant d'examiner, dans son *Mémoire sur le paupérisme*, l'état des populations par rapport auxquelles se pratique, sur une base permanente et sous une forme administrative, la charité légale, il affirme que l'on y voit toujours immanquablement apparaître « une classe oisive et paresseuse, vivant aux dépens de la classe industrielle et travaillante [3] ». C'est là, pour lui, une « conséquence inévitable ». Cette charité légale, écrit-il encore, « déprave les hommes plus encore qu'elle ne les appauvrit [4] ». Pour Tocqueville, le droit est en général quelque chose de « grand » et de « viril » qui « place celui qui réclame au même niveau que celui qui accorde ». Dans le cas d'un droit du pauvre à un secours, il n'en est rien cependant; « au lieu d'élever le cœur de l'homme qui l'exerce, il l'abaisse ». De ce point de vue, Tocqueville estime que la charité privée est préférable parce que le pauvre qui la

1. Malthus, *Essai sur le principe de population* (1798), trad. P. Theil, Paris, Gonthier, 1963. Toutes les citations sont tirées du chapitre 12.

2. Voir Pierre Rosanvallon, *L'État en France de 1789 à nos jours*, *op. cit.*, pp. 155 *sqq*. Cf. également Serge Paugam, *Les Formes élémentaires de la pauvreté*, *op. cit.*, pp. 22-32.

3. *Mémoire sur le paupérisme*, *op. cit.*, p. 29.

4. *Ibid.*, p. 30.

sollicite reconnaît certes « son état d'infériorité par rapport au reste de ses semblables ; mais il le reconnaît en secret et pour un temps ». S'inscrire sur la liste des indigents lui permettra certes de réclamer des secours, mais « qu'est-ce que l'obtention de ce droit, demande Tocqueville, sinon la manifestation authentique de la misère, de la faiblesse, de l'inconduite de celui qui en est revêtu ? ». Alors qu'un droit sanctionne généralement un avantage acquis sur des semblables, le droit au secours est accordé en raison d'une « infériorité reconnue ». Le droit au secours légalise cette infériorité. Ce pourquoi Tocqueville juge que la charité publique est, pour l'indigent, plus humiliante encore que la charité privée. Cette dernière avait le mérite d'établir entre le riche et le pauvre un lien précieux. La charité légale dépersonnalise l'assistance. Elle laisse subsister l'aumône, « mais elle lui ôte sa moralité » : « Le riche, que la loi dépouille d'une partie de son superflu sans le consulter, ne voit dans le pauvre qu'un avide étranger appelé par le législateur au partage de ses biens. Le pauvre, de son côté, ne sent aucune gratitude pour un bienfait qu'on ne peut lui refuser et qui ne saurait d'ailleurs le satisfaire [1]. »

La charité privée unissait les hommes, la charité publique « loin de tendre à unir dans un même peuple ces deux nations rivales qui existent depuis le commencement du monde et qu'on appelle les riches et les pauvres, [...] brise le seul lien qui pouvait s'établir entre elles, elles les range chacun sous sa bannière ; elle les compte et, les mettant en présence, elle les dispose au combat [2] ». L'organisation légale de la bienfaisance encourage donc la division sociale et encourage la lutte des classes. Elle dégrade le pauvre qu'elle soutient parce qu'elle l'incite à une « oisiveté dégradée,

1. Cette citation ainsi que les précédentes, *ibid.*, p. 30.
2. *Ibid.*, p. 31.

acquise par la lâcheté, méritée par l'inconduite, dont on ne jouit au milieu de l'ignominie et qui ne devient supportable qu'à mesure que l'âme de celui qui la souffre achève de se corrompre et de se dégrader[1] ». Dans une sorte de conclusion, Tocqueville peut alors asséner dans ce style puissant qui lui est si particulier : « tout système régulier permanent, administratif, écrit-il, dont le but sera de pourvoir aux besoins du pauvre, fera naître plus de misères qu'il n'en peut guérir, dépravera la population qu'il veut secourir et consoler, réduira avec le temps les riches à n'être que les fermiers des pauvres, tarira les sources de l'épargne, arrêtera l'accumulation des capitaux, comprimera l'essor du commerce, engourdira l'activité et l'industrie humaines et finira par amener une révolution violente dans l'État, lorsque le nombre de ceux qui reçoivent l'aumône sera devenu presque aussi grand que le nombre de ceux qui la donnent, et que l'indigent ne pouvant plus tirer des riches appauvris de quoi pourvoir à ses besoins trouvera plus facile de les dépouiller tout à coup de leurs biens que de demander leurs secours[2] ».

Même condamnation morale dans les *Scènes de la vie parisienne* que nous livra Balzac. Regrettant qu'un Rembrandt ne soit pas présent pour saisir le visage de l'insupportable misère, Balzac en donne une description saisissante en la départissant de son contenu objectif pour ne plus en faire, à la façon de Malthus, que l'expression d'une simple « spéculation fondée sur la bienfaisance ». Jaugeant une file de miséreux attendant, dans le froid, les secours qu'on voudrait bien leur apporter, il écrit : « une vieille femme, pâle et froide, présentait ce masque repoussant du paupérisme en révolte, prêt à venger en un jour de sédition toutes ses peines passées. Il y était aussi l'ouvrier jeune,

1. *Ibid.*
2. *Ibid.*, p. 36.

débile, paresseux, de qui l'œil plein d'intelligence annonçait de hautes facultés comprimées par des besoins vainement combattus, se taisant sur ses souffrances, et près de mourir faute de rencontrer l'occasion de passer entre les barreaux de l'immense vivier où s'agitent ces misères qui s'entre-dévorent. Les femmes étaient en majorité ; leurs maris, partis pour leurs ateliers, leur laissaient sans doute le soin de plaider la cause du ménage avec cet esprit qui caractérise la femme du peuple, presque toujours la reine dans son taudis. Vous eussiez vu sur toutes les têtes des foulards déchirés, des robes bordées de boue, des fichus en lambeaux, des casaquins sales et troués, mais partout des yeux qui brillaient comme autant de flammes vives. Réunion horrible, dont l'aspect inspirait d'abord le dégoût, mais qui bientôt causait une sorte de terreur au moment où l'on apercevait que, purement fortuite, la résignation de ces âmes, aux prises avec tous les besoins de la vie, était une spéculation fondée sur la bienfaisance [1] ».

A ce type de procès, répondront bien de véhémentes condamnations de l'ordre social et économique produisant une telle misère, auxquelles viendront s'associer sur un mode mineur quelques défenses ardentes d'un droit à la paresse [2], mais celles-ci étaient trop isolées, pour les unes, et trop décalées pour les autres, pour pouvoir espérer inverser une tendance dont certains diront plus tard qu'elle consiste essentiellement à « blâmer la victime [3] ».

La réprobation morale prit même une tout autre ampleur sociale quand la pauvreté coupable visa également l'imprévoyant. Dans une telle perspective, il ne s'agit plus seulement, pour marquer son indépendance, de pourvoir à ses besoins présents, il faudra encore être en mesure de garantir

1. Balzac, *Études de mœurs*, 3e livre, *Scènes de la vie parisienne*, t. 2, *L'Interdiction*.
2. Paul Lafargue, *Le Droit à la paresse* (1881), Paris, Allia, 2005.
3. William Ryan, *Blaming the Victim* (1971), New York, Vintage Books, 1976.

sa subsistance pour l'avenir. Au-delà de la satisfaction des besoins du moment, il faut désormais que les individus étendent le champ de leur responsabilité de sorte qu'elle puisse également couvrir leurs « vieux jours » et les conséquences des accidents que peut leur réserver l'avenir (maladie, perte d'emploi, etc.). Ne pas anticiper, c'est manquer à sa responsabilité individuelle.

On le voit, pour instituer la prise en charge publique de ces risques, il faudra lutter vigoureusement contre ceux qui, sur ce mode, dénonceront longtemps les imprévoyants. L'économiste libéral Paul Leroy-Beaulieu écrira ainsi encore en 1904, à propos du projet d'assurance retraite, que celui-ci « affaiblit la responsabilité humaine et [...] détourne des professions comportant l'initiative et l'indépendance. Il fait partie de tout ce système d'automatisme social qu'il prétend substituer à la responsabilité individuelle [1] ». Se déploie ainsi un esprit de résistance qu'Henry Hatzfeld décrira comme étant « libéral [2] » et qui consistera à opposer, selon Pierre Rosanvallon, « la prévoyance qui responsabilise les individus en les obligeant à songer à leur avenir, à l'assurance suspectée de favoriser l'insouciance [3] ». Maladie, vieillesse, invalidité, chômage : « En toute bonne logique libérale ce sont là des problèmes qui concernent les individus. A chacun de prendre pour soi-même les mesures qu'il estime bonnes [4]. » En dépit de ces charges, et de tout ce qu'elle charrie de valeurs et de normes, finiront néanmoins par s'imposer, puis se développer graduellement des dispositifs d'assistance publique.

Nous ne chercherons pas à retracer cette histoire, ni à examiner, par l'analyse, les diverses formes que les systèmes

1. *L'Economiste français* du 9 juillet 1904, cité par Pierre Rosanvallon, *La Nouvelle Question sociale, op. cit.*, p. 21.

2. Henri Hatzfeld, *Du paupérisme à la Sécurité sociale. 1840-1940* (1971), Nancy, Presses universitaires de Nancy, 2004.

3. Pierre Rosanvallon, *La Nouvelle Question sociale, op. cit.*, p. 20.

4. Henri Hatzfeld, *op. cit.*, p. 46.

de protection sociale ont pu revêtir ou vers lesquelles ils devraient s'engager. Notre propos étant d'interroger la légitimité des usages que l'on fait du thème de l'égalité des chances, nous voulions simplement esquisser à grands traits les tendances sociales et normatives qui allaient rendre possible la domination de cette norme.

À ce titre, nous avons vu que, dans le contexte d'un ordre social dénaturalisé, la notion d'individu s'est progressivement affirmée sur un mode qui permettait à celui qui l'investissait de se penser comme propriétaire de lui-même et de ses productions. Ce langage nouveau de l'individu s'accompagna de l'affirmation d'une éthique du travail qui, forte de la valorisation de l'indépendance individuelle à laquelle elle fut associée, put servir de base à une promotion de l'idée de responsabilité individuelle. C'est cela qui donne, aujourd'hui, à l'égalité des chances sa formidable puissance de séduction, traçant ce faisant les contours d'une justice sociale que l'on peut dire « *capacitaire* ».

III.

Une justice sociale capacitaire

> *Dans une coopération, où tous apportent une capacité et une mise, il y a véritablement association, et il n'existe d'autre inégalité que celle des capacités et celle des mises, qui sont l'une et l'autre nécessaires, c'est-à-dire inévitables, et qu'il serait absurde, ridicule et funeste de prétendre faire disparaître. Chacun obtient un degré d'importance et des bénéfices proportionnels à sa capacité et à sa mise ; ce qui constitue le plus haut degré d'égalité qui soit possible et désirable.*
>
> SAINT-SIMON, *L'Organisateur* (1819-1820)

L'égalité des chances a pu apparaître comme la solution au problème de la justice sociale car elle entre en parfaite consonance avec les valeurs que nous venons d'évoquer : dans un contexte social mouvant, officiellement libéré des hiérarchies sur lesquelles les individus n'ont aucune prise, chacun peut, sur la base de son mérite propre, accéder aux positions qu'il choisit. Son travail lui appartient, le fruit de celui-ci aussi. Il lui revient donc d'imprimer à sa vie les directions qui ont sa préférence. La « vie bonne » sera vie faite à son idée. L'État, placé en regard de ses aspirations, ne lui imposera rien qui n'ait été l'objet d'un consentement au moins implicite et pourra s'attacher, en revanche, à mettre à sa disposition les moyens de choisir sa vie. Ainsi pourra-t-il mener une existence authentique et se réaliser comme individu, grâce à l'indépendance que lui conférera son industrie. Dans ce contexte, la justice sociale sera, explicitement ou implicitement, indexée sur la notion de capacité. Notre premier mouvement – et l'ultime aussi bien souvent – est de prôner toujours davantage les vertus de ce que par analogie avec ce qui fut la « démocratie capacitaire », nous pouvons bien appeler la *société capacitaire.*

Réinterpréter la justice distributive en employant les catégories de la démocratie capacitaire peut surprendre, pourtant c'est bien cela dont il s'agit au fond. Nous concevons aujourd'hui, toujours plus unanimement, qu'il est « naturel », « normal », de conditionner le niveau de bien-être des individus et des ménages par les « capacités » qu'ils manifestent. Au XIXe siècle, c'est sur le plan politique que les libéraux en défendaient le principe. Ils voulaient alors trouver un point d'articulation entre libéralisme et démocratie. L'idée était, *mutatis mutandis*, d'affirmer le droit d'élire directement les représentants du peuple tout en cherchant, par divers moyens (le cens par exemple), à limiter le nombre d'électeurs. Comme le défendait alors Benjamin Constant, dans un article du *Mercure de France* : « Il vaut mieux accorder à cent mille une participation directe, active, réelle à la nomination des mandataires d'un peuple, que de faire de cette participation un monopole pour seize ou vingt mille, sous prétexte de conserver à un ou à deux, ou même [...] à quatre millions, une participation indirecte, inactive, chimérique, et qui se borne toujours à une vaine cérémonie [1]. »

1. B. Constant, « Loi sur les élections », *Le Mercure de France*, 18 janvier 1817, t. I, p. 116, cité in Pierre Rosanvallon, *Le Sacre du citoyen*, Paris, Gallimard, 1992, p. 213.

Voilà quel est, en 1817 et au-delà, le credo des libéraux. Ces derniers jugeaient indispensable de lier démocratie représentative et élection directe, mais estimaient nécessaire par ailleurs de limiter le droit de suffrage.

Dans son ouvrage consacré au *Sacre du citoyen*, Pierre Rosanvallon a su, avec précision, retracer cette histoire et en dégager les enjeux. Dans la perspective des doctrinaires, incarnée notamment par les prises de position de François Guizot, ce projet exprime la volonté de tracer un chemin entre le principe de souveraineté du peuple et celui du droit divin attaché à la personne du monarque. En se tenant à distance tant de Rousseau que de Bonald, il s'agissait de promouvoir l'idée d'une « souveraineté de la raison ». Assouplissant le rapport, auquel les théories contractualistes du pouvoir s'étaient appliquées à donner forme, entre volonté et légitimité, ces libéraux voulaient accréditer et imposer l'idée que le but n'était pas d'inventer les lois, mais de les découvrir grâce à la raison. La politique, en ce sens, était moins affaire de volonté que de capacité de discernement [1]. Et c'est pour se porter au niveau d'une telle exigence qu'ils souhaitaient déployer une théorie de la citoyenneté qui respecte les droits de la raison. Pierre Rosanvallon écrit à ce propos que leur ambition n'était pas de « rationaliser la démocratie populaire », mais de « démocratiser un élitisme de type capacitaire [2] ». La « capacité » désigne ici la « faculté d'agir selon la raison » et se présente, à ce titre, comme « un point de rencontre entre l'ordre de l'action humaine et l'ordre naturel ». Citons Guizot : « C'est la capacité qui confère le droit et la capacité elle-même est un fait indépendant de la loi, que la loi ne peut ni créer ni détruire à volonté, mais qu'elle doit s'appliquer à reconnaître avec exactitude,

1. Pierre Rosanvallon, *Le Sacre du citoyen*, *op. cit.*, p. 232.
2. *Ibid.*

pour reconnaître en même temps le droit qui en découle [1]. » Aujourd'hui, à travers l'idéal d'égalité des chances, nous visons une conception « capacitaire » de la répartition des richesses ; nous défendons, autrement dit, une *justice sociale capacitaire.*

La capacité, sur le plan politique, désignait une compétence attachée à la personne. On a même souligné qu'elle visait, dans l'esprit des libéraux du XIXe siècle, « les *qualités objectives*, tenant à l'individu pris en lui-même [2] ». Aujourd'hui, sur le plan social, nous en sommes là. Dans les comportements, dans les qualités identifiées chez les individus, nous cherchons à discerner les mécanismes régulateurs et légitimes de la répartition des richesses. Que la géographie de cette répartition coïncide avec celle des capacités, voilà la pensée réconfortante dont nous voudrions pouvoir nous satisfaire.

Présente au cœur de notre héritage républicain, cette idée ne cesse de gagner en puissance, avec l'appui aujourd'hui de forces politiques officiellement distinctes. La doctrine capacitaire en politique n'est pas sans générosité ; elle était en tous les cas plus *inclusive* que la démarche censitaire. En son principe, elle permettait d'adjoindre aux citoyens propriétaires, aux électeurs censitaires, les individus – licenciés ès lettres, notaires, médecins, académiciens, membres de l'Institut, officiers supérieurs, etc. – que l'on estimait alors dotés d'un discernement propre à les qualifier à la fonction d'électeur. Odilon Barrot, représentant la gauche dynastique, espérait même qu'à ce compte-là, on pourrait étendre le droit de suffrage aux syndics des caisses d'épargne, aux prud'hommes et aux « chefs des travailleurs » et assurer ainsi

1. François Guizot, article « Élections », *Encyclopédie progressive* (1826), cité par P. Rosanvallon, *Le Sacre du citoyen*, *op. cit.*, p. 232.
2. Pierre Rosanvallon, *Le Sacre du citoyen*, *op. cit.*, p. 233.

une représentation de la classe ouvrière [1]. Il n'en fut rien. La notion de capacité restait trop indéterminée et des désaccords ne manquaient jamais de surgir quant aux indices matériels ou moraux, intellectuels ou professionnels, qu'il fallait retenir pour pouvoir l'appréhender.

Il faut reconnaître que la difficulté est de taille. Hobbes, dans le *Leviathan* (1651), s'employait déjà, dans un tout autre contexte, à tenter de définir ce concept. La compétence d'un homme (*his worthiness*), écrivait-il, « n'est pas la même chose que son importance (*worth*) ou valeur (*value*); ce n'est pas non plus la même chose que son mérite (*merit*) ou ce à quoi il peut prétendre (*desert*); elle consiste dans un pouvoir particulier, une certaine capacité (*ability*) touchant la chose pour laquelle on dit qu'il est compétent (*worthy*) : cette capacité particulière est habituellement nommée dispositions appropriées (*fitness*) ou *aptitude* [2] ». Ce passage est extrêmement délicat à traduire parce que Hobbes y insiste sur des distinctions qu'il exprime en usant de mots proches : *worth*, *worthy*, *worthiness*. Ne fait aucun doute cependant son intention de distinguer les registres dans lesquels s'inscrivent le mérite ou la compétence [3]. Le mérite est associé à la représentation d'une revendication qu'il est possible de lui associer, tandis que la compétence se manifeste à travers des capacités assimilées à un pouvoir particulier, une aptitude. Dans la notion de *fitness* qu'il emploie également, se trouve mobilisée l'idée d'une correspondance entre un pouvoir de faire et une tâche particulière.

Lorsque l'on songe à la subtilité et à l'intensité des débats qui prirent, au XIXe siècle, pour objet cette notion de

1. *Ibid.*, pp. 238 et 239.
2. Hobbes, *Leviathan*, trad. rév. F. Tricaud, Paris, Dalloz, 1999, chap. 10, p. 93.
3. « Compétence » est le terme que retient Gérard Mairet dans sa propre traduction du *Leviathan* (Paris, Gallimard, Folio, 2000, p. 184), alors que F. Tricaud proposait « qualification ».

capacité [1], on ne peut que regretter que des usages analogues, implicites, aient pu en quelque sorte se maintenir, sous des formes naïves et non problématisées, dans d'autres champs de l'expérience humaine. Aujourd'hui, la justice sociale capacitaire – culture républicaine aidant – paraît retenir le diplôme comme indice légitime de la capacité. Si nous devions forcer le trait nous dirions que c'est souvent, aujourd'hui, par le diplôme que s'opèrent les opérations inavouées de blanchiment d'avantages immérités [2]. Dès lors qu'à un avantage social correspond un diplôme, nous l'estimons justifié, sans nous intéresser toujours suffisamment aux conditions d'acquisition de ces titres. Nous ne pensons pas ici aux travaux de sociologie qui – toutes orientations confondues – ont, depuis longtemps, signalé les problèmes repérés en amont de l'obtention du titre, mais à la manière la plus courante de justifier les rangs dans la société. On peut, à ce niveau, constater plusieurs séries de problèmes.

Il n'est pas certain, tout d'abord, que nous puissions nous entendre sur le type de capacité auquel renvoie un diplôme ou une formation quelconque. Il n'est pas certain non plus que, dans la manière dont se trouve positionné sur le marché du travail un diplôme ou une formation, ce soit bien toujours la même capacité qui soit visée. Mais, surtout, il est évident que dans les usages qu'elle en fait, notre société donne à la notion de « capacités », d'« aptitudes » ou de « dispositions appropriées » (*fitness*), une dimension morale dont il faudrait examiner plus précisément le contenu et dont il faudrait

1. De Pierre Rosanvallon, voir également sur ce point *Le Moment Guizot*, Paris, Gallimard, 1985

2. Ronald Dore, dans une autre perspective, dénonçait aussi *The Diploma Disease* (1976), Institute of Education, édition révisée, 1997. Voir également sur ce point François Dubet, *L'École des chances*, Paris Seuil, 2004, p. 9 : « Une société dans laquelle les diplômes détermineraient la totalité des inégalités sociales serait-elle juste ? Rien n'est moins sûr. Les conséquences d'un mode de sélection juste sur l'ensemble de la vie sociale ne sont pas nécessairement justes et ne préservent pas d'une sorte de darwinisme social fondé sur la justice des épreuves scolaires. »

questionner le statut en tant que fondement d'une revendication légitime à un accès privilégié au bien-être. Toutes choses dont Hobbes entendait bien la départir. C'est précisément par rapport à ce problème que s'impose avec évidence le parallèle entre les institutions, les justifications et les pratiques de la démocratie capacitaire et celles de la justice sociale capacitaire.

Pour en juger, contentons-nous d'évoquer brièvement quelques-uns des chemins qu'emprunta cette figure spécifique de la justice sociale. Par les valeurs dont elle se nourrit, par la forme de *nécessité* culturelle et historique dont elle procède, par le fait aussi que nous avons les plus grandes difficultés à en concevoir une figure autre, cette justice sociale *par les capacités* est parvenue à faire de « l'égalité des chances » l'horizon indépassable de notre temps. Pour pouvoir en identifier les limites et les problèmes, il faut tout d'abord être sensible à la puissance éthique d'un tel principe de justice.

L'équité contre l'égalitarisme

Parce que la situation de chacun est bien, pour une part essentielle, *particulière* et que la loi est toujours, par définition, *générale*, Aristote considérait qu'il fallait moduler parfois l'application de cette dernière. Cette modulation capturait la signification de l'*équité*[1]. Le réinvestissement contemporain sur cette notion a précisément eu pour objectif d'accentuer, dans l'ordre de la justice sociale, le souci de mieux prendre en compte les différences et les particularités. Sa spécificité *politique* est d'avoir surtout engagé une telle démarche aux

1. Aristote, *Ethique à Nicomaque*, *op. cit.*, livre V.

bénéfices des catégories les plus privilégiées de la population[1].

Dans cette optique, source de bien des confusions, on s'est évertué à opposer égalité et équité. Ceux qui ont gardé en mémoire ce que Montesquieu a pu écrire de la démocratie dans *L'Esprit des lois* (1748), auront même pu faire valoir que la confusion des deux ambitions est le ferment de la corruption des régimes démocratiques. Pensons ici à la distinction déjà évoquée entre l'esprit d'égalité et l'esprit d'égalité extrême. Par ce distinguo, Montesquieu visait seulement la question de l'exercice du pouvoir et soulignait surtout que l'adhésion au principe de l'égalité ne devait pas impliquer l'éradication de toutes les inégalités. Autrement dit, même en démocratie, il faut qu'il y en ait qui commandent et d'autres qui obéissent. Disant cela, il pointait déjà dans la direction d'une réflexion sur les conditions en vertu desquelles pourront être dites « justes » des inégalités à l'âge démocratique. Transposée dans l'ordre du bien-être, cette réflexion conduit à assimiler égalitarisme et « esprit d'égalité extrême », tandis que l'équité – parce que soucieuse de respecter les préférences individuelles et les différences qui en découlent – serait seule conforme à « l'esprit d'égalité ». Bref, l'égalitarisme corrompt le principe de la démocratie et offense la raison méritocratique. Et comme un malheur n'arrive jamais seul, l'égalitarisme serait aussi par définition liberticide, puisque son programme d'abrasement généralisé ne saurait s'appliquer autrement que par la contrainte.

Avec cette défense de « l'esprit d'égalité », nous sommes donc très loin des approches de type égalitariste qu'illustre par exemple le *Manifeste des égaux* (1796) des Babeuf et Maréchal, où l'on peut lire en effet : « Il nous faut non pas

1. Pour éviter tout malentendu, je souligne ici que ma critique porte ici sur les usages *politiques* de la notion d'équité et non sur le sens que ce concept a acquis en philosophie politique contemporaine.

seulement cette égalité transcrite dans la Déclaration des droits de l'homme et du citoyen, nous la voulons au milieu de nous, sous le toit de nos maisons. Nous consentons à tout pour elle, à faire table rase pour nous en tenir à elle seule. Périssent, s'il le faut, tous les arts pourvu qu'il nous reste l'égalité réelle ! » Contre une telle forme d'égalitarisme, faire droit à une approche de la justice sociale en termes d'équité supposerait de viser une répartition des richesses qui reflète la répartition des compétences et des mérites particuliers de chacun. Il ne peut être nullement question, à cet égard, d'égaliser concrètement les « niveaux » de vie de chacun, en faisant en sorte que chaque individu ait accès, dans les mêmes proportions, aux mêmes biens et ressources.

Notre débat contemporain sur la justice sociale s'est déployé sur la base d'une opposition très vigoureuse entre « équité » et « égalité ». Nous savons bien que personne ne défend sérieusement un principe d'égalité matérielle réelle, fondée sur une uniformité des moyens mis à la disposition de chacun, mais cette position est néanmoins construite comme un repoussoir, destiné à souligner les mérites d'une position qui, étant axée sur l'équité, permettrait seule aux différences humaines de s'exprimer [1]. Cette introduction du thème de la *différence*, par le biais de cette notion d'équité, induit la formulation du projet d'égalisation moderne en termes d'égalité des chances. Se trouve ainsi défini, de manière très générale, l'enjeu principal de la justice sociale capacitaire.

Une telle approche se distingue évidemment de la doctrine dont le maréchal Pétain exposait le principe dans son *Message au peuple français* du 11 octobre 1940. Si celui-ci s'appliquait à justifier alors l'égalité des chances, il le faisait cependant en invoquant ouvertement la hiérarchie sociale

1. Pour une reconstitution précieuse de la façon dont historiquement s'est construite cette récusation de l'égalitarisme, voir Jean-Fabien Spitz, *L'Amour de l'égalité. Essai sur la critique de l'égalitarisme républicain en France, 1770-1830*, *op. cit.*

qu'elle devait permettre d'instituer : « Le régime nouveau sera une hiérarchie sociale, affirmait-il. Il ne reposera plus sur l'idée fausse de l'égalité naturelle des hommes, mais sur l'idée nécessaire de l'égalité des "chances" données à tous les Français de prouver leur aptitude à "servir". Seuls le travail et le talent deviendront le fondement de la hiérarchie française. Aucun préjugé défavorable n'atteindra un Français du fait de ses origines sociales à la seule condition qu'il s'intègre dans la France nouvelle et qu'il lui apporte un concours sans réserve. On ne peut faire disparaître la lutte des classes, fatale à la nation, qu'en faisant disparaître les causes qui ont formé ces classes, qui les ont dressées les unes contre les autres. Ainsi renaîtront les élites véritables que le régime passé a mis des années à détruire et qui constitueront les cadres nécessaires au développement du bien-être et de la dignité de tous. » Il va sans dire que les actuels partisans de l'équité et de l'égalité des chances ne se situent pas dans cette optique. Ils défendent certes l'égalité des chances contre l'égalitarisme, mais leur propos n'est pas de promouvoir directement l'idée de hiérarchie sociale en tant que telle. Le plus souvent, la hiérarchie sociale apparaît uniquement comme un effet lié à la mise en œuvre d'un principe dont la valeur repose sur des bases indépendantes.

Il n'en demeure pas moins que, dans tous les cas, la charge contre l'aspiration à l'égalité se voulait décisive. Le débat public sur les inégalités s'est vigoureusement engagé dans cette direction au milieu des années 1990, notamment à la suite du rapport intitulé : *La France de l'an 2000*, produit par la commission dirigée par Alain Minc [1]. C'est l'époque où l'on cherchait à faire des aspirations à une plus grande égalité une forme d'égalitarisme, pour proposer de lui substituer la simple recherche de l'équité. Alain Minc jugeait à l'époque

1. *La France de l'an 2000*, Paris, Odile Jacob, 1994.

qu'il était grand temps de mobiliser la notion d'équité à la place de « l'aspiration égalitaire qui a bercé toute l'histoire sociale d'après-guerre ». Alors que, sur le plan économique et social, nous assistions à un renversement des tendances à l'égalisation des conditions, se généralisait paradoxalement la critique de « l'égalitarisme » et du nivellement.

La plate-forme sur la base de laquelle le parti travailliste accéda au pouvoir au Royaume-Uni en 1997 parut accréditer la légitimité d'un tel déplacement : « l'égalitarisme à tout prix [...] n'a désormais plus d'avenir devant lui », « la gauche moderne doit développer une approche dynamique de l'égalité fondée sur l'égalité des chances », expliquaient le Premier ministre Tony Blair et le sociologue Anthony Giddens [1]. D'une manière plus générale, prenant le contre-pied des intentions poursuivies par le philosophe américain John Rawls, tout en se plaçant pourtant sous son égide, on utilisa souvent le concept d'équité comme moyen de délégitimation des politiques de redistribution.

La raison invoquée en était simple. On peut en résumer le principe en nous appuyant sur la position exprimée, de manière exemplaire, par Alain-Gérard Slama dans une chronique où il s'agissait de rappeler que l'égalitarisme sonne inévitablement le glas de la responsabilité individuelle et de la liberté qu'elle suppose [2]. Il avouait alors son inquiétude de voir renaître l'égalitarisme, « à la faveur du malaise provoqué dans notre pays par la mondialisation ». Pour lui, il « ne faut pas confondre l'égalitarisme et l'esprit d'égalité. L'esprit d'égalité est un humanisme. Il considère que l'égalité doit être atteinte par la voie de la liberté, qui est elle-même la condition de la démocratie. L'égalitarisme est une idéologie. Venu de l'extrême gauche, consacré par le marxisme, il

1. *La Troisième Voie*, Paris, Seuil, « La couleur des idées », 2002.
2. *Le Figaro*, 12 mars 2004.

raisonne en termes rigoureusement symétriques : il est convaincu que l'égalité est le préalable sans lequel il ne peut y avoir de démocratie ». Il ajoute : « Dans la logique de l'esprit d'égalité, dire que les hommes sont égaux signifie qu'ils sont égaux devant le droit. D'inspiration méritocratique, il induit que les seules interventions de la société doivent consister à favoriser l'égalité des chances par l'éducation et la solidarité. » En revanche, « l'idéologie égalitariste s'appuie, à l'inverse, sur le postulat selon lequel l'inégalité est le fait de la société. Considéré dans cette perspective, le système méritocratique est accusé d'être l'alibi des mieux lotis. L'égalité de droit est un leurre aussi longtemps qu'elle ne se traduit pas par une égalité réelle. Il appartient à la loi de créer les conditions de cette égalité réelle, au besoin par la contrainte. La liberté étant impossible sans l'égalité, il n'y a aucun inconvénient à la mettre entre parenthèses aussi longtemps que l'objectif égalitariste n'a pas été atteint ». Pour Alain-Gérard Slama, cet égalitarisme aurait dû périr avec l'empire soviétique. L'idée même d'une « politique des revenus » serait un archaïsme coupable de la pensée sociale, et la gauche ne pourra être moderne que dans la mesure où elle conviendra qu'il puisse y avoir des inégalités justes. « A suivre les transformations du discours socialiste sur le capitalisme, écrit Alain-Gérard Slama, on était fondé à estimer acquis le constat selon lequel l'égalitarisme est aliénant pour la liberté et qu'il décourage par là même la création et la circulation des richesses. On croyait pouvoir compter sur le ralliement d'une forte majorité à l'esprit d'égalité, fondé en raison par la plupart des théories de la justice, à commencer par celle de Rawls. » Or, si l'égalitarisme d'État, façon URSS, a bien disparu, le projet égalitariste quant à lui demeure, comme en attesteraient les politiques de parité, de discrimination positive, d'indexation des coûts d'accès aux biens publics sur le niveau de revenu des usagers.

Pour Alain-Gérard Slama, « les dangers de cette évolution sont évidents : c'est l'attribution de compétences inquisitoriales et redistributives à des organes semi-publics, voire privés, qui ne sont investis d'aucune légitimité démocratique. Et c'est le laminage des revenus des classes moyennes supérieures, déjà surtaxées, les vrais riches ayant, dans notre système, mille moyens d'échapper à l'impôt. La voilà bien, la double peine ! L'arasement complet de la société est au bout ». On aurait tort de penser que cette position soit l'apanage d'une sensibilité politique. Elle s'exprime assez clairement et dans des termes à peine différents en des lieux très divers du spectre politique [1].

Nous voyons la logique dans laquelle s'inscrit une telle perspective. Une fois affirmée l'égale dignité de tous les êtres humains, il reste à rendre compte des différences individuelles de modes et de conditions de vie. Pour ce faire, il est essentiel d'établir que « l'inégalité n'est pas le fait de la société », mais qu'elle est bien celui des individus. Il importe, autrement dit, d'aller chercher dans l'individualité humaine les ressorts de l'inégalité. Pour que cette inégalité puisse être déclarée « légitime », il faut que nous nous la représentions sur un mode qui la rende « compatible » avec ces valeurs de la justice distributive que nous avons évoquées au chapitre précédent. Tel a précisément été l'objectif de la justice sociale capacitaire.

1. C'est par exemple l'objectif que reprenait à son compte le projet d'*aspirational society* défendu par Tony Blair : « dans une société d'aspiration, on ne peut lourdement pénaliser le succès », écrivait ainsi en ce sens Anthony Giddens (Giddens & Diamond, *op. cit.*, p. 103). Ce pourquoi le *New Labour* se garda bien, prenant ainsi le contre-pied d'une tradition travailliste bien implantée, d'augmenter les impôts des plus riches, plafonnant ceux-ci à 40 %, et alla même jusqu'à baisser significativement les impôts sur les revenus du capital.

« A chacun selon ses capacités »

Jusque chez les auteurs défendant des options plus ou moins collectivistes, cet idéal normatif aura prise. En 1819, dans *L'Organisateur*, Saint-Simon donnait de cette idée une formulation particulièrement éclairante : « dans une coopération, où tous apportent une capacité et une mise, il y a véritablement association, et il n'existe d'autre inégalité que celle des capacités et celle des mises, qui sont l'une et l'autre nécessaires, c'est-à-dire inévitables, et qu'il serait absurde, ridicule et funeste de prétendre faire disparaître ». Et il ajoute : « Chacun obtient un degré d'importance et des bénéfices proportionnels à sa capacité et à sa mise ; ce qui constitue le plus haut degré d'égalité qui soit possible et désirable. »

Marx lui-même n'est finalement pas en reste sur ce registre lorsqu'en 1875, dans sa *Critique du programme de Gotha*, il affirme que, pour ce qui est en tous les cas des premières phases du communisme – phases présentant toujours, autrement dit, « les stigmates de l'ancienne société » capitaliste – le producteur pourra recevoir individuellement, une fois versée sa contribution aux fonds collectifs (école, installations sanitaires, assistance publique « pour ceux qui sont incapables de travailler », assurance pour couvrir les accidents et les catastrophes naturelles, etc.), l'équivalent exact en salaire de ce qu'il a donné à la société en travail. « Ce qu'il lui a donné, c'est son *quantum* individuel de travail. » Il va donc recevoir en retour un bon qui lui permettra de se procurer des objets de consommation. « Le même *quantum* de travail qu'il a fourni à la société sous une forme, il le reçoit d'elle, en retour, sous une autre forme. »

Sa critique du programme de Gotha sur ce point visera

l'idée de droit égal sur lequel se fonde celui-ci. Le droit est égal au travail fourni par le travailleur, or tous les travailleurs ne sont pas égaux. Que faire alors? Nous rappelons ce texte célèbre : « Un individu l'emporte physiquement ou moralement sur un autre, il fournit donc dans le même temps plus de travail ou peut travailler plus de temps; et pour que le travail puisse servir de mesure, il faut déterminer sa durée ou son intensité, sinon il cesserait d'être unité. Ce droit *égal* est un droit inégal pour un travail inégal. Il ne reconnaît aucune distinction de classe, parce que tout homme n'est qu'un travailleur comme un autre; mais il reconnaît tacitement l'inégalité des dons individuels et, par suite, de la capacité de rendement comme des privilèges naturels. *C'est donc, dans sa teneur, un droit fondé sur l'inégalité, comme tout droit.* Le droit par sa nature ne peut consister que dans l'emploi d'une même unité de mesure; mais les individus inégaux (et ce ne seraient pas des individus distincts, s'ils n'étaient pas inégaux) ne sont mesurables d'après une unité commune qu'autant qu'on les considère d'un même point de vue, qu'on ne les saisit que sous un aspect *déterminé*; par exemple, dans le cas présent, qu'on ne les considère *que comme travailleurs* et rien de plus, et que l'on fait abstraction de tout le reste. D'autre part : un ouvrier est marié, l'autre non; l'un a plus d'enfants que l'autre, etc., etc. A égalité de travail et par conséquent, à égalité de participation au fonds social de consommation, l'un reçoit donc effectivement plus que l'autre, l'un est plus riche que l'autre, etc. »

La loi de la valeur se trouve en un sens abolie puisque l'échange ne se fait plus sur la base du coût de la force de travail mais en intégrant la valeur ajoutée au produit par le travail [1]. Que le rapport entre le travail donné à la société et

1. Cornelius Castoriadis, « Les rapports de production en Russie », *Socialisme ou barbarie*, n° 2, mai 1949.

le travail qu'en récupère l'ouvrier, sous la forme d'un bon de consommation, ne soit pas arbitraire n'implique pas que se profile là une nouvelle forme de la loi de la valeur. Ce n'est plus d'une loi qu'il s'agit, mais d'une véritable norme qui vient régler la répartition des produits en fonction du travail de chacun. Le point essentiel ici, pour notre propos, c'est que la loi de la valeur-travail se trouve subvertie de l'intérieur. Comme l'écrivait Castoriadis, il y a quelque temps déjà : « Ce qui est pris comme critère de l'échange, ce n'est plus le coût objectif du produit échangé mesuré en temps de travail, ce n'est plus du tout la "valeur de la force de travail" qui est payée au travailleur, mais la valeur produite par sa force de travail. Au lieu d'être déterminée par sa cause, si l'on peut dire (le coût de production de la force de travail), la rétribution de la force de travail est déterminée par l'effet de celle-ci. Au lieu d'être sans rapport immédiat avec la valeur qu'elle produit, la force de travail est rétribuée sur la base de cette valeur. » Et cette valeur produite ne peut que dépendre directement des capacités diverses dont disposent les travailleurs et de la façon dont ils choisissent de les exercer. C'est d'ailleurs la raison pour laquelle Marx souligne aussi que le mode de rétribution du travail dans la société socialiste reste « bourgeois ». Il est fondé en effet sur un droit « bourgeois », soit : un droit inégal, qui consacre les inégalités que l'on peut observer dans la part que prend chacun à la production. Ces inégalités renvoient aux différences de capacités qui caractérisent les individus – la seule égalité envisageable à cet égard consisterait à permettre à chacun de satisfaire également tous ses besoins. Si dans la société socialiste, il n'y a plus d'exploitation, demeurent cependant les effets inégaux attachés à « l'inégalité "naturelle" des individus, résultant de l'inégalité des capacités et des besoins de chacun [1] ».

1. *Ibid.*

Autrement dit, dans les phases liminaires du communisme, le droit restant borné par l'horizon de l'idéologie bourgeoise, il faut que l'individu puisse recevoir un salaire proportionné à l'usage qu'il fait de ses capacités. Plus tard, lorsque sera advenue la société communiste, il pourra en être autrement [1]. La division du travail aura, dans ses dimensions subordonnantes, disparu et le travail pourra être autre chose qu'un simple moyen de subsistance. La production s'en trouvera augmentée et l'abondance aidant, se trouvera alors dépassé « l'horizon borné du droit bourgeois ». La société pourra alors « écrire sur ses drapeaux "De chacun selon ses capacités, à chacun selon ses besoins !" ». Nous n'en sommes pas là. Et l'objectif d'abondance n'étant ni crédible, ni judicieux sur le plan environnemental, il est évident que nous n'y parviendrons jamais [2]. Selon les préceptes de la raison méritocratique, telle que nous les pratiquons et en un raccourci saisissant de l'idéal marxiste, on en viendra par conséquent à renoncer au principe « De chacun selon ses capacités, à chacun selon ses besoins » pour lui substituer celui-ci : « A chacun selon ses capacités ».

Même pour Marx, il importe donc, lors de cette phase liminaire, de laisser l'individu libre d'exercer ses capacités particulières, libre de faire des choix. Libre de faire exister ses différences. Il faut seulement, socialement, s'assurer qu'il n'existe nulle autre inégalité que celle des capacités. C'est à cette condition déterminante que la répartition des richesses, en attendant le temps de l'abondance annoncée, pourra ne

1. Nous avons indiqué précédemment que cette logique du tout ou rien, si elle n'induit évidemment pas une absence de conception de la justice chez Marx, a néanmoins pour effet de situer le communisme qu'il appelle de ses vœux en dehors du cadre de la justice distributive.

2. Ceci sans compter les problèmes que pose la caractérisation de besoins pouvant être légitimement pris en charge par la collectivité. Cf. sur ce point Wojciech Sadurski, « To each according to his (genuine ?) needs », *Political Theory*, vol. 11, n °3, 1983, pp. 419-431.

correspondre qu'à la stricte inégalité des talents et des mérites individuels.

Face à cette réaccentuation normative de la notion de choix, de préférence et de capacités se dressent néanmoins, sombres et perturbatrices, les « circonstances », les « situations de départ », les conditions d'existence, la « mise de départ » pour reprendre, en un sens différent, l'expression de Saint-Simon. Quel statut accorder à cette mise de départ? Comment en apprécier l'efficace sociale et comment, éventuellement, corriger les distorsions que l'on peut y associer? A ces questions, plusieurs types de réponses ont été apportés.

Circonstances ? Quelles *circonstances ?*

Dans une perspective néolibérale classique, on juge en général que la situation de chaque individu procède directement des choix et des aptitudes qui sont les siens. La question des circonstances de départ ne se pose donc quasiment pas. Nous avons vu que des penseurs néolibéraux tels que le premier Nozick [1] n'hésitent pas, en tirant les pleines implications d'une représentation de l'individu comme propriétaire de lui-même et de ses aptitudes, à soutenir que les inégalités sont liées au mérite particulier de ceux qui en bénéficient. De ce point de vue, défendu notamment par Alain Laurent [2],

1. R. Nozick, *Anarchie, État et utopie* (1974), trad. E. d'Auzac de Lamartine, Paris, PUF, 2003. Le premier Nozick seulement car il reviendra plus tard sur sa position pour en souligner les limites : « Dans le fonctionnement des institutions démocratiques, nous voulons voir s'exprimer des valeurs qui nous importent et nous lient. La position libertarienne que j'ai jadis défendue me semble aujourd'hui très discutable, en partie parce qu'elle n'associait pas assez étroitement les considérations humaines et les activités de coopération auxquelles elle faisait place » (*Méditations sur la vie*, trad. fr. M. Garène, Paris, Odile Jacob, p. 321).

2. *Solidaire, si je veux. Pour une éthique de la responsabilité individuelle*, Paris, Les Belles Lettres, 1991.

l'affirmation de nouveaux « droits sociaux », l'attention accordée aux « exclus » ou aux « victimes » des inégalités signalent la suprématie d'un « néo-solidarisme » qui, sous la pression de préoccupations « victimaires », ne peut conduire nos sociétés que dans une impasse. Selon cette éthique de la responsabilité individuelle, la solidarité ne peut procéder que de la libre coopération contractuelle. Tous les droits (liberté d'expression, de déplacement, etc.) doivent être conçus sur le modèle du droit de propriété et le droit de propriété doit être, en retour, défendu avec la même vigueur que ces libertés fondamentales [1], sachant qu'en luttant contre l'État, et ses visées notamment redistributives, on lutte aussi contre les multiples effets pervers attachés à son action [2].

Friedrich Hayek n'ignorait pas quel peut être le poids des circonstances initiales : « Dans l'ordre du marché existant, écrivait-il, non seulement les résultats mais aussi les chances initiales des divers individus sont souvent très différents [3]. » Il notait même que leurs chances « sont affectées par des particularités de leur milieu naturel et social qui ne dépendent pas de leur volonté ». Affirmer que les chances d'un individu ne dépendent pas intégralement de sa volonté revient à souligner que les résultats et les possibilités auxquels peuvent accéder des individus comprennent une part d'arbitraire qui sape en partie leur légitimité. Hayek le conçoit tout à fait. Ce pourquoi il reconnaît que « la

1. Dans *L'Éthique de la liberté*, Murray Rothbard écrit : « Les sociaux-démocrates (*liberals*) veulent conserver le concept de "droits" pour les "Droits de l'homme" tels que la liberté d'expression par exemple, mais se refusent à l'appliquer à la propriété privée. Pourtant, le concept de Droits n'a de sens que si on les entend comme des droits de propriété. Car non seulement il n'existe pas de Droits de l'homme qui ne soient en même temps des Droits de propriété, mais les Droits de l'Homme perdent leur caractère précis et absolu quand ils ne sont pas fondés sur le critère des Droits de propriété » (Paris, Les Belles Lettres, 1991, pp. 148-149).

2. David Friedman, *Vers une société sans État* (1973), Paris, Les Belles Lettres, 1992, pp. 33 *sqq*.

3. F. Hayek, *Droit, législation et liberté*, 2, *op. cit.*, p. 101. Les citations suivantes sont tirées du même passage.

demande d'égalité des chances, ou égalité au départ (*Startgerechtigkeit*), est une idée attrayante pour beaucoup de personnes en général attachées à l'ordre du marché libre, et elle a rencontré chez eux de nombreux partisans ». En fait, Hayek est parfaitement conscient, comme il l'écrit lui-même, que « le sentiment le plus aigu de subir une injustice, non pas du fait de personnes déterminées mais du fait du "système", porte sur la privation d'occasions pour développer ses capacités, alors que d'autres ont de telles possibilités ».

Le fond du problème nous renvoie, selon lui, à la question de la famille : « Cette privation peut découler de différences multiples dans le milieu matériel ou social, et certaines au moins de ces différences sont inévitables. La plus importante de ces dernières est évidemment la famille. » En effet, précise Hayek, « celle-ci ne répond pas seulement à un puissant besoin psychologique, mais en général elle sert d'instrument à la transmission d'importantes valeurs de culture. Il ne fait pas de doute que ceux qui ont été totalement privés de son bienfait, ou qui ont grandi dans des conditions défavorables, en sont gravement entravés au départ; et il est peu de gens qui contesteraient l'opportunité d'établir quelque institution publique capable de venir en aide autant que possible à des enfants aussi infortunés ».

Il faut croire que Hayek n'était pas insensible au problème puisqu'il admet, que les « particularités du milieu naturel et social » peuvent « sous plusieurs aspects [...] être modifiées par quelque intervention du pouvoir ». A ce titre, il évoque deux possibilités : il importe tout d'abord de s'assurer que l'État facilite et ouvre l'accès des individus aux positions et services qui dépendent de lui. Il précise que « cette revendication a en réalité constitué l'un des points essentiels du libéralisme classique, habituellement caractérisé par l'expression française "la carrière ouverte aux talents" ». Hayek va même plus loin, puisqu'il reconnaît en outre qu'il « y a beaucoup à dire en faveur d'une fourniture publique, sur une base égalitaire, des moyens d'instruction pour les mineurs qui ne sont pas encore pleinement des citoyens responsables ». Il doute bien sûr que ce soit une bonne chose de laisser l'administration de l'éducation aux mains d'un gouvernement quel qu'il soit, mais cela ne l'empêche pas de défendre le principe d'une fourniture publique égalitaire de l'éducation pour les mineurs.

Reste que pour lui, « carrière ouverte aux talents » et éducation ne changeront pas significativement la donne : « Tout cela serait encore fort éloigné de créer une égalité réelle des chances, même entre des personnes ayant les mêmes capacités. » Tout le monde n'a pas les mêmes chances au départ, et « rares sont ceux qui croiront sérieusement (bien que Platon l'ait cru) que nous puissions pleinement parer à un tel manque ».

Ce qui pose problème à ses yeux, c'est que pour y parvenir, il faudrait, « puisque le bienfait ne peut être assuré à tous, [...] au nom de l'égalité, le retirer à ceux qui en jouissent présentement » ; il faudrait également confier à l'État des missions si importantes qu'il ne pourrait les assumer sans que la situation ne tourne au « cauchemar ». « Pour tendre à un tel résultat, il faudrait que le gouvernement ait entièrement le contrôle de tout ce qui constitue le milieu matériel et humain de tous, et la mission de fournir au moins des possibilités équivalentes à chacun. » L'analyse de Hayek est extrêmement subtile, dans la mesure où elle entend également intégrer l'aspect dynamique de la revendication : plus le gouvernement parviendrait à égaliser la « mise de départ », « plus forte, écrit-il, deviendrait la revendication légitime que, sur le même principe, toutes les entraves initiales restantes soient également écartées, ou compensées par une charge plus lourde imposée à ceux qui demeurent relativement favorisés ». Selon la structure bien connue de l'argument de la pente fatale, Hayek fait valoir que la doctrine n'est pas tant fautive par son ambition que par l'inéluctabilité de la catastrophe à laquelle elle nous condamne : « De proche en proche, conclut-il, il faudrait en arriver à ce que le pouvoir politique dispose littéralement tous les éléments susceptibles d'affecter le bien-être de tout un chacun. Si attrayante que soit au premier abord la formule "égalité des chances", dès que l'idée en est étendue au-delà des services que, pour d'autres raisons, doit fournir le gouvernement, cela devient un idéal totalement illusoire, et tout essai de le faire passer dans les réalités risque de créer un cauchemar. »

Il n'est même pas souhaitable, dans une telle perspective, d'essayer de fixer la valeur de l'exercice que chacun fait de ses capacités en fonction de son mérite ou de sa valeur « pour la société ». Pour qu'une telle démarche soit envisageable, il faudrait en effet, au départ, « qu'une autorité ait charge non seulement de distribuer les rémunérations, mais encore d'assigner aux individus les tâches pour l'exécution desquelles ils seront rémunérés ». Le cauchemar aurait une autre cause, mais il ne serait pas moins cauchemar pour autant.

Pour que la justice capacitaire puisse fonctionner de manière satisfaisante, il est donc préférable, dans cette perspective, de s'en remettre à l'efficacité des marchés. Défendre l'égalité des chances, en s'assurant qu'elle ne déborde pas le cadre de la doctrine du « libéralisme classique », conduit ainsi logiquement à prôner les valeurs d'un individualisme radicalisé, à soutenir les politiques de dérégulation et de privatisation des services publics dont ceux attachés à la protection sociale. Inscrit dans l'horizon d'un individualisme possessif dont nous avons rappelé le principe, et présupposant une conception de l'action marquée par une forme très individualisée de la causalité, les auteurs néolibéraux ou libertariens estiment, à des degrés divers, que le « privilégié » tire légitimement avantage d'un talent qui est attaché à sa personne et qui, à ce titre, ne peut appartenir qu'à lui. Et lorsqu'ils ne sont pas complètement insensibles aux poids des déterminants sociaux, ils sont à tel point convaincus de l'impossibilité de les court-circuiter sans sacrifier la liberté individuelle, qu'ils préfèrent évacuer purement et simplement le problème.

Cette thèse n'exclut pas la possibilité d'une responsabilité individuelle qui pourra intervenir sur un mode compensatoire pour des torts causés à autrui [1]. Pour autant, l'inégalité de revenus ou de patrimoine sera dite « juste », dès lors que les transactions qui sont à la base de ces inégalités sont justes et il suffit, pour que ces transactions soient justes, que les individus qu'elles engagent soient consentants. Cette conception capacitaire de la justice développe ainsi, au même titre que le marxisme, une critique sans reste de la redistribution. Elle apparaît assurément respectueuse de la liberté individuelle, mais peut-on cependant en défendre la logique jusqu'au bout? Pas vraiment, et ce pour plusieurs raisons.

Tout d'abord, parce que l'efficacité des marchés laisse pour le moins à désirer. Certaines des dimensions de la mondialisation ont en effet révélé les faiblesses de ce modèle économique. Sur le plan institutionnel, politique et intellectuel, cette option politique a fortement gagné en influence à la fin des années 1970 et dans les années 1980. Dans certains pays (États-Unis, Grande-Bretagne, Nouvelle-Zélande) et dans certaines institutions internationales (Banque mondiale et Fonds monétaire international, notamment), elle s'est même imposée. Aujourd'hui, nous disposons d'un recul suffisant pour pouvoir juger du résultat. Les politiques monétaristes inspirées de l'école des économistes de Chicago

1. Richard A. Epstein, « A theory of strict liability », *Journal of Legal Studies*, 2, 1973, pp. 151-204.

n'ont pas empêché, loin de là, les échecs du système financier international (rappelons-nous simplement la crise financière asiatique en 1997-1998), l'augmentation de la pauvreté dans certains pays en développement et le creusement de certaines inégalités internationales. La plupart des économistes, et non des moindres, considèrent même que ces politiques ont aggravé la situation [1]. Dans les pays qui les ont pratiquées comme au niveau international. Sur son propre terrain, celui du pragmatisme et de l'efficacité, le modèle libertarien se retrouve donc profondément contesté [2]. Ni la collectivisation complète, ni la privatisation intégrale de l'économie ne sont, à proprement parler, « efficaces ». Les économistes le savent bien désormais et ne se privent pas de le dire.

Cette option politique est en outre travaillée par des contradictions internes qui la rendent impraticable. Pour que la position soit pleinement cohérente, il faudrait en effet que les néo-libéraux établissent le caractère juste de la situation initiale dans laquelle opèrent les individus et prennent acte de l'impact des inégalités structurant le contexte social et familial qui permet à un talent, quel qu'il soit, de se développer. Autrement dit, pour que la notion de mérite puisse continuer de justifier les inégalités socio-économiques, il faudrait, comme le suggère d'ailleurs Hayek lui-même, que toutes choses soient égales par ailleurs, notamment au niveau de l'éducation que reçoivent les enfants et par rapport aux conditions qui leur permettent d'en bénéficier. Comme l'écrit François Dubet à propos de l'institution scolaire :

1. Voir par exemple Joseph Stiglitz, *Un autre monde*, trad. fr. P. Chemla, Paris, Fayard, 2006, pp. 9-10.

2. A tel point d'ailleurs que pour les plus militants c'est désormais davantage comme attitude morale que comme modèle d'organisation économique que le modèle libertarien doit être défendu. Voir par exemple, la présentation par François Guillaumat de la collection d'essais libertariens « Laissez faire » aux Éditions des Belles Lettres : « Le laissez faire n'est pas une doctrine économique, écrit-il, et encore moins synonyme de laisser-aller ou de désordre : c'est une *morale* politique, visant à instituer le règne du Droit face à l'arbitraire, aux persécutions et à l'esclavagisme étatistes et collectivistes. » Dans une telle perspective, les crises financières et économiques sont le prix à payer de la seule attitude morale qui vaille.

« Toute une série de bonnes raisons devraient nous inciter à rejeter l'égalité méritocratique des chances dans l'enfer des idées utopiques et pour le moins dangereuses. Sauf à retirer les enfants à leur famille, il n'est pas sérieusement envisageable de croire que la compétition scolaire puisse être totalement indemne des inégalités sociales [1]. » Nous reviendrons plus en détail sur ce problème, mais notons d'ores et déjà qu'il faudrait en fait, sur un plan plus général, que les enfants ne puissent hériter de leurs parents. Peu nombreux sont les néolibéraux à en accepter le principe [2].

Le modèle libertarien se trouve ainsi doublement fragilisé. Fragilisé tout d'abord parce qu'il préconisait de séparer économie et politique, en arguant de la nécessité de ne pas mélanger les questions d'efficacité et d'équité. Or on s'accorde aujourd'hui à reconnaître, d'une part, que les marchés requièrent l'intervention des États pour viser une efficacité qu'ils ne parviennent pas à atteindre par leurs seuls moyens et que, d'autre part, la justice sociale peut elle-même être un facteur d'efficacité économique [3]. Nous admettons donc nettement plus aisément qu'à l'époque du gouvernement Thatcher qu'« il y a une alternative ». Et qu'il y en a même à vrai dire plusieurs [4].

Le modèle libertarien est ensuite fragilisé par la nécessité devant laquelle il s'est trouvé de toujours devoir radicaliser ses exigences. Les promoteurs des politiques néolibérales ne

---

1. François Dubet, *L'École des chances*, *op. cit.*, p. 33.

2. Sur la question des droits de succession, cf. Philippe Frémeaux « L'abolition des droits de succession est en contradiction avec l'éthique fondamentale du libéralisme », site de l'Observatoire des inégalités (http://www. inegalites. fr/spip. php? article545).

3. Nous savons désormais, écrit J. Stiglitz (*op. cit.*, p. 15) que « sans réglementations et interventions appropriées de l'État, les marchés ne conduisent pas à l'efficacité économique ». Sur la justice sociale comme vecteur d'efficacité, cf. Jean-Paul Fitoussi, *La Démocratie et le marché*, Paris, Grasset, 2004.

4. J. Stiglitz, *Un autre monde*, *op. cit.*, p. 16 : « On se rend compte [...] de plus en plus qu'il n'y a pas une seule forme de capitalisme, une seule "bonne" façon de gérer l'économie ». Cf. également sur ce point Bruno Amable, *Les Cinq Capitalismes. Diversité des systèmes économiques et sociaux dans la mondialisation*, Paris, Seuil, 2005.

manquèrent jamais en effet une occasion de souligner, de manière totalement contre-intuitive, que les résultats insatisfaisants qu'ils obtenaient s'expliquaient non par l'effet de leurs politiques, mais par le caractère limité de leur mise en œuvre. Un processus de fuite en avant se mettait ainsi inexorablement en branle, induisant une radicalisation constante des politiques libertariennes. En France notamment, mais également sous d'autres cieux en Europe, cette radicalité libertarienne trouve très difficilement preneur [1]. Cette défiance, alimentée à droite comme à gauche, par un attachement assez fort au rôle de l'État recevait en outre le renfort de pans entiers de la science économique. Les travaux mettant en valeur les conséquences de l'information imparfaite et limitée, la concurrence imparfaite ou sur l'économie des services publics – type de travaux qui, rappelons-le, valut à Joseph Stiglitz le prix Nobel d'économie en 2001 – contribuèrent décisivement à la disqualification de cette option en tant que doctrine économique. C'est ce qui conduit J. Stiglitz notamment à écrire aujourd'hui que « les fondements intellectuels du fanatisme du marché ont été détruits [2] ». Cela n'implique évidemment pas que ces politiques aient disparu du champ politique, mais que leur justification a perdu toute crédibilité.

Cela bénéficie, *a contrario*, aux théories et aux politiques

---

1. Notons que bien souvent on affirme en revanche que le modèle social anglo-saxon repose sur une tolérance plus grande de la population aux inégalités. Cette affirmation nous paraît peu pertinente parce qu'elle compare très souvent des choses qui ne peuvent l'être. Si l'on prend comme point de référence la question du statut au regard de l'emploi, la population française manifeste sans doute une plus grande tolérance aux inégalités qu'aux États-Unis. Il y a entre les différents pays développés différentes formes d'intolérance à différentes figures des inégalités. En revanche, le Programme des Nations unies sur le développement s'inquiète, dans son rapport 2006, du niveau de tolérance dans les pays du Nord aux inégalités Nord/Sud : « Les revenus cumulés des 500 individus les plus riches, soulignent les auteurs du rapport, dépassent désormais ceux des 416 millions de personnes les plus pauvres. » Sur ce redoutable problème, cf. Thomas Pogge, « Reconnus et bafoués par le droit international : les droits de l'homme des pauvres dans le monde », *Raison publique*, n° 6, 2007.

2. J. Stiglitz, *Un autre monde*, *op. cit.*, p. 395 n. 2.

qui, n'ayant pas disqualifié l'État comme acteur fondamental de la vie économique et sociale, ont pu s'interroger sur les moyens d'intervenir sur les circonstances de départ [1]. La prise en compte de la situation réelle des individus et des obstacles qu'ils peuvent avoir à surmonter pour tirer économiquement et socialement leur épingle du jeu a emprunté diverses formes qui toutes visaient, soulignons-le, à perfectionner l'idéal normatif que représente une conception capacitaire de la justice sociale. Nous en distinguerons trois principales : le républicanisme méritocratique, la social-démocratie classique et la démocratie libérale. En France, on ne peut pas dire de ces trois traditions qu'elles se sont succédé chronologiquement. Elles se chevauchent et empruntent l'une à l'autre certains de leurs traits.

A l'école de la justice

Sans viser cette égalité de fait qui permettrait de justifier, au nom de l'égalité des chances, les inégalités produites individuellement, certains courants de pensées se sont attachés à souligner les progrès qu'il fallait accomplir dans l'égalisation matérielle des conditions d'existence pour les rendre acceptables ou, en tous les cas, tolérables. Nous avons vu que, parfois, on leur en tint d'ailleurs grief. Les doctrines préconisant la réduction des inégalités ont toujours été soupçonnées de vouloir uniformiser la société et les individus, allouant à chaque individu un même lot de biens et de services, sans égard pour ses préférences, son niveau d'implication personnelle ou pour ses projets.

1. Pour une mise au point utile sur les facteurs qui influent sur les différentes dimensions de la réussite, cf. Jean-François Amadieu, *Les Clefs du destin. École, amour, carrière*, Paris, Odile Jacob, 2006.

Ce soupçon était pour l'essentiel infondé. En effet, mis à part quelques extrémistes peu crédibles, à l'image de Sylvain Maréchal au XVIIIe siècle, personne ne s'est jamais dit égalitariste en ce sens. Il a en revanche paru important de chercher à résoudre le problème que posait le fait d'en rester à une simple affirmation formelle de droits. Très tôt, les républicains français ont estimé qu'il fallait aller au-delà, en parvenant à instaurer les conditions politiques et sociales qui permettraient à chacun de se soustraire à toute forme de domination.

L'œuvre et l'engagement de Condorcet sont, à cet égard, exemplaires. Ainsi l'instruction publique était-elle conçue, par lui, comme le « moyen de rendre réelle l'égalité des droits [1] ». Il songeait plus particulièrement aux droits politiques et civils, mais nous pouvons aisément transposer sa réflexion dans le domaine de la justice sociale. Condorcet, dans une perspective qui imprimera profondément sa marque sur la culture politique et sociale française, estime qu'il est vain de déclarer l'égalité de droits entre les êtres humains, si par ailleurs « l'inégalité dans les facultés morales » – qui désignent ici des compétences intellectuelles – empêche « le plus grand nombre de jouir de ces droits dans toute leur étendue ». Et il précise de manière très significative : « L'état social diminue nécessairement l'inégalité naturelle, en faisant concourir les forces communes au bien-être des individus. Mais ce bien-être devient en même temps plus dépendant des rapports de chaque homme avec ses semblables, et les effets de l'inégalité s'accroîtraient à proportion, si l'on ne rendait plus faible et presque nulle, relativement au bonheur et à l'exercice des droits communs, celle qui naît de la différence des esprits. »

1. Condorcet, *Cinq mémoires sur l'instruction publique* (1791), Paris, GF-Flammarion, 1994, p. 61.

Par l'instruction publique, Condorcet propose de réduire massivement les inégalités dans l'ordre des capacités. Il n'ignore pas que l'instruction étant diffusée de manière égale, il est certain que cela aura pour effet d'augmenter « la supériorité de ceux que la nature a favorisés d'une organisation plus heureuse ». Pour Condorcet, cela ne pose pas problème pour autant que « cette supériorité n'entraîne pas de dépendance réelle et que chacun soit assez instruit pour exercer par lui-même, et sans se soumettre aveuglément à la raison d'autrui, [les droits] dont la loi lui a garanti la jouissance [1] ». A propos du droit de propriété, il juge ainsi que celui qui n'est pas instruit des premières lois qui le définissent « ne jouit pas de ce droit de la même manière que celui qui les connaît ». A partir de là, il conviendra de faire advenir un système éducatif dont l'objet sera d'être un instrument de justice sociale. Car, dès lors que « la loi a rendu tous les hommes égaux, la seule distinction qui les partage en plusieurs classes est celle qui naît de leur éducation ». Éducation qui ne vise pas seulement les connaissances, mais renvoie à la question des opinions, des goûts et des sentiments qui en sont les conséquences. « Le fils du riche, écrit Condorcet, ne sera point de la même classe que le fils du pauvre, si aucune institution publique ne les rapproche par l'instruction, et la classe qui en recevra une plus soignée aura nécessairement des mœurs plus douces, une probité plus délicate, une honnêteté plus scrupuleuse ; ses vertus seront plus pures, ses vices, au contraire, seront moins révoltants, sa corruption moins dégoûtante, moins barbare et moins incurable. » Face à ces différences les lois seront impuissantes : « Il existera donc une distinction réelle, qu'il ne sera point au pouvoir des lois de détruire, et qui, établissant une séparation véritable entre ceux qui ont des lumières et ceux qui en sont privés, en

1. *Ibid.*, p. 62.

fera nécessairement un instrument de pouvoir pour les uns, et non un moyen de bonheur pour tous [1]. »

L'obligation de la société à l'égard de la société sera par conséquent de procurer à chacun l'instruction nécessaire pour exercer pleinement les « fonctions communes d'homme, de père de famille et de citoyen » ainsi que « pour en sentir, pour en connaître tous les devoirs ». Condorcet ne pense pas que la société pourra abolir les différences. Il souligne que certains ont « plus de talent naturel » et une « fortune indépendante » qui leur « laisse la liberté de consacrer plus d'années à l'étude ». Pour autant, si plus personne ne subit la domination d'un autre du fait de ces différences subsistantes, ce ne sera « ni un mal, ni une injustice » : « si cette inégalité ne soumet pas un homme à un autre, si elle offre un point d'appui au plus faible, sans lui donner un maître, elle n'est ni un mal, ni une injustice; et, certes, ce serait un amour de l'égalité bien funeste que celui qui craindrait d'étendre la classe des hommes éclairés et d'y augmenter les lumières [2] ». Voilà la source de notre conception capacitaire de la justice sociale. Elle a le mérite d'ouvrir une voie vers plus de justice en se préoccupant d'assurer les conditions concrètes d'exercice des droits proclamés. Nous pourrions même aller jusqu'à lui reconnaître le mérite de prendre en compte la question du bien-être effectif: l'égalité d'instruction « détruirait l'inégalité que celle des fortunes met entre les hommes qui veulent s'y livrer ». En effet, « elle établirait un autre genre d'égalité plus générale, celle du bien-être ». Et Condorcet d'ajouter : « Il importe peu au bonheur commun que quelques hommes doivent à leur fortune des jouissances recherchées, si tous peuvent satisfaire leurs besoins avec facilité, et réunir dans leur habitation, dans leur

1. *Ibid.*, p. 64.
2. *Ibid.*, p. 64 et p. 65.

habillement, dans leur nourriture, dans toutes les habitudes de leur vie, la salubrité, la propreté, et même la commodité ou l'agrément[1]. »

Condorcet ne prône pas ici l'homogénéisation totale de la société, mais table sur les différentes aspirations de chacun. Il esquisse même un pas discret en faveur du luxe lorsqu'il indique que certaines des inégalités dont bénéficie le « petit nombre des riches » ne sont pas « un mal pour ceux qui n'en jouissent pas » et contribuent même « à leur avantage en favorisant les progrès de l'industrie animée par l'émulation ». L'instruction publique ne remettrait donc pas en cause les statuts sociaux, mais elle améliorerait globalement la situation de la population. Sur le plan des conditions de travail, par exemple, les progrès des Lumières auront l'avantage de rendre les professions moins insalubres. Certaines maladies frappant les ouvriers pourront ainsi être évitées, pour autant que les ouvriers, forts de cette instruction, soient plus réceptifs au changement dans la manière de produire. L'instruction publique accroîtra l'adaptabilité de travailleurs qui, trop souvent, « n'ayant que la routine de leur profession, sont embarrassés par les plus légers changements, et manquent de cette flexibilité qu'une pratique réfléchie peut seule donner[2] ». Ainsi chacun sera compétent au niveau qui est le sien et celui qui n'est inférieur que par le talent pourra, dans son domaine, donner le meilleur de lui-même, il pourra « soutenir la concurrence dans tout ce qui n'exige point les dernières ressources de l'art[3] ».

On le voit aisément, le pas sera vite accompli qui conduira de cette conception d'une société hiérarchisée en fonction des talents que mesure, par le diplôme, le degré atteint dans l'instruction publique, à la réalité d'une « société capaci-

1. *Ibid.*, p. 66.
2. *Ibid.*
3. *Ibid.*

taire ». Sont d'ores et déjà établies les bases sur lesquelles va pouvoir s'édifier une dynamique de répartition des richesses fondée sur les diplômes qui tous incarnent un certain degré d'instruction, un certain niveau de développement des « facultés morales », un rang dans l'ordre de la « probité », de l'« honnêteté », des « vertus », de la « corruption » et même de la perfectibilité. Cet héritage-là, avec ses qualités et ses défauts, pèsera très lourd dans notre culture politique et sociale.

Statistiques et enquêtes qualitatives vont certes être menées, tout au long du XIXe siècle, afin de mieux cerner les caractéristiques de la condition des miséreux qui concerne alors, sans distinction, enfants trouvés, ouvriers, indigents et prisonniers. Dans cette démarche, se conjuguent alors un souci de description et une volonté de prescription. Comme l'écrit l'historienne Françoise Mélonio : « Le regard sur l'indigent, le malade, le criminel, la prostituée, est toujours le préalable à une thérapeutique. D'où la résistance des observés face à des enquêtes où le souci hygiéniste et la défense policière de l'ordre sont souvent mal séparables [1]. » Plus tard, de la IIe à la IIIe République, viendra le temps des grandes enquêtes spécifiques sur la condition ouvrière. On cherche alors à faire plus précisément l'inventaire des types sociaux, à l'image de ce que propose dans les années 1840 le recueil lancé par l'éditeur Curmer, *Les Français peints par eux-mêmes.* « Là encore, note Françoise Mélonio, le regard sur la société est une propédeutique à la réforme sociale. Beaucoup de collaborateurs sont d'ailleurs républicains, et espèrent que la société, se découvrant inégalitaire, s'attachera à remplir les promesses de 1789 [2]. » Cette volonté d'appréhender la diversité des catégories de Français se nourrit de l'ambition de la réduire.

1. Françoise Mélonio, *Naissance et affirmation d'une culture nationale. La France de 1815 à 1880*, Paris, Seuil, 2001, pp. 196-197.
2. *Ibid.*, p. 199.

C'est dans ce contexte que l'école sera confirmée, voire sacralisée, dans son rôle social d'agent principal de l'émancipation individuelle et de la cohésion sociale. François Dubet note à juste titre que « le passage de l'élitisme républicain à l'égalité des chances a d'abord été conçu comme un élargissement de l'accès à l'enseignement secondaire par la gratuité et l'accroissement des places disponibles et surtout grâce aux bourses qui devaient lever les obstacles économiques à la poursuite des études [1] ». On attend de l'école qu'elle tienne les promesses de la Révolution. « La République est désormais une République enseignante » à laquelle la collectivité assigne deux objectifs : « la nationalisation de la culture et l'égalisation des chances [2] ». Alors que le poète Alfred de Vigny s'interroge, en 1832, dans son *Journal d'un poète*, sur l'accord à trouver « entre la capacité prolétaire et l'hérédité propriétaire », Françoise Mélonio souligne que les partisans de la « méritocratie républicaine » (Duruy, Ferry, etc.) s'élèveront contre « cet acquiescement à l'ordre inégalitaire des choses [3] ». L'école doit, pour eux, être l'outil privilégié de la justice sociale. En sanctionnant d'un titre la capacité de chacun, elle devait pouvoir mettre bon ordre dans la répartition [4]. Avec les moyens limités qu'on lui accordera et l'insuffisance des réformes pédagogiques dans le contexte de la massification progressive de l'éducation, c'était toutefois lui demander l'impossible.

1. François Dubet, *L'École des chances*, *op. cit.*, p. 16.

2. Françoise Mélonio, *op. cit.*, p. 200.

3. *Ibid.*, p. 201. Sur cette histoire, voir également François Furet & Jacques Ozouf, *Lire et écrire. L'alphabétisation des Français de Calvin à Jules Ferry*, Paris, Minuit, 1977 ; Mona Ozouf, *L'École de la France. Essais sur la Révolution, l'utopie et l'enseignement*, Paris, Gallimard, 1984.

4. Cette idée a fait l'objet d'une longue tradition de critiques. Dans une sorte d'essai-fiction, Michael Young a proposé en 1958 une discussion de la « méritocratie » (terme dont il s'attribue d'ailleurs la paternité). Il en examine les défauts et les mérites, laissant à son lecteur le soin de trancher, précise-t-il dans l'édition de 1994 (*The Rise of Meritocracy*, Londres, Transaction Publishers, 2004), mais la réserve que lui inspire ce système paraît évidente. Plus proche de nous, Marie Duru-Bellat instruit le dossier de la méritocratie par le diplôme dans *L'Inflation scolaire, op. cit.*

Mobilité versus *stratification*

En France, la république sociale a donc voulu aller plus loin en intégrant une analyse plus précise de l'évolution des rapports économiques et des effets de la stratification sociale. Tenir les promesses de l'idéal républicain impliquait d'avancer encore dans l'égalisation des conditions. Ce fut très clairement un objectif central de la social-démocratie classique. A tel point d'ailleurs que certains de ses théoriciens durent, de nouveau, s'attacher à dissiper l'éternel soupçon qu'on leur opposait : celui de vouloir tout niveler, de brider les énergies, de galvauder la responsabilité individuelle. Ils assumèrent cette défense en soulignant que l'égalisation des conditions, loin d'*uniformiser*, était au fond le moyen de rendre *plus effective* la différenciation, tout particulièrement en donnant aux individus des classes défavorisées des voies d'accès vers des opportunités, des perspectives de vie, qui leur sont refusées en raison d'une injustice de classe. La stratification sociale uniformise en fait les possibilités de choix à l'intérieur des classes sociales.

Concrètement, cette préoccupation sociale correspond tout d'abord à un ensemble de politiques et d'organisations qui sont apparues vers la fin du XIXe siècle dans les pays de l'Europe du Nord et de l'Europe centrale. Cette histoire prendra des tours différents suivant les contextes nationaux, mais assurera son unité autour de deux orientations, l'une, politique, qui la conduit à renoncer à la violence et à promouvoir le suffrage universel, l'autre, économique, qu'exprime sa critique du système capitaliste non régulé. Parvenus au pouvoir dans un contexte où, au sortir de la Première Guerre mondiale, dominait le capitalisme, les gouvernements européens, que pour aller vite nous dirons « sociaux-démocrates », ne purent mener à leur terme les politiques qui étaient les leurs. La crise économique des années 1930 allait pourtant leur donner raison. Et les formes classiques de la social-démocratie allaient notamment se constituer dans le sillage des expériences menées en Suède et en Norvège. Renonçant au collectivisme, et s'appuyant sur les travaux de l'économiste Keynes, émergea une conception de l'État social comme acteur de la vie économique. Par les politiques anticycliques qu'il avait pour tâche première de mettre en œuvre, l'État keynésien pouvait s'attacher à juguler l'irrationalité du marché et à en maîtriser les fluctuations, développer la protection sociale, œuvrer pour l'élévation du niveau général d'éducation [1].

S'agissant des inégalités, on s'appliqua, de R.H. Tawney à Pierre Bourdieu, à montrer que les « préférences » et les « choix » individuels étaient déterminés par des logiques de classes. L'idée alors défendue, c'est que l'assouplissement de cette stratification sociale, le fait de la rendre plus poreuse, devait faire en sorte que les différences observables ne soient plus que les « conséquences » des préférences et des tempéraments individuels. Autrement dit – dans la diversité de ses formulations et à des degrés divers de radicalité – la pensée politique de type social-démocrate a cherché à justifier des dispositifs d'intervention publique dont l'objectif était de limiter ou de faire disparaître les inégalités *socialement* produites (c'est-à-dire les inégalités liées aux effets de la stratification sociale).

Au-delà un problème demeure cependant. Dans les diverses formes que cette orientation a historiquement prises, la question de la légitimité des inégalités *individuellement*

1. Toujours très utile, nous renvoyons sur ce point à A. Bergounioux & B. Manin, *Le Régime social-démocrate*, Paris, PUF, 1989.

produites a été délaissée. Cette position comportait donc une faiblesse structurelle qui allait l'exposer à des critiques fortes en provenance des mouvements et des théoriciens libertariens, notamment dans les années 1980.

Comment expliquer ce désintérêt pour les inégalités *individuellement* produites (désintérêt que la social-démocratie à l'ancienne avait en commun avec le marxisme)?

La réponse social-démocrate, dans sa première mouture, est un peu plus complexe que la réponse marxiste [1], mais elle n'en est pas moins fausse : elle a historiquement consisté à considérer que les inégalités de revenus et de patrimoine sont essentiellement le résultat d'*inégalités d'éducation et d'opportunités*. Il suffirait par conséquent, selon cette perspective, de faire disparaître ou de neutraliser les effets pervers de la stratification sociale (en permettant que chacun ait les mêmes chances en termes d'éducation, de santé, etc.), pour que les différences d'aptitudes économiquement rentables et les différences de tempéraments, notamment dans le rapport au travail, se réduisent naturellement. Cette perspective postule, sur le plan anthropologique, un spectre très limité de différences individuelles et, du coup, elle peut considérer que la neutralisation des effets pervers de la stratification sociale est le seul objectif politique pertinent et urgent. La tradition travailliste anglaise a exprimé cette idée très fortement. En 1931, dans *Equality*, l'un des plus influents théoriciens du travaillisme anglais, R.H. Tawney, écrivait ainsi : « Ce qui répugne à la raison, ce n'est pas qu'un homme doive gagner plus d'argent qu'un autre, car partout où un environnement commun et une éducation commune ont nourri une tradition partagée de respect et de considération réciproque, on oublie et ignore ces détails comptables. Répugne à la raison

1. La réponse marxiste est d'une simplicité désarmante : les inégalités individuellement générées seront négligeables parce que neutralisées par l'abondance espérée, par la disparition de la rareté.

le fait que quelques classes soient exclues de l'héritage de la civilisation dont jouissent les autres et que la communauté humaine, qui est ultime et profonde, doive être entamée par des contrastes économiques qui sont triviaux et superficiels. »

Une fois la stratification sociale abolie, les inégalités subsistantes ne seront plus que des « détails comptables » à oublier et à ignorer, pour autant qu'elles n'empêchent quiconque de participer pleinement à la vie de la communauté et à jouir de ses bienfaits. Pour Tawney, l'objectif est justement de n'accorder de signification qu'aux différences individuellement produites (« tempérament et intelligence ») et de contraindre, autant qu'il est possible, la portée des différences économiques et sociales, d'en minimiser l'importance : « Une société qui valorise l'égalité accordera un haut degré d'importance aux différences de tempéraments et d'intelligence entre les différents individus et une faible portée aux différences économiques et sociales entre les différents groupes. Elle s'attachera, dans l'élaboration de ses politiques et de son organisation, à encourager les premières et à neutraliser et contenir les secondes. Elle tiendra pour vulgaire et puéril le fait de les mettre en valeur lorsque, malheureusement, elles perdurent. Dans une société qui cultive l'amour de l'inégalité, on prend au sérieux de telles différences et on leur permet de s'échapper des régions, telles que la vie économique, dont elles proviennent et où il est difficile de les faire disparaître complètement, libérant une sorte d'obsession morbide qui altère le monde global des relations sociales [1]. » La réponse de Tawney est, en un sens sur lequel nous reviendrons, étroitement moralisatrice. Il suggère de faire le nécessaire pour neutraliser les effets pervers de la stratification sociale et, ce problème étant réglé, de ne plus parler des inégalités, les inégalités subsistantes devenant alors morale-

1. R. H. Tawney, *Equality* (1931), Totowa, Barnes & Noble, 1980, p. 58.

ment insignifiantes. D'autres théoriciens et d'autres mouvements politiques et sociaux, sans opter pour cette lecture moralisante du problème, en viendront à la même solution. Leur point de vue introduira toutefois un déplacement très important puisque, partant eux aussi de la nécessité de neutraliser autant qu'il est possible les effets de la stratification sociale, ils ne soutiendront pas que les inégalités subsistantes sont moralement insignifiantes, mais qu'elles sont « justifiées » par le mérite de celui qui en est perçu comme l'agent.

On assiste dès lors à un basculement très net, dans l'ordre des paradigmes de la justice sociale, caractérisé par un resserrement très marqué autour de l'exigence d'« égalisation des opportunités ». Ce qui devient déterminant, c'est, comme l'écrivait déjà Tawney, la « destinée de l'individu ». Et la question à partir de laquelle on va évaluer cette « destinée » est la suivante : est-ce qu'elle procède des qualités personnelles de l'individu ou est-ce qu'elle est déterminée par la place de cet individu au sein du système social, par sa position en tant que membre de telle ou telle strate sociale [1] ? Dans cette perspective, on estime que, pour égaliser les chances face au destin social, il faut évidemment aller au-delà de l'égalité formelle qui permet, certes, de combattre efficacement les logiques de différenciation légale, mais qui n'est pas armée pour prendre en compte les problèmes de la stratification sociale.

La doctrine social-démocrate constitue un très net progrès en raison de sa préoccupation pour les effets liés aux inégalités de classes. Mais quand bien même il serait effectivement possible de neutraliser tous les effets pervers de la stratification sociale, tout ce qui implique une moindre mobilité sociale, cela implique-t-il que les inégalités produites par les individus eux-mêmes soient anodines, insignifiantes du point de vue de la justice sociale ?

---

1. *Ibid.*, p. 73.

D'un point de vue politique, l'approche social-démocrate a été stratégiquement pertinente lorsqu'elle s'appuyait sur des classes nettement définies. L'affaiblissement ou l'abolition de la stratification sociale a longtemps constitué un objectif politique suffisant parce que suffisamment fédérateur : on voyait que les strates sociales étaient effectivement un obstacle à la justice sociale, que ces strates avaient des effets arbitraires sur le destin social des individus et que, par conséquent, elles reproduisaient, sous une forme évidemment différente, une dynamique de hiérarchisation sociale et politique *arbitraire* que la lutte contre les privilèges avait voulu abattre.

C'est un point auquel Tocqueville avait lui-même été très sensible à un moment où l'industrialisation et l'économie de marché en étaient à leurs balbutiements. « Tenir une classe immobile » alors que « la société entière se remue » lui semblait critiquable. Il y voyait une forme d'arbitraire contraire à l'esprit et aux aspirations du temps. Sommes-nous si différents ? Pas vraiment. La manière la plus courante de comprendre l'idéal normatif d'intégration renvoie précisément à cette même idée. Sous la plume de Giddens : « Le problème de l'exclusion renvoie moins à un niveau déterminé d'inégalités qu'aux mécanismes qui tendent à éloigner un groupe de personnes donné du mouvement général de la société [1]. »

L'hypothèque discriminatoire

Nous avons rappelé qu'historiquement la première cristallisation moderne de l'arbitraire a pris pour objet la nais-

1. Giddens, *La Troisième Voie, op. cit.*, p. 115.

sance. Au-delà, la « débiologisation » de la question de l'héritage n'a pas rendu cet arbitraire beaucoup plus fréquentable. On aime à ce que les destins soient affaires d'individus. Le *self-made-man* incarne le type idéal de la justice sociale moderne. Les pouvoirs publics ont alors pour tâche prioritaire d'aménager l'espace dans lequel les individus pourront se *réaliser* eux-mêmes et de supprimer, pour ce faire, tout ce qui peut venir perturber la compétition entre les individus.

Très concrètement, l'accent mis sur une certaine conception de l'égalité des chances a pour effet de promouvoir des formes spécifiques de revendications à plus de justice sociale et d'en évacuer d'autres. Aujourd'hui, nous remarquons que la justice sociale tend à ne devoir plus compter que sur l'action de la Haute Autorité de lutte contre les discriminations et pour l'égalité (HALDE). Le nom de cette institution respectable, et utile, est lui-même très significatif. Il suggère que, pour promouvoir la cause de l'égalité, il suffira de lutter contre les discriminations. Nous avons déjà eu l'occasion d'évoquer ce problème. Nous y insistons cependant car la promotion exclusive, dans le champ de l'éthique sociale, de la lutte contre les discriminations nous paraît problématique ou, tout du moins, relever d'une forme d'aveuglement collectif qui peut se révéler à terme préjudiciable. En effet, cette primauté suggère, qu'on le veuille ou non, que les discriminations sont, de fait, les seuls obstacles potentiels à la réussite sociale et à l'intégration. Dans une telle perspective, on pourra donc très aisément en venir à considérer qu'une fois l'hypothèque discriminatoire levée, il appartiendra à chacun d'assumer seul la responsabilité de sa destinée sociale. A chacun la place qu'il ou elle mérite en vertu de ses capacités propres.

En un sens – un peu pervers, concédons-le – nous pourrions presque nous demander si l'omniprésence du thème de la lutte contre les discriminations ne tient pas à ce désir que nous aurions de parfaire ce mécanisme d'imputation. En son temps, Nietzsche expliquait que le christianisme avait inventé la conscience pour pouvoir affirmer la faute. Sans avoir à partager par ailleurs les options de Nietzsche, attirons néanmoins l'attention sur ce qu'il appelle, dans *Le Crépuscule des idoles*, la « psychologie de toute responsabilisation générale ». Si les discriminations nous apparaissent gênantes, n'est-ce pas au fond parce qu'elles troublent le jeu de la responsabilité individuelle ? On ne sait pas si tel jeune « de banlieue » est au chômage parce qu'il subit des discriminations ou parce qu'il *ne veut pas* travailler, parce qu'il se refuse à jouer le jeu de la coopération sociale. Le mécanisme de l'imputation s'en trouve contraint. L'idée est alors de clarifier tout cela, d'éradiquer la discrimination pour qu'ensuite nous puissions dire : « s'il ne travaille pas, c'est de son fait », « si elle est pauvre, c'est qu'elle n'en fait pas assez, ou pas ce qu'il faut, pour s'en sortir », etc. [1]. Nietzsche reprochait au christianisme d'être une « métaphysique de bourreau » : s'il a « conçu les hommes "libres", c'est à seule fin qu'ils puissent être jugés et condamnés, afin qu'ils puissent devenir *coupables* », écrivait-il. Lutter contre les discriminations *de ce point de vue*, ce serait œuvrer pour que ces individus puissent enfin redevenir ou devenir plus nettement coupables.

Notre propos n'est pas d'affirmer que la lutte contre les discriminations est coupable, mais que l'est en revanche l'évacuation de la question des inégalités sociales au bénéfice de celle des discriminations. La justice sociale ne peut se contenter de réaffirmer les exigences d'un combat civil et politique que les révolutions politiques modernes ont décisivement contribué à définir et faire valoir. A cet égard,

1. William Ryan, *Blaming the Victim*, *op. cit.* ; voir également François Dubet, *Injustices. L'expérience des inégalités au travail*, *op. cit.* Même si ce problème n'est pas au cœur du thème exploré par ce dernier ouvrage, on y trouve des témoignages et des analyses qui s'y rapportent clairement.

les politiques dites de « discrimination positive » peuvent avoir, sous certaines conditions, leur utilité. Mais il serait étonnant de penser qu'un progrès social suffisant puisse en résulter. Les politiques d'*affirmative action* sont profondément, intimement, tributaires du contexte civil et politique dans lequel elles interviennent. Elles peuvent avoir un impact *social* par rapport à certaines catégories de la population, dans la mesure où il n'est évidemment pas indifférent, socialement et éthiquement, qu'un groupe ethnique puisse accéder librement à certains emplois ou à certaines formations [1]. Mais au-delà de ces réaménagements, elles laissent les rapports de classes inchangés. L'histoire sociale des États-Unis le démontre aisément. Ces politiques contribuent, lorsqu'elles atteignent leurs objectifs, à promouvoir des formes de concurrence non faussée entre les individus, mais elles n'influent en aucune manière sur la géométrie des rapports sociaux qui résultent de cette compétition économique et sociale.

Le sociologue Nathan Glazer a su, dans un ouvrage classique paru il y a déjà plus de trente ans, restituer l'histoire et la logique des politiques volontaristes de lutte contre les discriminations aux États-Unis [2]. Il a notamment souligné comment, dans ce pays, on était passé, au début des années 1970, d'une politique – conçue en 1965 – visant à agir de manière ciblée en faveur de certains groupes de la population afin de faciliter l'accès de leurs membres à de meilleurs emplois et à des formations plus porteuses [3], à une concep-

1. A cet égard, il est évidemment regrettable que soient si peu pris en compte, en France, dans nos débats sur la discrimination positive, les résultats de l'étude majeure menée par William G. Bowen et Derek Bok sur l'efficacité, très réelle, des politiques de discrimination positive pour favoriser l'accès à l'université d'individus associés à des minorités (*The Shape of the River : Long-Term Consequences of Considering Race in College and University Admissions* [1998], Princeton University Press, nouvelle édition, 2000). Voir également Ronald Dworkin, *Sovereign Virtue*, *op. cit.*, pp. 386-408.

2. *Affirmative Discrimination. Ethnic Inequality and Public Policy* (1975), New York, Basic Books, 1987.

3. On se situait alors dans le prolongement du mouvement d'émancipation civile et

tion de l'« action affirmative » dont l'objet n'était plus seulement de mieux faire circuler l'information relative aux opportunités professionnelles et éducatives et de mieux former les membres de groupes ethniques défavorisés, mais prévoyait, sur un mode statistique, le respect d'exigences ciblées de recrutement.

S'agissant des États-Unis, nous pourrions même faire remonter à la période dite de « Reconstruction », soit : au sortir de la guerre de Sécession !, la volonté publique d'articuler une affirmation de l'égalité devant la loi (Quatorzième Amendement de la Constitution américaine) et la mise en place de programmes spécifiques visant à apporter une assistance particulière aux Afro-Américains. C'est ainsi les mêmes parlementaires qui votèrent et le Quatorzième Amendement et la création de ces dispositifs dont le Bureau des Affranchis (*Freedmen's Bureau*), fondé en 1865, est un parfait exemple. Ce service de l'État avait précisément pour objectif d'aider les esclaves libérés à s'insérer économiquement et à faire respecter leurs droits [1]. L'histoire de la discrimination positive nous paraît neuve, or, nous le voyons, elle est déjà fort ancienne. Cette histoire retrace l'évolution de dispositifs dont la finalité est d'apporter une réponse à un problème civil et politique. Pour le dire encore autrement : les politiques d'*affirmative action* cherchent à résoudre un problème de justice *civile*, et pas encore un problème de justice *sociale*. Imaginons que le racisme soit activement combattu avec tous les instruments, juridiques, culturels et statistiques [2], dont nous disposons, et que nous parvenions à

politique des années 1960 et des décrets signés par le président Johnson en 1965 stipulant que les parties à un contrat fédéral devaient « *take affirmative action to ensure that applicants are employed, and that employees are treated during employment, without regard to their race, creed, color, or national origin* », Executive Order 11246 – Equal Employment Opportunity http://dol.gov/esa/regs/statutes/ofccp/e011246.htm.

1. Cass Sunstein, « Les fondamentalistes à la Cour suprême des États-Unis », *Critique internationale*, n° 30, janvier-mars 2006, pp. 20-21.

2. Dominique Schnapper, en ouverture d'une journée d'étude consacrée aux

en venir à bout, que restera-t-il? Un problème social. Nous aurons réussi, grâce à une politique antidiscriminatoire vigoureuse, à faire disparaître les obstacles *arbitraires* au recrutement (sexe, couleur de la peau, orientation sexuelle, origine nationale, âge, etc.), mais nous n'aurons pas réduit pour autant significativement le nombre d'exclus, ni celui des pauvres, nous n'aurons pas non plus agi sur la structure des inégalités; ce qui revient à dire que nous aurons essentiellement amélioré le fonctionnement de l'égalité des chances. En soi, ce n'est déjà pas si mal. Est-ce suffisant? Évidemment, non.

Il faut toutefois bien mesurer ce qu'implique un tel cons-

« Statistiques ethniques », 19 octobre 2006, organisée par le Centre d'analyse stratégique, soulignait que le fait que les statistiques françaises refusèrent longtemps de prendre en compte la religion ou l'origine historique dite « ethnique » était « l'expression directe de l'utopie créatrice de la citoyenneté selon laquelle on est également citoyen quelles que soient sa religion et son origine historique; en sorte que les citoyens français, même dans les statistiques, ne sauraient être distingués selon leurs croyances et leurs origines ». Ceux qui critiquent cette « cécité volontaire » reprochent à cette dernière d'aboutir « objectivement à conforter et légitimer la réalité des inégalités et des discriminations ». Dominique Schnapper, qu'on soupçonnera difficilement de vouloir brader la République, note : « C'est une position [qui] comporte une part de vérité, le refus de prendre en compte les catégories ethniques risque effectivement de conduire à sous-estimer des phénomènes sociaux qui existent bel et bien et de freiner l'intervention des politiques publiques pour les compenser. » Elle peut alors ajouter : « La revendication à disposer de statistiques ethniques me paraît inscrite dans la dynamique démocratique elle-même. » « La revendication d'établir des statistiques ethniques pour lutter contre les inégalités et les discriminations s'inscrit dans cette dynamique et cette utopie démocratique selon laquelle tous les individus doivent avoir une protection de l'État pour que soient assurés l'égalité de tous et le bien-être de tous. » Sa conclusion, qui intègre la nécessité de contrôler les effets de l'introduction des catégories ethniques dans l'analyse sociale, offre un point d'appui majeur pour un déblocage de la discussion française sur ce thème sensible : « La construction des catégories ethniques est inscrite dans le processus de démocratisation de la vie sociale, dans l'exigence de l'égalité contemporaine. Il est vrai que, comme toute politique, celle du refus comme celle de l'adoption des catégories ethniques, elle comporte des effets pervers dans la mesure où elle rend plus conscientes les distinctions ethniques; il est vrai qu'elle constitue un indice de l'affaiblissement de l'idée républicaine au bénéfice de la recherche de l'égalité que j'ai appelée "providentielle" – c'est là une évolution générale de la démocratie. » Les actes de ce colloque sont téléchargeables sur le site du Conseil d'analyse stratégique (http://www.strategie.gouv.fr). Ajoutons sur ce point que les exigences de l'analyse sociale requièrent sans doute, comme le souligne Dominique Schnapper, que soient élaborés les instruments statistiques du « comptage ethnique », mais que cela n'implique nullement qu'il faille y associer des politiques de quotas ethniques. On pourrait considérer que c'est un instrument visant à publiciser la composition du personnel des entreprises et des différentes institutions. Ce qui, dans une société hostile à la discrimination, pourrait être un puissant levier de transformation sociale. Par ailleurs, cela pourrait être un instrument de ciblage pour d'éventuelles procédures d'instructions judiciaires basées notamment sur la méthode dite du *testing*.

tat, ce qu'en un sens il remet aussi, relativement, en question. Il ne fait aucun doute que les politiques de la démocratie civile et politique ont fait avancer très significativement la cause de l'égalité. Le travail d'élaboration théorique et de critique sociale qui a pris pour objet ces dimensions de la citoyenneté a joué un rôle majeur dans la préparation de telles politiques. A cet égard, nous pourrions bien parler d'un renforcement effectif de l'égalité civile et politique.

Il est toujours, dans notre société, des individus pour penser que les hommes sont supérieurs aux femmes, que les « Français de souche » sont plus respectables que les personnes issues de l'immigration, que les familles « françaises » s'occupent mieux de leurs enfants que les familles originaires du Maghreb, etc. Globalement, ce sont toutefois des sentiments qui n'ont plus droit de cité dans l'espace du débat public légitime. Le racisme et le sexisme se pratiquent encore dans des proportions inacceptables, mais non seulement on ne les revendique plus ouvertement, mais les plates-formes politiques, toutes orientations confondues (mis à part quelques extrémismes), supposent leur éradication. Même si l'on peut toujours regretter que les choses n'aillent pas assez vite, cela est déjà en soi l'indice des progrès culturels, éthiques et politiques accomplis.

Par ailleurs, la démocratie représentative libérale, bien loin de s'endormir sur les lauriers de sa « victoire » sur l'empire soviétique, a engagé, dans le champ politique, de vastes chantiers de réformes. Cette évolution s'est accompagnée d'une indéniable effervescence intellectuelle. Dans le sillage d'un renouveau républicaniste, on s'est appliqué à souligner l'insuffisante charge éthique de la démocratie procédurale telle que les libéraux se la représentent en règle générale [1].

1. Charles Taylor, Michael Walzer ou Michael Sandel se sont illustrés dans cette perspective.

Des partisans de la démocratie délibérative ont souligné, contre une conception purement électoral-représentative, la nécessité d'intégrer aux pratiques de la citoyenneté des moments délibératifs et participatifs plus soutenus [1]. D'autres, enfin, se sont surtout attachés à faire valoir la nécessité de mieux assurer la représentation des minorités et la protection des droits culturels qui peuvent y être attachés [2].

Les problèmes auxquels s'attellent ces travaux sont extrêmement complexes et cruciaux dans un contexte international où le besoin en constitutions rénovées se fait sentir fortement, notamment dans les pays de l'ancien bloc communiste. Penser l'égalité dans le respect des différences; reconnaître les droits des minorités culturelles sans remettre en question l'universalité des droits fondamentaux, ainsi que les pratiques et les normes associées à un régime majoritaire; se demander si, pour assurer la meilleure protection aux droits et libertés fondamentales, il est préférable de s'appuyer sur un système majoritaire ou sur une institution judiciaire indépendante; développer les dispositifs reposant sur un large pouvoir d'initiative des citoyens tout en s'assurant que les minorités seront toujours protégées; autant de problèmes difficiles pour lesquels il n'existe pas de solutions toutes faites. Il est vrai que nous avons ici essentiellement affaire à des problèmes d'ordre civil et politique, mais cela ne doit pas pour autant conduire à affirmer que ces perspectives relèvent d'un égalitarisme superficiel. Ce travail d'ingénierie institutionnel n'a rien de trivial. On ne peut pas non plus le juger moins radical qu'une démarche dont l'objet serait de porter sur l'organisation économique de la société. Il s'attelle en effet de manière fondamentale à une tâche cruciale : tenir les promesses de la Modernité politique. Ce n'est pas être moins

1. James Bohman et Amy Gutman notamment ont écrit en ce sens.

2. Anne Phillips, Iris Marion Young, Will Kymlicka, chacun à sa façon, ont défendu des thèses allant en ce sens.

égalitariste que de se préoccuper des inégalités qui tiennent à des questions identitaires. C'est l'être autrement, tout simplement. Ce qui pose problème en revanche, c'est l'unilatéralisme intellectuel auquel il donne lieu et qui n'est pas sans effet sur la culture sociale et politique du pays. Comment expliquer cette montée en puissance du thème de l'égalité civile et politique au détriment de l'égalisation économique et culturelle ?

On considéra longtemps que la démocratisation, au-delà des réalisations de la Révolution française, appelait désormais une égalisation des conditions économiques et sociales de la citoyenneté. Aujourd'hui, l'optique a changé. Deux types d'argument permettent de le comprendre.

Rétrospectivement, nous avons été conduits à observer que la plus forte période de réduction des inégalités et d'amélioration des niveaux de vie correspond aux périodes économiques de forte croissante. « La santé de l'économie est le seul vrai vecteur des progrès sociaux » : voilà le genre de propos qui s'est progressivement imposé comme une sorte d'évidence [1]. Les « Trente Glorieuses », même si elles n'ont pas été si unanimement glorieuses que cela, ont bien permis, en France, une réduction des inégalités et de la pauvreté.

Par ailleurs, nous savons désormais que l'État et le service public ne sont pas toujours un gage d'efficacité et que certains dispositifs publics peuvent même se révéler contre-productifs. Nous n'appelons pas ici, faut-il le préciser?, à un désengagement de l'État et des collectivités territoriales, mais voulons uniquement souligner que tous les dispositifs n'ont pas eu les effets escomptés. Une littérature abondante a su montrer que l'école n'est pas en capacité de donner au pays

1. Alain Renaut s'interroge sur le bien-fondé du « pari hasardeux du tout économique » qu'exprime cette idée selon laquelle la croissance sera la solution aux problèmes sociaux dans *Le Modèle social : la chimère française*, Paris, Textuel, 2006. C'est aussi un point de vue que l'on peut défendre en distinguant les différents secteurs de la croissance et la manière dont ses fruits sont socialement répartis.

la mobilité sociale qu'il prétend viser [1] ; nous savons aussi que la politique publique d'éducation prioritaire a des « résultats incertains [2] », que la politique de la ville « se solde par un échec retentissant [3] », que la politique de ciblage des SDF est inefficace [4], que le RMI est saturé par l'utilisation qui en est faite dans un contexte où la situation de l'emploi est fortement dégradée [5], que le régime d'indemnisation des intermittents est en crise perpétuelle [6], etc.

Ces deux constats se conjuguent et invitent le chercheur à se repositionner sur des terrains mieux balisés, où le rapport à l'action publique apparaisse moins problématique. On sait qu'il est possible de modifier une technique électorale en fonction d'effets voulus, et qu'il est en revanche bien plus complexe de « décréter » un niveau de croissance. Personne n'aime travailler en vain. La tentation est donc grande de s'investir théoriquement dans les domaines finalement mieux balisés de l'égalité civile et politique.

La théoricienne féministe anglaise Anne Phillips, en un bel exercice de réflexion, posait ce problème très explicitement : « Il est possible, écrit-elle, que les évolutions que l'on peut constater dans notre manière de discuter de la démocratie aient influé sur nos attitudes à l'égard de l'égalité économique, et que les nouvelles façons de penser l'égalité politique aient contribué à la prise de distance vis-à-vis de l'égalitarisme économique [7]. » Ayant affirmé cela, Anne Phillips s'empresse de souligner qu'elle ne soutient pas que l'énergie intellectuelle consacrée à l'égalisation politique a été détour-

1. De P. Bourdieu à F. Dubet ou M. Duru-Bellat, le dossier est constitué d'études poussées et convaincantes.

2. *La Contribution de l'éducation prioritaire à l'égalité des chances des élèves*, La Documentation française, Rapport, oct. 2006.

3. J. Donzelot, *Quand la ville se défait*, Paris, Seuil, 2006.

4. J. Damon, *La Question SDF : critique d'une action publique*, Paris, PUF, 2002.

5. Voir sur ce point les nombreux travaux de Serge Paugam et de son équipe de l'ERIS.

6. De P.-M. Menger, cf. notamment : *Portrait de l'artiste en travailleur*, Paris, Seuil, 2003.

7. Anne Phillips, *Which Equalities Matter?*, Londres, Polity Press, 1999, p. 13.

née à tort des questions économiques plus fondamentales. Il s'agissait en revanche de formuler un constat : si le retard contracté dans le champ de l'égalité civile et politique justifie amplement l'investissement massif des chercheurs et des acteurs de la vie publique sur ce problème, il faut aussi reconnaître que la réorientation du travail d'élaboration et de proposition théorique vers ces questions vaut en même temps diagnostic sur la manière dont la théorie conçoit aujourd'hui le pouvoir réel du politique. Elle entérinerait en quelque sorte une conviction : l'égalisation économique et sociale ne serait pas véritablement et pleinement du ressort du pouvoir public. Peut-être est-ce là une figure secondaire de cette *Politique de l'impuissance* que dénonce Jean-Paul Fitoussi [1]. Nous pourrons à tout le moins y voir l'un de ses effets.

Face à cela, il ne s'agit évidemment pas d'inviter à délaisser les questions essentielles de reconnaissance au bénéfice des problèmes de redistribution, mais de préconiser fortement la nécessité d'avancer sur les deux fronts [2]. Pour qu'un tel rééquilibrage soit possible, il faut toutefois cesser de penser que, parce que les inégalités actuelles ne sont pas *exclusivement* d'ordre économique et social, elles ne le sont *absolument pas* [3].

Confronté à la manière dont se déploie, en France, le discours contemporain sur l'inégalité des chances, il paraît donc urgent d'y réintroduire massivement cette dimension économique et sociale qui n'aurait jamais dû en être évacuée. C'est là une première exigence à satisfaire si l'on veut que le thème

1. Jean-Paul Fitoussi, *Politique de l'impuissance*, Paris, Arléa, 2004.

2. Pour une formulation convaincante de cette nécessaire articulation, cf. Nancy Fraser, *Qu'est-ce que la justice sociale ? : Reconnaissance et redistribution*, trad. fr. E. Ferrarese, Paris, La Découverte, 2005 et, en dialogue avec Axel Honneth, *Redistribution or Recognition ? A Political-Philosophical Exchange*, Londres, Verso, 2003.

3. Nous avons eu l'exemple frappant de ce genre de confusion absurde à propos des émeutes qui ont eu lieu, en France, dans certaines banlieues en novembre 2005.

de l'égalité des chances puisse remplir la fonction qu'on veut lui voir jouer.

De manière générale, la polarisation intellectuelle sur la notion d'arbitraire montre que, finalement, pour penser l'injustice sociale, nous restons tributaires d'un schéma de pensée très largement défini par le thème de la lutte contre les privilèges. Ce qui revient à réinvestir, à la façon de Beaumarchais, la problématique « mérite *versus* naissance ». Ce qui change? Un fait : la naissance n'est plus (« est moins ») envisagée sur le mode naturaliste et essentialiste qui caractérisait l'univers aristocratique, mais elle est réinterprétée en termes sociaux (on ne choisit pas le statut social de sa famille ; on ne choisit pas son pays de naissance).

Ce paradigme de la justice sociale est extrêmement puissant. L'adhésion à celui-ci est quasiment unanime, toutes orientations politiques significatives confondues. De très nombreuses études portant sur la perception des inégalités montrent qu'on se plaint surtout, même parmi les groupes les plus défavorisés, des inégalités *héritées* et non pas tant de celles produites par le seul fait des interactions entre individus. On n'observe pas de soulèvement populaire massif contre les salaires mirobolants que perçoivent certains sportifs. On adhère très largement à l'idée selon laquelle les individus, toutes choses égales par ailleurs, doivent assumer la responsabilité de leurs choix, leurs capacités leur ouvrant un accès légitime à un certain niveau de bien-être [1].

Cette adhésion massive ne signifie toutefois pas qu'il n'y a pas de problème théorique, comme en attestent les discours contradictoires que l'on tient à son propos. Elle ne dissimule pas non plus les contradictions du principe lui-même. Nous

1. Comme l'écrit James Sterba : « Tout le monde convient que la justice, quasiment par définition, revient à donner aux gens ce qu'ils méritent » (« Recent work on alternative conceptions of justice », *American Quarterly*, vol. 23, p. 1). Morton Deutsch, *Distributive Justice : A Social-psychological Perspective*, Yale University Press, 1985 ; Voir également les témoignages et la lecture qu'en donne François Dubet au chap. 2 de *Injustices*, *op. cit.*

savons pertinemment que l'idéal de l'égalité des chances est constamment trahi par la réalité et, pourtant, nous ne savons pas penser notre trajectoire individuelle autrement que dans les termes qu'il nous propose. Loin de signifier une résistance à toute forme de théorisation, cette tension signale bien au contraire un besoin de justification du mérite – dont la possibilité est tout de même souhaitable en raison même de son importance sociale. Notre hypothèse, c'est que dans nos représentations les plus communes, telles qu'elles entrent dans la constitution d'une conception capacitaire de la justice, coexistent des éléments dont la cohérence peut être affirmée moyennant certaines clarifications, d'ordre ontologique, notamment relatives à la façon dont on conçoit l'individu et la société ainsi que l'articulation du droit d'appropriation spéciale et de la redistribution, de la responsabilité et de la solidarité. Par ces clarifications, nous devrions être en mesure de montrer qu'une autre conception de l'égalité des chances est possible qui puisse répondre à nos attentes en termes de justice et de cohésion sociales. Pour ce faire, il faut toutefois que nous examinions préalablement les présupposés et les limites de l'égalité des chances telle que nous la pratiquons aujourd'hui. Nous pourrons alors, et alors seulement, déterminer s'il est, au-delà des confins de la justice capacitaire, une représentation possible d'une égalité des chances soutenable.

IV.

Pour une « égalité des chances » soutenable

> *Ce qui est juste dans les partages doit, tout le monde le reconnaît, refléter un certain mérite. – Le mérite toutefois ne tient pas pour tout le monde à la même chose.*
>
> ARISTOTE, *Éthique à Nicomaque* (livre V)

Ceux qui ne jurent que par l'égalité des chances, tout comme ceux qui dénoncent l'insuffisance de ses résultats, ont en commun de préconiser le perfectionnement des instruments de la lutte contre les inégalités qui y font obstacle. L'attitude critique que l'on peut adopter a ainsi pour effet de conforter la représentation de la justice sociale que véhicule la norme prise pour cible. Ce phénomène n'est pas nouveau.

Dans *Morale maximale, morale minimale* [1], Michael Walzer rappelait ainsi que l'idéologie féodale avait elle aussi, en son temps, donné prise à une critique qui eut tout d'abord pour effet de renforcer la vision hiérarchique qui la sous-tendait. Les gentilshommes, les seigneurs, les barons occupaient les rangs supérieurs dans la société, en contrepartie de quoi ils

1. M. Walzer, *Morale maximale, morale minimale*, trad. C. Fort, Paris, Bayard, 2004.

devaient se mettre au service des individus logeant aux rangs inférieurs, en leur garantissant notamment un certain niveau de protection [1]. Comme Georges Duby l'a souligné, se nouaient ainsi les éléments d'un mythe fondateur pour le système féodal : il appartient aux forts de protéger les faibles [2]. Aussi lorsque la protection laissait à désirer, « la foule ordinaire des scribes, laïcs ou clercs » pouvait se faire « parfois critique pour stigmatiser une aristocratie dissolue et décadente [3] ». D'un côté, ce type de critique restait interne, puisqu'il stigmatisait les insuffisances d'un groupe en lui opposant la norme que constituait la représentation d'une noblesse « idéale », assumant sa fonction sociale. D'un autre, la critique pouvait aussi se faire subversive parce qu'elle isolait ainsi les fonctions et constituait un premier pas éventuel vers une mise en cause plus radicale. « Tôt ou tard, un critique plus audacieux voudra savoir pour quelle raison ces personnages hautains et privilégiés accomplissent si rarement les services censés justifier leur position [4]. » Dans la bouche du Figaro de Beaumarchais : « Noblesse, fortune, un rang, des places, tout cela rend si fier ! Qu'avez-vous fait pour tant de biens ? Vous vous êtes donné la peine de naître, et rien de plus. »

Ce sont les ratés de la hiérarchie dans l'ordre de la justification qui ouvrirent ainsi la voie à l'égalité. Si on imagine mal un dépassement pur et simple de la doctrine de l'égalité des chances, on peut peut-être concevoir que la critique des dysfonctionnements de l'égalité des chances puisse conduire à vouloir en refonder le principe. Toute la difficulté est cependant de déterminer le cadre éthique et social dans lequel celui-ci peut conserver un sens et une fonction légitimes.

1. *Ibid.*, pp. 74 *sqq.*
2. Georges Duby, *Les Trois Ordres ou l'imaginaire du féodalisme* in *id.*, *Féodalité*, Paris, Gallimard, « Quarto », 1996.
3. Michael Walzer, *op. cit.*, p. 75.
4. *Ibid.*

Si « l'égalité des chances » est si attrayante en effet comme visée normative, c'est qu'elle nous offre la possibilité, comme nous avons eu l'occasion d'y insister, de réinvestir fortement la critique des privilèges indus, des hiérarchies immuables, mais aussi de ces formes de passe-droits que sont le « piston » ou le favoritisme [1]. Mais là n'est pas son seul avantage.

Sur un mode plus positif, « l'égalité des chances » possède un autre indéniable mérite : celui de laisser aux individus le soin de conduire leur vie comme bon leur semble, en se gardant bien de vouloir homogénéiser les modes de vie eux-mêmes.

Ce principe de justice ne se mêle pas de promouvoir une version exclusive et intégralement déterminante de la vie bonne. Sur un mode un peu plus technique, certains pourraient dire que cet idéal normatif est plus « procédural » que « compréhensif », en ce sens qu'il entend offrir un cadre dans lequel tous les choix de mode de vie raisonnables seront possibles.

Nous avons vu que la valeur accordée à l'autonomie individuelle en matière de choix de vie est tout à fait essentielle d'un point de vue moderne. Dans une telle perspective, on tend à considérer que le gouvernement doit toujours avoir le souci de se limiter dans le choix des objets d'une égalisation possible. Si l'État devait aller au-delà en cherchant à réaliser, non une égalité des opportunités, mais une égalité de résultats, cela induirait une violation des droits de l'individu, puisque cela supposerait un niveau trop élevé d'interventionnisme étatique. Il faudrait qu'il se mêle de réguler directement les modes de vie, les choix de formation, l'épargne, la consommation, qu'il détermine en lieu et place de ces individus la façon dont ceux-ci mobilisent les ressources dont ils

1. Cet aspect du problème, notamment dans son rapport à la question du capital social, est plus complexe qu'on ne l'admet parfois. Et le fait de prétendre raisonner « à compétences égales » ne simplifie pas les choses.

disposent. On imagine assez bien la critique que peut susciter un tel État. Celui-ci serait alors tout à la fois Etat-providence, État-prévoyance, État directeur des consciences.

Au nom de la liberté individuelle, cette critique a été formulée maintes et maintes fois. Si elle possède incontestablement un fond de vérité, il nous semble néanmoins important de ne pas en exagérer la portée. Que la doctrine de « l'égalité des chances » ne s'apparente pas à un catéchisme ne permet nullement d'en conclure qu'elle est *neutre* sur le plan moral. De manière plus générale d'ailleurs, c'est l'Etat lui-même qui ne saurait être intégralement neutre en ce sens.

L'impact éthique de l'État social peut se concevoir de différentes manières. D'abord au sens où, pour des raisons de stabilité sociale ou économique, il peut être amené, par ses politiques, à faire naître des contraintes dont les individus doivent tenir compte pour définir leurs choix de vie. C'est là un premier niveau d'intervention qui n'est déjà, en soi, pas dépourvu d'incidence éthique.

Cette charge éthique peut apparaître plus forte encore lorsque l'État cherche à susciter directement un certain type de comportements ou de pratiques. Il faut, à ce niveau, distinguer ce qui relève de la dimension coercitive de la loi et ce qui procède davantage de ses effets dans la reconfiguration des normes sociales par un processus beaucoup plus diffus auquel Philip Pettit a, par référence à la « main invisible » d'Adam Smith, donné le nom de « main intangible [1] ». Cette idée fait appel à la conviction que le besoin de considération que peuvent éprouver les individus est un moteur puissant de la vie sociale.

Prenons l'exemple de la lutte contre le tabagisme. On constate très clairement des évolutions dans la manière dont les gouvernements successifs se sont engagés dans ce do-

1. Philip Pettit, *Républicanisme, op. cit.*, pp. 340 *sqq.*

maine. Dans un premier temps, il a surtout été question en effet de réduire la toxicité du tabac. Dans un deuxième temps, on s'est davantage attaché à réduire la demande, en interdisant la vente aux mineurs et en augmentant, par le renforcement des taxes, le prix des cigarettes. Les politiques ont, depuis, pris une tout autre direction. Invoquant des études récentes soulignant les dangers du tabagisme passif, elles font désormais prévaloir l'obligation pour le fumeur de ne pas nuire à autrui. La loi, par la discussion qu'elle suscite, diffuse ainsi une idée : le fait de fumer en présence d'un non-fumeur constitue une atteinte à sa santé et un manque de respect à son égard [1]. Si cette nouvelle phase de la lutte contre le tabagisme porte ses fruits, on peut tout à fait concevoir que le fumeur soit progressivement conduit à s'abstenir de fumer en présence de non-fumeurs, non par crainte de la loi, mais par simple souci d'être bien considéré, ou pour éviter de susciter une possible désapprobation. La civilité se substitue ainsi à la loi. C'est ce même type de processus qui peut expliquer le sentiment de désapprobation que peut provoquer, à des degrés variables selon les contextes, un citoyen privilégié qui, dans son pays, chercherait à se soustraire à l'impôt [2].

En s'attachant à clarifier et diffuser les normes des comportements attendus, l'État peut d'ores et déjà jouer un rôle éthique tout à fait important; ce qui n'exclut pas qu'il puisse en assumer un plus grand encore. En effet, même des États démocratiques et libéraux parfaitement soucieux de respecter la séparation du droit et de la morale peuvent considérer

1. Philippe-Jean Parquet, professeur de psychiatrie et d'addictologie, soulignait ainsi que l'interdiction de fumer dans les lieux publics « pose des obstacles à la rencontre entre le produit et le consommateur tout en travaillant sur les représentations négatives du produit. Elle induit ainsi une sorte de contrainte morale comportementale, qui peut conduire à l'arrêt du tabac » (*Le Monde*, « L'interdiction du tabac s'inscrit dans une logique citoyenne », édition datée du 28 janvier 2007).

2. Cf. de Philippe Van Parijs, « Promouvoir le civisme fiscal », sur le site de l'Observatoire des inégalités (http://www.inegalites.fr/spip.php?article202).

légitime de ne pas se contenter de chercher à prévenir certains comportements, pour s'attacher à promouvoir des actes positifs. Alors que John Stuart Mill, dans *De la liberté* (1859), était convaincu que « la seule raison légitime que puisse avoir une communauté pour user de la force contre un de ses membres est de l'empêcher de nuire aux autres », cela ne l'empêchait nullement d'évoquer les « nombreux actes positifs pour le bien d'autrui que l'individu peut être légitimement contraint d'accomplir, comme de témoigner devant un tribunal, d'accepter sa juste part dans la défense commune ou dans toute autre entreprise collective nécessaire à l'intérêt de la société dont il reçoit protection ».

On peut ainsi être très strictement attaché au principe selon lequel l'État a pour seule fonction de faire respecter l'interdiction de nuire à autrui et considérer néanmoins que l'État peut imposer aux individus « d'accomplir certaines actions de bienfaisance comme de sauver la vie de son semblable ou de s'interposer pour protéger ceux qui sont sans défense contre les mauvais traitements. On peut en effet, écrit encore Mill, tenir un homme pour responsable devant la société s'il a manqué d'accomplir de tels actes lorsque tel était son devoir. Une personne peut nuire aux autres non seulement par son action, mais également par son inaction et dans les deux cas, elle est à juste titre responsable envers eux du dommage [1] ». Ce sont des exemples relevés parmi bien d'autres possibles, qui suffisent à relativiser très fortement l'argument de la neutralité éthique absolue de l'État. Il relève peut-être d'une éthique minimale, mais, comme nous le savons, celle-ci n'est pas absence d'éthique [2]. Il en résulte qu'il est vain de vouloir justifier « l'égalité des chances » en arguant de sa neutralité éthique.

1. John Stuart Mill, *De la liberté, op. cit.*, pp. 74 et 78.
2. Ruwen Ogien, *L'Éthique aujourd'hui, op. cit.*

Pertinent dans l'usage que l'on peut en faire pour critiquer les éventuels excès et errements d'un État paternaliste, l'argument de la neutralité éthique de l'État fait fausse route dès lors que l'on prétend se placer dans une logique du tout ou rien. La différence, en la matière, n'est que de degré. Un système social de répartition des richesses fondé sur un principe d'égalité des chances est lui aussi conduit à assumer un certain contenu éthique. Ne serait-ce que parce qu'il promeut une conception de la vie qui accorde une place majeure aux préférences de l'individu. Nous écartons donc d'emblée l'argument consistant à justifier le principe de l'« égalité des chances » en faisant valoir que lui seul, n'imposant aucun choix de mode de vie, est respectueux de la liberté individuelle et se garde de tout paternalisme.

La justice sociale est une norme complexe qui correspond à certaines représentations et répartitions des biens sociaux et à un ensemble de principes de justification. En ce sens, elle est inévitablement tributaire d'une configuration éthique plus substantielle qu'on ne veut parfois l'admettre. Ne pas vouloir le reconnaître, c'est se priver des moyens d'en discuter le contenu et, éventuellement, de le réviser si celui-ci apparaissait critiquable.

La représentation « capacitaire », très individualisée, de l'égalité des chances tire son contenu d'une façon particulière de hiérarchiser différents types de mérite. Elle intègre évidemment certains éléments de la lutte contre les privilèges héréditaires, mais sans en rester là. Elle est aussi porteuse d'une vision spécifique de la vie sociale : « Il faut *ouvrir* les carrières, écrit en ce sens Michael Walzer, il faut les affranchir des obstacles propres à une société stratifiée, mais en leur ôtant toute garantie. Il ne suffit pas d'identifier et de récompenser les talents : il faut les amener à se déployer dans un contexte de libre compétition offrant à tous les mêmes opportunités. [...] A la notion de hiérarchie se substituent un effort et une lutte universels, célébrés par les romantiques comme le terreau de l'individualité et de la construction du moi [1]. » Ce qui devient déterminant, c'est donc une représentation de la vie individuelle comme « carrière », aujourd'hui nous parlerons plus volontiers de « trajectoires ». Cela montre que nous concevons avant tout notre vie sous la modalité du projet. Cette conception n'est évidemment pas la seule possible. Sous d'autres cieux, en d'autres temps, on jugeait plus convenable de l'appréhender comme un héritage ou comme un destin fixé par la providence [2].

Michael Walzer a tout à fait raison d'écrire à ce titre que « "l'égalité des chances" représente une possibilité parmi d'autres. Ce principe distributif ne vaut que dans la mesure où un nombre important d'hommes et de femmes ont renoncé à toutes les définitions alternatives pour envisager leur existence sous la forme d'une carrière : ce qui fait maintenant l'objet d'une distribution, c'est la possibilité de mener une telle existence [3] ». En ce sens, la conception capacitaire de la justice sociale est bien étroitement liée à des significations sociales relativement substantielles [4] et procède donc, à ce titre, d'une morale plus « épaisse » que nous ne serions parfois prêt à l'admettre – même si par ailleurs elle demeure ouverte, au sens où elle accepte un pluralisme raisonnable des modes de vie.

À l'égalité des chances correspond donc une certaine représentation de la vie humaine fondée sur les valeurs d'autonomie et de responsabilité individuelle. L'égalitarisme des chances possède ainsi indéniablement un contenu *éthique* et c'est par les valeurs morales qu'il permet de réaliser que nous pouvons en assurer la défense. Pour cela cependant,

1. Michael Walzer, *Morale maximale, morale minimale*, *op. cit.*, p. 45.
2. *Ibid.*, p. 47.
3. *Ibid.*
4. Michael Walzer, *Sphères de justice : une défense du pluralisme et de l'égalité*, trad. P. Engel, Paris, Seuil, 1997.

encore faut-il être capable d'en donner une définition qui puisse en faire un principe *soutenable*, non contradictoire, de justice sociale.

L'égalité des chances en questions

Nous nous sommes, jusqu'ici, attachés à décrire la logique en vertu de laquelle l'idée d'égalité des chances s'est progressivement imposée. Sous les traits distinctifs d'une justice de type *capacitaire*, elle s'est imposée, d'un point de vue tant éthique que social et politique, sur d'autres représentations de l'égalité humaine. Elle fut même accueillie avec un immense soulagement. Rappelons-nous les tourments auxquels étaient en proie les théoriciens de l'égalité républicaine qui, en France, à la fin du XVIIIe siècle déjà, essayaient en vain de trouver la formule de la justice qui permettrait de réaliser pleinement l'idéal d'indépendance à l'aune de laquelle ils voulaient la penser. L'égalité des chances ou des opportunités, placée sous un strict régime d'égalité légale, leur a semblé pouvoir venir trancher le nœud gordien de la justice distributive moderne.

L'attachement un peu aveugle que l'on peut éprouver à l'égard de ce principe est à la hauteur du désarroi dans lequel nous plonge son absence. Face aux perspectives d'une égalisation intégrale dont personne ne peut défendre jusqu'à son terme la logique, nous trouvons là un moyen commode de redonner un sens et une portée sociale aux différences entre les êtres humains et, plus particulièrement, de redéfinir une conception des différences qui soit compatible avec l'affirmation moderne de l'unité du genre humain. Chacun désormais trouve là une raison de croire qu'il est possible et socialement pertinent, à l'âge démocratique aussi, de cultiver des talents, de chercher à se distinguer. On peut même désormais, l'esprit dégagé, aller jusqu'à faire valoir que l'égalité des chances a aussi le mérite de libérer les énergies et de soutenir ainsi un progrès social, économique et intellectuel dont toute la société peut bénéficier. Seules contraintes : il faut que chacun ait *également* l'opportunité de développer ses talents et que soit garanti par ailleurs qu'à talent égal il y aura bien toujours rétribution égale. On a pu considérer en première analyse que l'égalité constitutionnelle suffirait à garantir cette égalité rétributive et qu'il ne resterait donc plus à régler que les difficultés résiduelles que pourrait encore susciter l'application du principe d'égalité des chances. Dans ce registre-là, les critiques ont été nombreuses. Pour préserver l'égalité des chances, on a donc parfois choisi de puiser dans les ressources que libère l'idée d'un simple écart entre l'idéal et le réel.

Le sens d'un idéal

De fait, la réalité sociale ne cesse de trahir l'espoir de voir l'égalité des chances parfaitement accomplie. En France, où l'attachement à l'égalité est puissant [1], et où l'on est, semble-t-il, davantage sensible aux causes *sociales* des inégalités [2], les

1. L'importante *European Values Study* montrait ainsi, en 2006, qu'en Grande-Bretagne, 60 % des personnes plaçaient la liberté au-dessus de l'égalité, et 32,2 % proposaient l'inverse. En France, au même moment, 49,7 % des personnes donnaient priorité à la liberté sur l'égalité et 43,4 % plaçaient l'égalité au-dessus de la liberté. En Suède, ils étaient 62,3 % à privilégier la liberté, au Danemark ils étaient 69,4 %. Il faut bien sûr prendre ces études avec précaution, notamment parce que ces notions, liberté et égalité, sont susceptibles d'interprétations fort diverses. Les réponses manifestent néanmoins un certain état des représentations. Cette étude est consultable sur le site de l'organisme coordonnateur : http://zacat.gesis.org.

2. Cette même étude montre ainsi qu'à la question « Pourquoi à votre avis y a-t-il des gens dans ce pays qui vivent dans le besoin ? », 44,2 % des Français invoquaient l'injustice dans la société, 26,7 % l'attribuaient au progrès technologique, 14,8 % l'imputaient au manque de chance et 11,5 % seulement y voyaient la marque d'une volonté de ne pas

critiques de l'égalité des chances sont, en règle générale, particulièrement sévères. Elles sont à la mesure des déceptions qu'elle suscite. « L'inégalité réelle des conditions », qu'évoquait Tocqueville, nous renvoie au constat amer d'une « égalité imaginaire » dont nous ne devrions pas nous contenter. Près de trois Français sur quatre pensent que les personnes les plus défavorisées le sont pour des raisons qui ne dépendent pas d'elles. Face à cela les solutions envisagées ne varient pourtant guère : pour l'essentiel, on juge qu'il faut renforcer l'égalité des chances, rétribuer en fonction du mérite [1], mettre l'accent sur le développement de l'individu.

Notre attachement à l'égalité des chances est si profond qu'il apparaît inconcevable que l'on puisse raisonnablement en faire l'économie. C'est un point que le sociologue François Dubet a très justement souligné. « Bien qu'il ne soit ni réaliste ni même raisonnable de croire que l'égalité des chances parfaite soit réalisable, écrit-il, et bien qu'il soit peut-être dangereux de le laisser penser, il ne serait ni souhaitable ni possible d'abandonner cette épure. » Et d'ajouter : « Celle-ci est une *fiction nécessaire*, une figure de justice qui, loin d'être un héritage du passé, conserve une réelle prise critique sur l'école et sur la société d'aujourd'hui. » Nous pensons avec lui que l'égalité des chances demeure « un horizon normatif sur lequel il est nécessaire de tenir [2] ».

François Dubet nous propose pour cela de passer outre aux réserves exprimées par les philosophes critiques de la notion de mérite, en invoquant non pas la légitimité de la

travailler. En Grande-Bretagne, l'optique est différente : ils étaient 31,7 % à l'expliquer par l'injustice sociale, 23,1 % par le progrès technologique et 15,8 % par le manque de chance, tandis qu'ils étaient 25,1 % à penser que c'était par fainéantise ou manque de volonté.

1. Cette même étude indique que si, sur deux secrétaires, du même âge et occupant le même type d'emploi, l'une travaille plus efficacement, plus vite et que l'on peut davantage compter sur elle, il est, pour 77,2 % des Français et pour 73,3 % des Britanniques, « juste » qu'elle perçoive un salaire supérieur de 45 euros par semaine.

2. François Dubet, *L'École des chances*, *op. cit.*, p. 35.

notion de mérite, mais le *sentiment* très largement partagé de cette légitimité : « Le mérite, écrit-il, est peut-être une chimère, mais il est une fiction nécessaire aux dimensions morales de l'action. Le mérite tire moins sa force de la philosophie que de la sociologie : du point de vue théorique, sa définition reste problématique et flottante, cependant chacun de nous mobilise cette norme dès qu'il compare son sort à celui des autres, dès qu'il s'interroge sur la juste rétribution de son travail [1]. » Autrement dit, nous ne savons pas justifier philosophiquement le mérite mais il l'est néanmoins *de facto* par les usages que nous en faisons.

Prenant l'exemple des travaux réalisés en sociologie de l'éducation, il note ainsi : « Il y a longtemps que les sociologues de l'éducation ont montré que le mérite scolaire n'est pas distribué de manière aléatoire et que, bien souvent, ce mérite-là n'est que la transformation de déterminations sociales en talents personnels. » Pour autant, ajoute-t-il, « il reste que les acteurs, eux, croient au mérite, et que, dans une certaine mesure, ils sont obligés d'y croire quand ils veulent établir un lien entre leurs efforts et les rétributions qu'ils en retirent [2] ». Autrement dit, la croyance au mérite induit sa propre légitimité et impose qu'on en retienne le principe au moins à titre de « fiction ».

Nous rejoignons François Dubet tant du point de vue du diagnostic que dans les perspectives qu'il propose. Nous voulons cependant apporter un complément aux arguments qu'il avance. Il paraît suggérer qu'il existe une sorte de tension entre la lucidité des chercheurs et la croyance des acteurs. Ce faisant, il semble situer à un rang moindre, dans la hiérarchie des valeurs de vérité, la conviction de ceux qui croient au mérite. Le mérite serait ainsi une fiction au sens

1. François Dubet, *Injustices*, *op. cit.*, p. 127.
2. *Ibid.*, p. 91.

où il serait quelque chose qui n'existe pas et la croyance des acteurs serait en quelque sorte une *croyance fausse*. Il en résulte inévitablement une tension entre les deux registres de discours. Cette tension n'a pourtant pas lieu d'être, et ce précisément pour une raison qu'identifie l'auteur lorsqu'il note que « les travailleurs mobilisent tous ce principe de justice, ne serait-ce que parce qu'ils "vendent" leur force de travail. Ils sont donc bien obligés d'y croire quand ils pensent qu'ils sont libres et égaux, et que le mérite mesure équitablement ce qu'ils font de leur liberté et de leur égalité [1] ». Donner à cette thèse sa pleine portée permet de voir que la notion de *fiction* ne s'oppose nullement à celle de *vérité*.

Du point de vue de l'usage le plus commun, le terme « fiction » paraît nous condamner à une conception aporétique de la justice, en nous coinçant entre ce que l'on « saurait » du mérite et ce que l'on « croirait » à son propos. Le risque, c'est que « l'égalité des chances » et, à travers elle, le « mérite » acquièrent ainsi le statut d'une « erreur utile », dans une perspective que l'on pourrait alors expliquer à partir d'une réduction de type nietzschéen de la vérité à la valeur [2]. On sait que, pour Nietzsche, un sujet, une substance, Dieu, tout cela et bien d'autres choses encore, sont de simples « fictions » qui ne valent au mieux que par les usages que l'on peut en faire. François Dubet laisse ouverte la possibilité d'une telle interprétation lorsqu'il assimile le mérite à une « chimère [3] », alors même que, par ailleurs, il entend manifestement la récuser en soulignant que le mérite ne saurait être considéré comme une « simple illusion [4] ». Mais alors, quel statut lui donner? Qu'est-ce que cette « chimère » qui n'est pas « illusion »?

1. *Ibid.*, p. 91.
2. Jean Granier, *Le Problème de la vérité dans la philosophie de Nietzsche*, Paris, Seuil, 1966, pp. 478 *sqq*.
3. *Injustices, op. cit.*, p. 127.
4. F. Dubet, *L'École des chances, op. cit.*, p. 37.

Si nous voulons faire de l'égalité des chances un principe de justice sociale crédible, il est essentiel de comprendre en quel sens il est possible d'y voir un concept non contradictoire. Pour ce faire, nous devons nous intéresser aux rapports qu'elle entretient avec les valeurs qui nourrissent la représentation moderne de la justice distributive. L'égalité des chances n'est pas seulement un idéal que l'on vise, tout en le sachant impossible, c'est une des catégories centrales à partir desquelles l'être humain interprète sa propre condition.

« Le mérite est fatalement attaché à la démocratie », écrit en ce sens François Dubet [1]. C'est précisément dans une telle perspective que nous devons nous engager si nous voulons donner à l'idée d'une rétribution juste sa justification. La philosophie, à cet égard, dispose de quelques atouts. Elle nous invite à nous placer du point de vue d'une théorie critique de l'objectivité, associée à une démarche qui fonde la légitimité sur les rapports de cohérence qu'entretiennent entre eux différents jugements. Le sens du mot « fiction » que nous retenons ici renvoie, d'un point de vue épistémologique, à une méthode *d'objectivation* à la faveur de laquelle l'objet se présente non comme une donnée immédiate mais comme le résultat de processus de constructions symboliques. En ce sens, si le mérite peut effectivement être une fiction, c'est au sens où, en vertu de règles et de fonctions précises, il se trouve construit en tant que forme [2]. Cela permet déjà de concevoir en quel sens le mérite peut ne relever ni d'une illusion, ni d'une chimère, ni du non-vrai. Le mérite s'apparente en même temps à un « fil conducteur de la raison » qui permet au sujet de rendre intelligible

1. *Injustices*, *op. cit.*, p. 91.
2. E. Cassirer, *Philosophie des formes symboliques*, t. 1 (1923), trad. O. Lansen-Love & J. Lacoste, Paris, Minuit, 1985.

l'expérience qu'il fait de lui-même [1]. Et il tire de cette expérience sa propre nécessité.

Précisément pour cette raison, il est donc parfaitement concevable de lui reconnaître le type de validité que l'on accorde par ailleurs à la thèse selon laquelle toutes les personnes sont libres et égales. Sa vérité n'est pas du type de celle que l'on attribue à une proposition descriptive, mais procède plutôt d'une configuration normative inscrite dans un horizon de sens partagé. Cette interprétation du mérite nous offre en même temps la possibilité de « *dédogmatiser* » le discours de l'égalité des chances. Cette dédogmatisation implique que nous adoptions à l'égard de cet idéal normatif un rapport critique qui nous autorise à y voir un horizon régulateur, une idée de la raison, un « foyer de l'imagination », selon la formule de Kant, qui nous permette en même temps de systématiser nos ambitions normatives et d'orienter nos pratiques réelles.

Cet argument ne vaut pas que pour l'égalité des chances. Lorsque François Dubet écrit que le « mérite est fatalement attaché à la démocratie », cela n'a de sens que parce qu'il présuppose une conception déterminée du mérite. De manière plus générale, ce sont tous les régimes de justice distributive qui opèrent sur la base d'une certaine représentation du mérite. L'aristocratie avait sa conception du mérite. L'aristocratie française avait sans doute une conception distincte de celle que l'on pratiquait au sein de l'aristocratie anglaise. Telle ou telle congrégation religieuse au Moyen Age mobilisait sans nul doute une certaine représentation du mérite et l'on peut, sans risque de se tromper, supposer que cette dernière est fort différente de celle que l'on pratique

1. Voir sur ce point la lecture que propose Alain Renaut de la notion de « point de vue » et de son statut dans la philosophie de Kant dans *Kant aujourd'hui* (Paris, Aubier, 1997, pp. 353-381). Voir également la synthèse utile que Silvana Borutti propose de la notion de « fiction » dans S. Mesure & P. Savidan, *Dictionnaire des sciences humaines*, *op. cit.*, pp. 454-456.

aujourd'hui sur les plages de Malibu. Dans le même ordre d'idées, on peut soutenir qu'une société de l'égalité des chances opère également sur la base d'une certaine représentation du mérite. « Si les individus sont très attachés au mérite, les philosophes semblent beaucoup plus circonspects », écrit François Dubet [1]. Non sans raison, ajouterions-nous. De fait, toutes les conceptions du mérite ne se valent pas et toutes ne procèdent pas d'une même conception de la société et de l'être humain. Il ne s'agit donc pas simplement de considérer que l'égalité des chances est un principe qui permet de distinguer les répartitions justes et les répartitions injustes des avantages, des biens, des honneurs, des statuts, etc. Mais, dans le prolongement de ce que François Dubet s'attache à faire à propos de l'école [2], il faut que nous puissions identifier ce que pourrait être une conception *juste* de l'égalité des chances. Cela est d'autant plus important que la description de l'égalité des chances en tant qu'idéal régulateur ne peut avoir qu'une portée limitée.

En effet, il ne revient pas au même de dire que la liberté humaine est un idéal régulateur – au sens où chaque individu, en raison des limites intrinsèques de la condition humaine, peut *viser* la liberté sans jamais parvenir à la liberté absolue –, et d'affirmer que l'égalité des chances a une fonction régulatrice. Dans le premier cas, la finitude humaine met tout le monde sur un pied d'égalité. Dans le second cas, nous voyons bien que tous les individus ne sont pas logés à la même enseigne. La liberté est, pour tous, une visée. L'égalité des chances n'est un problème que pour certains. Cette différence est très significative et nous incite donc à explorer l'ensemble des difficultés d'ordre structurel que pose l'idée même d'égalité des chances. Certaines sont si aiguës qu'elles

1. F. Dubet, *Injustices*, *op. cit.*, p. 90.
2. François Dubet, *L'École des chances*, *op. cit.*

compromettent sa possibilité même [1]. Nous ne voulons donc pas nous contenter de déplorer l'écart entre l'idéal et le réel, mais tâcher d'identifier ce qui, dans l'idéal auquel nous nous sommes accoutumés, peut expliquer l'état du réel. L'égalité des chances est-elle possible ? Dans la définition que nous en avons, est-elle vraiment souhaitable ?

Où situer la responsabilité ?

Pour réaliser l'égalité des chances, on s'accorde en général sur la nécessité de lutter contre les inégalités sociales de départ. L'idée est de faire en sorte que tout individu puisse, en fonction de ses désirs, de ses efforts et de ses possibilités, atteindre les positions auxquelles il aspire. Il faut qu'il puisse *choisir*. Les circonstances initiales doivent être telles que le libre arbitre de chacun puisse s'y former et s'exercer. Où situer cependant cette liberté ? Ici réside le cœur de la difficulté sur laquelle viennent buter tant l'élitisme républicain que la social-démocratie : quelle est la part de la « nature », des « circonstances » et quelle est celle du choix dans la situation sociale d'un individu donné ? Le fait que nous soyons amenés à configurer un rapport social en tant qu'« inégalité » reflète déjà une conception particulière de la justice sociale, sertie au cœur d'un imaginaire social dont nous n'avons parfois que faiblement conscience. Mais si nous laissons de côté les difficultés qu'il y a déjà à identifier les critères permettant de définir ce qu'est la « situation sociale » d'un individu, au-delà, il faudra encore que nous parvenions à identifier le lieu où commencent d'opérer la liberté et, par suite, la responsabilité.

1. Cf. à ce propos l'article classique de John Schaar, « Some ways of thinking about equality », *Journal of Politics*, vol. 26, n° 4, 1964, pp. 867-895. Du même auteur voir également « Equality of opportunity and beyond », *Nomos* IX, *Equality*, New York, Atherton, 1967, pp. 228-249.

Nous savons que, dans nos débats publics et politiques, le thème de la responsabilité est abondamment mobilisé. Il pose pourtant bien des problèmes et notamment celui, fondamental, de la signification, de la possibilité et de l'étendue de la liberté humaine. Cette difficulté n'a jamais réussi, en dépit de la constante attention dont elle a fait l'objet à travers les siècles, à trouver sa solution [1]. Comme le rappelle à très juste titre Thomas Nagel, la question : « Quand un individu est-il responsable de ce qui lui arrive ? » soulève des problèmes nombreux et complexes, « que l'on s'affronte sur la liberté de la volonté en général ou sur les conditions cognitives et circonstancielles susceptibles d'entraîner une responsabilité quant au résultat de l'acte, ou pour savoir quand l'utilisation d'une capacité naturelle ou de circonstances favorables dont on n'est pas responsable entraîne néanmoins une responsabilité quant au résultat [2] ».

Que, sur ces points, nous ne soyons pas parvenus à apporter de réponses définitives n'est pas en soi une catastrophe. Cela peut en revanche le devenir lorsque la position que l'on pense, dogmatiquement, pouvoir adopter néanmoins entraîne des conséquences sociales et politiques tout à fait considérables. Alain Ehrenberg a su le montrer par rapport à la « configuration éthique » spécifique qui est aujourd'hui la nôtre. Celle-ci se manifeste notamment à travers une redéfinition des contours de la vie publique et de la vie privée qui radicalise le fait que chacun veuille et doive « devenir l'acteur de sa propre vie [3] ». Nous avons atteint « l'âge d'homme », explique-t-il, « ce qui signifie que nous sommes responsables de nous-mêmes à un point jamais égalé dans l'histoire des sociétés modernes ». Mais, comme il le note également,

1. Ce que l'on admet même dans une perspective neurobiologique. Cf. John Searle, *Liberté et neurobiologie*, trad. P. Savidan, Paris, Grasset, 2004, pp. 9-74.

2. Thomas Nagel, *Égalité et partialité* (1991), trad. C. Beauvillard, Paris, 1994, pp. 77-78.

3. Alain Ehrenberg, *L'Individu incertain* (1995), Paris, Hachette Littératures, 2005, p. 23.

« cette augmentation de la responsabilité nous rend, dans son mouvement même, plus vulnérables, car elle suppose d'accroître la capacité de chacun à agir à partir de son autorité privée et de son jugement personnel sans lesquels on bascule dans l'impuissance et la souffrance psychique [1] ». Dans le contexte d'une vie économique marquée par l'instabilité et la précarité, d'une organisation qui se dérobe sous les pas des individus, il en résulte des pathologies que l'attention présente à la souffrance dans le social et au travail cherche à saisir [2].

Les effets sociaux et psychiques de la responsabilité individuelle hypostasiée peuvent nous paraître d'autant plus critiquables que l'on sait par ailleurs – et c'est là en revanche une certitude – que « quel que soit le critère de responsabilité positive et vaguement plausible que l'on retienne, les choses importantes de la vie – et notamment les avantages et les désavantages avec lesquels on naît et qui forment la structure de base à l'intérieur de laquelle on doit vivre – ne sauraient être considérées comme des biens ou des maux dont on est responsable [3] ». Comme Nietzsche l'écrivait dans un tout autre contexte et avec d'autres visées : « Personne n'est responsable du fait qu'il existe, qu'il est fait de telle ou telle manière, qu'il est dans telle ou telle condition, dans tel ou tel milieu [4]. » Sans souscrire au fatalisme nietzschéen, ni considérer que chaque être n'est au fond qu'un « fragment de fatalité », ne peut-on pas tout du moins admettre que le moment à partir duquel se constituent les conditions de la responsabilité est, pour une part importante, défini de manière conventionnelle. La responsabilité est, en ce sens, un jeu de langage, inscrit dans des pratiques et des dispositifs

1. *Ibid.*, p. 23

2. Alain Ehrenberg, dans *La Fatigue d'être soi* (Paris, Odile Jacob, 1998, pp. 230-231), fait très utilement ce lien. Voir également François Dubet, *Injustices*, *op. cit.*, pp. 409-425.

3. Thomas Nagel, *op. cit.*, p. 78.

4. Nietzsche, *Crépuscule des idoles*, trad. J.-C. Hémery, Paris, Gallimard, 1974, § 8, p. 45.

institutionnels, codifiés, articulés à d'autres valeurs. Ceux qui voudraient fonder nos principes sur une « nature » humaine jugeront sans doute qu'il y a là un renoncement coupable à l'exigence de vérité. Il n'en est rien. Cette perspective ne signifie absolument pas que la responsabilité soit dépourvue d'objectivité, mais entend souligner que l'on ne peut la définir par la seule référence à un sujet abstrait, indépendant, antérieur aux institutions et aux pratiques qui contribuent d'ailleurs à le définir comme sujet. La responsabilité n'est pas dépourvue de réalité et ne doit donc pas être privée d'efficace sociale. Reste qu'au regard des incertitudes qui planent sur les critères de son appréciation, il paraît raisonnable de ne pas exagérer le rôle qu'on veut lui faire jouer. Il faut à la fois la reconnaître et en limiter la portée pratique. C'est un élément qui, avec d'autres, contribue à former un complexe normatif historiquement et socialement informé, et ne devrait en aucun cas être *le* seul et unique principe de justice distributive.

Cette thèse s'oppose si peu à l'affirmation de l'autonomie du sujet qu'elle peut s'appuyer sur le philosophe qui a sans doute fait le plus pour en établir la légitimité en tant que valeur. Nous pensons ici à Emmanuel Kant. En effet, dans la formule de la moralité que nous propose celui-ci, nous savons que la pureté de l'intention est un élément déterminant de la moralité de l'action. L'acte n'est pas moral par la seule forme qu'il revêt, au sens où formellement l'acte paraît correspondre à ce que l'on attend, dans telle ou telle situation, d'un acte moral. C'est la volonté bonne située à son principe qui garantit sa rectitude. Un acte moral accompli pour des motifs égoïstes n'est pas moral, quand bien même il en possède toute l'apparence. Kant, on y insiste moins souvent, accompagne cependant cette exigence d'une intéressante remarque sur la difficulté qu'il y a à déterminer, même pour l'agent lui-même, si le mobile qui le détermine à agir subjectivement de telle ou telle manière, dans telle ou telle situation, est bien authentiquement désintéressé. « En fait, écrit-il dans la *Fondation de la métaphysique des mœurs*, il est absolument impossible d'établir par expérience avec une complète certitude un seul cas où la maxime d'une action par ailleurs conforme au devoir ait reposé purement et simplement sur des principes moraux et sur la représentation du devoir. » Pas de certitude en la matière, nous dit-il. Même si, par un examen introspectif sans concession, on ne trouve rien, en nous, qui paraisse suffisamment puissant, mis à part notre sens du devoir, pour nous inciter à accomplir une action impliquant un immense sacrifice pour nous, nous n'aurons pas pour autant la moindre garantie que c'est bien *par devoir seulement* que nous aurons agi de la sorte : « Il peut certes se trouver parfois que nous ne rencontrions, à l'occasion du plus tranchant examen de nous-mêmes, absolument rien qui, à l'exception du motif moral du devoir, ait pu être assez puissant pour nous inciter à telle ou telle bonne action et à un si grand sacrifice; mais on ne peut nullement en conclure avec certitude qu'aucun mobile secret relevant de l'amour-propre n'ait pas été en fait, au-delà de la simple illusion de cette idée, la cause véritablement déterminante de la volonté, dans la mesure où nous nous flattons volontiers en nous prêtant faussement, de façon usurpée, un principe moteur plus noble. »

Voilà qui met sérieusement en doute la thèse selon laquelle Kant aurait présupposé la parfaite transparence du sujet à lui-même. Il va même bien plus loin, puisqu'il pose comme principe que « nous ne pouvons jamais, même à la faveur de l'examen le plus poussé, parvenir totalement jusqu'aux mobiles secrets, cela parce que, quand il est question de valeur morale, ce qui importe, ce ne sont pas les actions que l'on voit, mais les principes intérieurs, que l'on ne voit pas, de ces actions [1] ». Cette incertitude que professe Kant ne l'empêche pas néanmoins de maintenir la possibilité de l'agir moral, pas plus qu'elle ne remet donc en question la notion d'individu « responsable » au sens d'agent d'une action qui lui est imputable.

Dans cette incapacité de l'agent à identifier précisément les ressorts internes de sa volonté – essentiels pourtant puisqu'ils en fixent la nature et décident du caractère moral ou non de l'action –, il faut néanmoins trouver un sérieux motif de réserve à l'égard de tout système de répartition qui entendrait reposer sur la seule responsabilité de l'agent.

Cette difficulté apparaît tout à fait clairement dans les complexités auxquelles s'affronte toute politique qui se fonde sur une analyse des facteurs incitatifs et désincitatifs de l'aide sociale. L'agent peut-il identifier en toute certitude les mobiles qui, au fin fond de lui-même, le conduisent à percevoir comme « opportunité à saisir » l'emploi qu'il sait disponible ? Est-il en mesure de repérer les éléments qui l'incitent à accepter telle situation et à refuser telle autre ? *A fortiori*, le préposé à l'aide sociale peut-il prétendre être en mesure de découvrir, en toute certitude, si la personne qu'il a en face de lui est une personne qui « refuse » de travailler, un « assisté » dira-t-on dans le langage de notre époque, ou bien une personne qui ne parvient réellement pas à trouver un emploi qui lui corresponde ou qui se représente la reprise d'une acivité salariée précaire comme un risque qu'elle ne peut se permettre de courir.

On imagine aussi ce que peut avoir de dérangeant le dispositif qui en toute cohérence devrait donner au prestataire de l'aide sociale ou à l'agent chargé d'accompagner un individu vers l'emploi une fonction d'ordre quasi inquisitorial, puisqu'il lui faudrait « sonder le cœur » de son interlocu-

1. Kant, *Fondation de la métaphysique des mœurs* (Ak IV, p. 407), *op. cit.*, p. 78.

teur pour juger de sa bonne volonté ou de sa mauvaise foi [1]. Avec tout ce qu'un tel travail peut impliquer de normalisation et de stigmatisation conjointes. Il peut, autrement dit, très rapidement se surprendre à « blâmer la victime », en réussissant même parfois à convaincre celle-ci que c'est au tréfonds de son âme, dans les replis cachés de son caractère, que se tiennent les causes de son inactivité professionnelle ou de son sort social peu enviable. « Elle ne travaille pas, parce qu'au fond elle ne *veut pas* travailler. » « Elle ne gagne pas mieux sa vie parce qu'elle ne se donne pas ou ne s'est pas donné les moyens de gagner davantage [2]. » Pour se construire en réaction à une telle caractérisation, l'individu n'a plus d'autre moyen que de subir ou de revendiquer son statut d'inactif, d'assumer sa position sociale en rejetant sur d'autres la faute qu'on veut lui imputer ou à s'approprier éventuellement le stigmate dont on a voulu l'affubler pour en retourner le sens [3]. Parce que nous présupposons une certaine conception de la responsabilité individuelle, nous sommes amenés à positionner les individus dans une répartition donnée de droits et de devoirs. C'est précisément cela qu'il faut interroger constamment.

Considérer avec Didier Demazière que les catégories sociales sont essentiellement des catégories morales [4], ce n'est pas leur dénier toute pertinence. Bien au contraire. A travers la reconnaissance de leur dimension culturelle et normative, on signale aussi la part que prend dans leur définition la collectivité historique, à travers l'élaboration d'un

1. Didier Demazière, *Comment peut-on être chômeur ?*, *op. cit.*

2. Dans la perspective rouverte notamment par l'essai de William Ryan, *Blaming the Victim* (New York, Vintage Books, 1971, éd. révisée 1976), on trouve une très abondante littérature. Signalons par exemple de Emmanuel Pierru, *Guerre aux chômeurs ou guerre au chômage*, Paris, Éd. du Croquant, 2005 et tout particulièrement les pages que cet auteur consacre à l'individualisation de la perception des causes du chômage, pp. 113 *sqq*.

3. Erving Goffman, *Stigmate. Les usages sociaux des handicaps* (1963), trad. A. Kihm, Paris, Minuit, 1975.

4. D. Demazière, *Comment peut-on être chômeur ?*, *op. cit.*, p. 42.

langage propre. C'est là une forme d'objectivité et non une absence d'objectivité. Comme Castoriadis avait eu l'occasion de le souligner : « Une langue humaine est toujours langue d'une société ; et une société est inconcevable si elle ne crée pas la possibilité d'imputation à quelqu'un des dires et des actes [1]. » Cette forme d'objectivité, qui adopte donc un rapport critique à l'égard de l'opposition dogmatique entre sujet et objet, a en outre l'avantage de ménager une voie vers une possible redéfinition de la « responsabilité individuelle » [2].

La mobilité sociale est-elle une norme désirable ?

L'égalité des chances n'a de sens que parce qu'elle suppose désirable la possibilité de la mobilité sociale. Il faut que ceux qui en forment le vœu et se donnent les moyens de leurs aspirations puissent se mouvoir ou s'élever socialement sans être bloqués par les circonstances qui caractérisent leur situation. Cette mobilité dans la société, en tant que norme, paraît légitime parce qu'elle veut être l'indice d'une liberté individuelle qui peut s'inscrire dans la matérialité des rapports et des systèmes sociaux. Elle tire ainsi de la notion de choix la valeur positive qu'on lui attribue. Dans la mesure où elle est le plus souvent – et de manière significative – conçue comme mobilité vers le « haut » (mais le « haut » de quoi?), elle dépend étroitement d'une représentation du progrès personnel conçu comme amélioration des conditions de vie. Ne serait-ce que pour cette raison, l'idée que l'on se fait de la mobilité sociale se tient sur des sols bien instables.

Que ces conditions de vie soient perçues comme un état

1. Cornelius Castoriadis, *Le Monde morcelé*, Paris, Seuil, 1990, p. 190.

2. Contrairement à ce que soutient Thomas Spragens dans *Civic Liberalism* (Oxford, Rowan and Littlelfield Pub., 1999, pp. 61 *sqq*.), J. Rawls nous paraît, comme nous le verrons plus loin, rendre cette perspective envisageable.

voulu, objet d'aspirations, ou un état subi, elles mêlent des éléments que, trop hâtivement, on pourrait vouloir opposer. De « l'objectivité » des conditions de vie comme état donné, on pourrait distinguer la « subjectivité » des conditions de vie auxquelles on aspire. Cette opposition de l'objectif et du subjectif, ici comme ailleurs, est peu pertinente. Il faut que nous admettions que, dans nos conditions de vie – les conditions actuelles tout comme celles qu'on souhaiterait voir advenir –, se mêlent des éléments subjectifs et objectifs. Nous dispenserons le lecteur des longues démonstrations que suppose une telle idée [1], pour nous appuyer sur une conclusion qui s'imposera peut-être par son caractère d'évidence : en tant que telles et dans la représentation que nous en avons, nos conditions de vie sont aussi le produit d'une époque, d'un état de la culture et d'un sujet. Très prosaïquement, cela pourra nous conduire à souligner que tous les éléments que nous jugeons pertinents dans la description de cette condition ne sont pas toujours les mêmes, ni dans l'espace, ni dans le temps, ni entre les individus. C'est encore plus nettement le cas lorsqu'il s'agira de décrire les conditions de vie souhaitées. Le concept de « mobilité sociale », comme norme, occulte et uniformise cette diversité parce qu'il règle les aspirations à une évolution individuelle sur un modèle de société donné qui stipule que l'accès à tel « rang » social, à telle position, à telle catégorie sociale – avec le cortège des « avantages » qui y est associé – est, en soi, l'expression d'une mobilité sociale. Cela n'a rien d'évident. Il faut mesurer tout ce que charrie en termes de représentation de la « vie bonne » cette valorisation de la mobilité sociale [2].

1. Précisons pour l'initié que la position ainsi revendiquée s'inscrit dans une forme de kantisme rénové dont Alain Renaut a su exprimer et défendre le principe (cf. *Kant aujourd'hui*, *op. cit.*).

2. C'est un problème que l'on retrouve au niveau de la définition des « niveaux de vie » et des inégalités que l'on mesure par rapport à eux.

Il faut ensuite souligner que cette mobilité sociale, quel que soit son degré de réalité, impliquera toujours qu'il y ait des gagnants et des perdants. Dans un système où le nombre et la nature des places sont quasiment fixes [1], l'ascenseur social des uns sera toujours aussi, plus ou moins, le *descenseur* social des autres [2]. En ce sens, la mobilité sociale comme norme – qui se construit sur la valorisation de la notion de choix individuel – est un concept contradictoire dans la mesure où il suppose pour se réaliser de se contredire en tant que norme indexée sur la valeur positive du choix. On la valorise parce qu'on la suppose être l'expression d'une volonté, d'un choix individuel, alors qu'à toute ascension peut correspondre une expérience de déclassement dont on ne peut pas supposer, par principe, qu'elle ait été *voulue, choisie* [3].

La contradiction apparaîtra plus nettement encore si l'on considère le type d'argument souvent invoqué pour défendre le principe d'égalité des chances. Fréquemment, on lui assigne comme finalité globale d'assurer un niveau suffisant de cohésion sociale. Chacun reconnaissant la légitimité de ce principe, la société en sortirait renforcée. Dès lors qu'il y a bien mobilité sociale, la répartition des places, des honneurs, des biens, des gratifications de tous ordres sera considérée comme juste. Une société peut bien défendre un tel principe, il demeure toutefois qu'aucune organisation sociale ne pourra, ni en termes éthiques ni en termes d'efficacité sociale, supporter un niveau élevé de mobilité sociale, sauf à supposer évidemment que l'expérience de la mobilité vers le

---

1. Raymond Boudon a ainsi, dans *L'Inégalité des chances* (1973, *op. cit.*), montré de manière convaincante que le décalage constant entre la structure des compétences et la structure des emplois disponibles expliquait qu'il n'y ait pas de lien entre démocratisation scolaire et mobilité sociale.

2. Nous reprenons la formule de Philippe Guibert & Alain Mergier, *Le Descenseur social : enquête sur les milieux populaires*, Paris, Plon, 2006.

3. Il est évident que si l'on se place d'un point de vue utilitariste ne prônant qu'un principe de maximisation des possibilités de mobilité sociale, le problème ne se pose pas. Mais telle n'est pas la perspective dans laquelle nous nous plaçons.

bas ou vers le haut soit toujours limitée ou, pour le dire autrement, que la mobilité vers le bas ne s'apparente pas à une expérience individuelle de « déclassement ». Anthony Giddens et Patrick Diamond écrivaient très justement à ce propos qu'un « modèle purement méritocratique serait non seulement irréaliste, mais également incohérent. Irréaliste, parce que, pour l'essentiel, la mobilité sociale est, et demeurera sans doute, liée à des évolutions dans la structure de l'emploi. Un haut niveau de mobilité bidirectionnelle qui voit un grand nombre d'individus échanger des positions sur un certain laps de temps serait, selon toute probabilité socialement destructeur. Aucune société ne peut aisément supporter de forts niveaux de déclassement social qui suscitent des sentiments de désaffection ou de désespoir [1] ». S'il est moral que des gens grimpent les échelons sociaux, il faudrait aussi accepter de considérer qu'il est moral qu'ils les descendent. Pourtant, nous le savons, l'amplitude de la mobilité sociale peut être extrêmement déstabilisante. L'expérience du déclassement est une épreuve pour celui ou celle qui la subit, d'autant plus violente qu'elle frappe un individu qui ressent bien aussi tout ce qui, dans cette épreuve, lui échappe [2]. C'est ce qu'il faudrait ne pas oublier. Or, incités à penser que l'ascension des uns s'explique par leur talent propre, nous sommes tout naturellement conduits à négliger ce qui dans le déclassement des autres peut ne pas leur être imputable.

L'égalité des chances, fortement individualisée dans ses tenants et ses aboutissants, se contente de perfectionner un régime de « concurrence non faussée » entre les individus et

1. A. Giddens & P. Diamond, *The New Egalitarianism*, *op. cit.*, pp. 107-108.

2. Camille Peugny, « Quand l'ascenseur social descend : les conséquences individuelles et collectives du déclassement social », rapport pour la MiRe (Drees), convention de recherche n° 03/227, 2006; *id.*, « La mobilité sociale descendante et ses conséquences politiques : recomposition de l'univers de valeur et préférence partisane », *Revue française de sociologie*, 47(3), pp. 443-478.

ne permet plus ensuite que nous nous prononcions sur le caractère éventuellement injuste du résultat social sur lequel elle débouche.

Dans l'évaluation d'un système social, on peut intégrer bien des éléments. Le niveau de répartition des différents biens laisse en effet grande ouverte la question de leur définition. On sait les mérites que l'on a historiquement attribués à la concurrence. Emmanuel Kant, par exemple, n'hésitait pas, en 1784, à souligner les mérites de la compétition entre les hommes. Leur tendance, écrivait-il, à s'infliger eux-mêmes les uns aux autres « la plus grande des détresses » était pour lui un vecteur de progrès et produisait globalement « le meilleur effet [1] ». Selon une idée que traduira aussi le thème de la « ruse de la raison » ou celui, sur un mode à peine différent, de la « main invisible » chère à Adam Smith, l'insociabilité, qui dresse les êtres humains les uns contre les autres, peut être placée au principe de notre développement. « Ainsi, dans une forêt, écrivait encore Kant, les arbres, justement parce que chacun essaie de ravir à l'autre l'air et le soleil, se contraignent réciproquement à chercher l'un et l'autre au-dessus d'eux, et par suite ils poussent beaux et droits, tandis que ceux qui lancent à leur gré leurs branches en liberté et à l'écart des autres poussent rabougris, tordus et courbés [2]. » La fortune de ce thème dans les écrits des philosophes et autres commentateurs du devenir des civilisations n'est plus à établir. Mais sommes-nous tenus d'en rester ainsi à une glorification de la compétition ? On pourrait très bien juger que les valeurs de coopération ont une charge éthique plus grande que celles de la concurrence.

Au titre des externalités négatives, il faut aussi compter

1. Kant, *Idée d'une histoire universelle au point de vue cosmopolitique*, trad. L. Ferry, *Œuvres philosophiques*, vol. II, Paris, Gallimard, La Pléiade,1985, p. 194.
2. *Ibid.*, p. 194.

l'immense frustration qu'entraîne l'organisation des principes de la justice distributive autour d'un principe de mobilité sociale. Si, à la multiplication des discours et des incitations à la formation et à la qualification, ne répond pas, de fait, une évolution de la structure des emplois, la doctrine de l'égalité des chances ne peut qu'alimenter le ressentiment de ceux qu'elle renverra à leur triste infortune.

Bien loin de l'image de parfaite liberté qu'elle semble promettre, nous pourrions même nous demander si le propre d'une telle société n'est pas d'être foncièrement conservatrice [1]. Une société de l'égalité des chances n'est pas neutre en effet au regard des talents qu'elle choisit de promouvoir et de ceux qu'elle entend disqualifier. Toute collectivité historique s'organise autour d'un ensemble de valeurs qui, par-delà la place laissée à la dissension et au pluralisme interne, présente une certaine forme de hiérarchisation. Une société peut être attachée à la valeur de tolérance, tout en attribuant une valeur différente – qui se traduit par des modes et des niveaux de rétribution divers – à certains talents, compétences ou capacités. La justice distributive capacitaire ne se contente pas de prôner un principe d'égalité des opportunités; elle spécifie en même temps les capacités que l'on peut avoir la possibilité et l'intérêt de développer. On peut bien vouloir profiter de l'égalité des opportunités pour revendiquer notre droit à développer notre capacité à sauter à pieds joints, il n'en demeure pas moins que – sauf à imaginer qu'un championnat professionnel de saut à pieds joints soit organisé ou qu'une certaine dignité soit soudainement attachée à l'acte lui-même – il est peu probable que cette capacité, que j'aurai mis pourtant tellement de soin à développer, entre en quelque manière dans les mécanismes distributifs de la justice capacitaire.

1. John Schaar, *op. cit.*, p. 871.

La société capacitaire nous offre l'opportunité de développer les capacités qu'elle a prises en compte dans la définition d'un ordre social et économique donné. Ainsi John Schaar n'a-t-il peut-être pas tout à fait tort, lui qui nous propose de réfléchir à deux fois avant de nous en remettre à un idéal qui développe et renforce des tendances de la société à l'égard desquelles on peut très bien avoir par ailleurs de très fortes réserves. L'égalité concurrentielle des chances, quand le différentiel des gains et des pertes est très important, ne sait que produire une « société verticale », abandonnée à une sorte de nouveau brutalisme social. Cette tendance n'est pas remise en cause par l'engagement toujours plus marqué de la société et du système de production sur la voie de l'économie de la connaissance [1]. Le fait que les transformations se déroulent à l'échelle du globe ne les rend pas moins injustes, ni moins indolores.

Cette critique, qui vise à questionner le type de société que promeut une certaine représentation des capacités prises en compte par l'égalité des chances, est sévère. Elle ne se présente toutefois pas comme une remise en question radicale de l'égalité des chances elle-même, mais plutôt comme une invitation à redéfinir les chances qu'il s'agit d'égaliser. John Schaar souligne la dynamique conservatrice d'un tel idéal. Que celui-ci puisse avoir des effets conservateurs est en effet possible. Nul fatalisme ne devrait toutefois en résulter. Comme nous l'indiquions précédemment, il n'existe aucune transformation sociale interne dont les principes n'aient pas été conçus à partir du contexte dans lequel cette transformation s'inscrit.

1. Voir sur ce point Marie Duru-Bellat, *L'Inflation scolaire. op. cit.*.

Jusqu'où faut-il réguler l'environnement éducatif?

Cette nouvelle interrogation nous renvoie de nouveau au problème des circonstances initiales. Tous les théoriciens de la justice – toutes orientations politiques confondues – se prononçant sur l'égalité des chances ont eu l'occasion de souligner que la principale difficulté tient au caractère inégalitaire des situations de départ. Les gens participent à une même course, mais tous ne se tiennent pas à une même distance de la ligne d'arrivée et tous n'ont pas la même quantité d'obstacles à surmonter. Telle est l'image que l'on emploie souvent pour décrire ce problème. Nous ne nous attarderons pas par conséquent sur celui-ci si ce n'est pour signaler deux problèmes particuliers moins souvent évoqués.

Oublions un instant les approximations heureuses de la vie et jouons ce jeu que les philosophes affectionnent et qui consiste à tester la validité d'un principe en poussant sa logique jusqu'à ses ultimes conséquences [1]. Que constatons-nous alors? Nous constatons que « l'égalité des chances », si conforme à certaines de nos aspirations individuelles les plus fondamentales, peut aussi prendre à revers certaines de nos intuitions morales les mieux établies. L'égalisation des chances exigerait en effet que chaque enfant parte du même point. Or, dans la définition de ce qu'est un « point de départ », nous n'avons pas toujours placé les mêmes éléments, ni conservé à ces éléments la même pertinence. Aujourd'hui, on insiste de plus en plus sur le rôle détermi-

1. Rappelons ce que disait John Stuart Mill à propos de ce type de démarche : « Il est étonnant que les hommes admettent la validité des arguments en faveur de la libre discussion, mais qu'ils objectent dès qu'il s'agit de les "pousser jusqu'au bout", et cela sans voir que, si ces raisons ne sont pas bonnes pour un cas extrême, c'est qu'elles ne valent rien » (*De la liberté*, *op. cit.* p. 92).

nant pour l'apprentissage du cadre affectif dans lequel l'éducation est dispensée. Ce thème suscite de très vifs débats. Contre ceux qui proposent de partir du désir de l'enfant, de nombreux intellectuels, George Steiner par exemple, insistent fortement sur la valeur pédagogique de l'effort. Ils s'inscrivent ainsi dans une philosophie de la pédagogie qui – sans nécessairement se résumer à la conviction que « ce qui ne nous tue pas nous renforce » – soutient néanmoins que la rigueur dans la discipline est le meilleur des stimulants intellectuels, voire existentiels [1]. La critique de la « pédagogie de la facilité » que formule G. Steiner, ne remet cependant pas en question ce qui est ici l'essentiel, à savoir la reconnaissance de l'importance d'une certaine stabilité affective comme facteur facilitant l'apprentissage. Quel que soit le type de pédagogie pratiquée, ce qui importe c'est que l'enfant sache, non seulement qu'il compte *pour* quelqu'un mais qu'il peut aussi compter *sur* les adultes qui l'entourent [2].

Pour que fonctionne l'égalité des chances, il faudrait donc logiquement que cette circonstance soit garantie pour tous les enfants. Ce qui est une autre manière de soutenir qu'il faudrait que l'environnement culturel, social et affectif dans lequel ils se développent et se forment soit, en ce sens, également « porteur ». Laissons de côté la question de l'apprentissage scolaire, ainsi que la question des conditions matérielles et admettons déjà que, sur ce plan, toutes choses soient égales, il faudrait encore que les parents s'investissent dans une même mesure et avec la même « efficacité » dans l'éducation de leurs enfants. Comme l'écrivait Alain Renaut, il ne faudrait plus qu'ils se contentent d'être de bons parents,

1. *Barbarie de l'ignorance*, entretien avec Antoine Spire, Éditions de l'Aube, 2000.

2. Sur ces questions, voir l'utile synthèse proposée par Jean-Claude Quentel, « Enfant statut de l') », in S. Mesure et P. Savidan (dir.), *Dictionnaire des sciences humaines*, *op. cit.*, pp. 369-371.

encore faudrait-il qu'ils soient bons (au sens de « compétents ») en tant que parents [1]. Plus encore, il faudra surtout qu'ils le soient tous autant les uns que les autres. Cette idée peut paraître absurde. Mais ce qui est important de noter ici, c'est que son absurdité tient à l'idée même que l'on peut se faire de l'égalité des chances. Les parents sont différents et on n'imagine qu'avec effroi ce que pourrait être un Etat-providence qui entreprendrait d'intervenir dans ce domaine. Dans l'absolu, c'est pourtant bien à ce genre d'extrémité qu'il faudrait aller pour égaliser vraiment les chances des jeunes enfants. Dans l'éducation et le développement des enfants, outre les raisons tenant aux circonstances de départ, il en est qui procèdent des manières de voir, des choix et préférences des parents. Ces manières de voir, ces choix, ces préférences n'auront pas tous les mêmes incidences sociales. On imagine mal quelle politique pourrait oser ici se mêler d'égaliser les conditions. Le traitement scientiste de la question de l'égalité des chances impliquerait – si le confort affectif est effectivement identifié comme une source d'épanouissement individuel [2] – que l'on régule aussi l'affection des parents. Ahurissant ? Évidemment. Et pourtant si un principe est bon, existe-t-il une seule raison valable de ne pas chercher à le réaliser dans sa plus parfaite plénitude ?

On sera sans doute tenté de balayer d'un revers de main un tel argument. On en retrouve pourtant la trace dans certaines critiques de l'investissement parental sur les questions d'éducation dont l'objet est de dénoncer la surenchère éducative à laquelle se livrent les classes favorisées. On se trouve ainsi dans une situation délicate où pour rendre juste l'égalité des chances, il faudrait en quelque sorte empêcher certains parents de renforcer les chances de réussite de leurs

1. Alain Renaut, lors de son débat avec A. Jacquard et P. Manent, *Une éducation sans autorité ni sanction*, Paris, Grasset, 2003.

2. Nous laissons ici de côté la question complexe de la résilience.

propres enfants, tout en incitant les autres à en faire davantage.

Le modèle purement méritocratique sur lequel s'appuie le principe de l'égalité des chances pourrait conduire à rendre condamnable le soin tout particulier que des parents attachent à l'éducation de leurs enfants en le réinterprétant comme stratégie foncièrement inégalitaire. S'il est vrai, comme le défendirent Pierre Bourdieu et Luc Boltanski, que « le système éducatif dépend moins directement des exigences du système de production que des exigences de la reproduction du groupe familial [1] », alors il est tout naturel d'en conclure que l'allongement des temps de scolarités, par exemple, a pour fonction essentielle de permettre aux familles privilégiées, dans une perspective que Marie Duru-Bellat décrit comme « crédentialiste », de reproduire pour leurs enfants la hiérarchie sociale qui leur est favorable [2]. Que l'élévation générale du niveau de formation abrite des stratégies inégalitaires paraît peu contestable [3]. Si l'on voulait alors prévenir une telle stratégie, il faudrait trouver des dispositifs permettant de désinciter les parents les plus favorisés à étendre les scolarités de leurs enfants. C'est évidemment choquant.

En un sens, nous retrouvons ici un problème que Hayek signalait déjà, mais dans une dimension plus problématique encore dans la mesure où elle touche cette fois étroitement à la relation éducative et affective entre parents et enfants. Hayek s'opposait globalement au principe de l'égalisation en expliquant que le fait de donner plus à certains supposait – et

1. P. Bourdieu & Luc Boltanski, « Le titre et le poste : rapports entre le système de production et le système de reproduction », *Actes de la recherche en sciences sociales*, n °2, 1975, cité par M. Duru-Bellat, *L'Inflation scolaire*, *op. cit.*, p. 44n.

2. Marie Duru-Bellat, *L'Inflation scolaire*, *op. cit.*, pp. 43-44.

3. On constate ainsi que si les scolarités s'allongent globalement, elles s'allongent néanmoins davantage pour ceux qui ont les parcours les plus longs. Cf. sur ce point Pierre Merle, *La Démocratisation de l'enseignement*, Paris, La Découverte, Repères, 2002. Voir également, « L'allongement différencié des scolarités », site de l'Observatoire des inégalités (http://www.inegalites.fr/spip.php?article79).

cela lui paraissait contestable – d'enlever quelque chose à quelqu'un d'autre. De fait, égaliser les situations en améliorant la condition de certains individus n'a pas la même signification morale que l'égalisation fondée sur le fait que l'on en déclasse d'autres. Si l'on en restait à la question de la répartition des biens, nous pourrions sans doute identifier quelque moyen de justifier une telle redistribution. Mais reconnaissons cependant que cela n'est pas chose facile lorsqu'il ne s'agit plus de biens matériels mais d'éducation. Dans un contexte culturel et social où l'exigence éducative est placée au cœur de la responsabilité des parents à l'égard des enfants, il est extrêmement malaisé d'envisager une manière tout simplement audible de dire aux parents privilégiés de ne pas en rajouter dans la surenchère éducative. Lorsqu'elle critique *l'inflation scolaire*, Marie Duru-Bellat ne s'engage évidemment pas dans une telle direction et propose plutôt d'intervenir sur le lien que la société a établi entre le mérite scolaire et la réussite professionnelle [1]. Pertinente sur le fond, cette optique pose en fait, surtout, le problème de sa faisabilité dans un contexte économique global qui pousse plutôt à l'accroissement de l'éducation.

La partialité des parents à l'égard de leurs enfants résiste à toute velléité de régulation et d'égalisation. Or, pour fonctionner parfaitement, l'idéal méritocratique supposerait que les pouvoirs publics agissent pour que chacun soit moralement soutenu dans une même mesure, bénéficie du même confort affectif, des mêmes moyens de se former et de se réaliser. Nous savons que c'est impossible, nous pressentons bien aussi que ce n'est pas même souhaitable. Platon avait, dans sa *République*, préconisé une collectivisation de l'éducation des enfants qui devait permettre que chacun

1. Marie Duru-Bellat, *L'Inflation scolaire*, *op. cit.*, p. 44. Voir également Philip Brown, A. Hesketh & S. Williams, *The Mismanagement of Talent : Employability and Jobs in the Knowledge Economy*, Oxford, Oxford University Press, 2004.

puisse être formé selon la tessiture particulière de son âme, et devenir ainsi gardien, magistrat ou producteur. Qui pourrait aujourd'hui, sans frémir d'horreur, envisager sérieusement une telle perspective? Nous ne sommes pas sur le point d'abolir la famille [1], alors même que nous n'ignorons pas à quel point la famille est un vecteur de construction et de reproduction des inégalités [2]. C'est là un problème sérieux de cohérence interne pour la doctrine de l'égalité des chances.

Ce problème nous apparaît d'autant plus sérieux qu'il est dans la logique de l'égalité des chances de tendre à réintroduire toujours une confusion du social et du naturel [3]. Nous avions vu, en suivant notamment les analyses de Robert Legros, que l'expérience moderne du monde se constitue précisément par une succession de séparations qui permet notamment aux individus de réaliser que la supériorité « naturelle » de l'aristocratie n'est en fait que la conséquence d'un arrangement social, « artificiel », nous disait Mme de Staël. L'émancipation des Modernes passait par la prise de conscience de cette détermination sociale et politique du « naturel », grâce à laquelle ce naturel pouvait dès lors se trouver à la merci de la moindre convention. Aujourd'hui,

1. Véronique Munoz-Dardé pose le problème très explicitement lorsqu'elle écrit : « La famille est une des causes principales d'inégalité moralement arbitraire. Ce n'est pas une inégalité qui profite à tous ; et avoir une famille n'est pas inévitable. Pourquoi préférerait-on alors une famille à un orphelinat généralisé et bien tenu, surtout si l'on fait soi-même partie des plus démunis ? » Voir son article « Inégalités : doit-on alors abolir la famille ? », S. Mesure et F. de Singly, « Le lien familial », *Comprendre*, Paris, PUF, n °2, 2001.

2. Clotilde Lemarchant, « Famille et inégalités sociales », *Cahiers français*, n° 322, pp. 39-45. Cette sociologue écrit en conclusion d'un article de synthèse fort utile : « Les pratiques familiales ne se déroulent pas en apesanteur sociale et l'on peut remarquer un double mouvement des inégalités sociales au sein des familles. Les familles subissent des inégalités. Elles participent aussi à leur construction ou leur maintien. Affirmer ce caractère actif des familles ne revient pas à faire le procès d'une institution qui, de toute façon, n'est pas seule responsable de l'établissement de différences de traitement. Mais l'institution familiale contemporaine n'est pas au-dessus d'inégalités qui seraient extérieures à son fonctionnement. Elle est assurément lieu d'innovation, véritable laboratoire social, source d'effervescence, mais plus ou moins selon ses formes et les atouts dont disposent ses membres, et il faut rappeler qu'elle n'est pas toujours lieu de brassage social et de mixité sociale, loin s'en faut. »

3. John Schaar, *op. cit.*, p. 872.

nous devrions être extrêmement attentifs à la manière dont nous définissons ou percevons le « naturel ». A force de permettre aux « élites » de se reproduire en tant que classe, on autorise des formes d'accumulation culturelle, qui pourraient avoir pour conséquence que s'impose de nouveau à nous subrepticement le sentiment d'une superposition du *naturel* et du *social.* Ce problème très réel ne concerne pas toutefois l'égalité des chances elle-même, mais les détournements auxquels elle peut donner lieu. Nous en voulons pour preuve le fait que la rigidification de la répartition sociale des talents dits « naturels » sera, selon toute probabilité – et selon un processus dont l'histoire témoigne –, perçue comme un frein à l'égalité des chances et non comme une parfaite expression de celle-ci.

« L'égalité des chances » contre la solidarité

Admirons le syllogisme : les gens, à notre époque, sont attachés au principe de l'égalité des chances ; Or, la société garantit l'égalité des chances ; donc les gens sont attachés à la société. Si la vie sociale composait toujours aussi docilement avec ces exigences syllogistiques, elle serait assurément plus simple. La logique ne résiste pas cependant à un homme qui veut vivre, notait Kafka. Elle ne résiste pas non plus à une société qui cherche, tant bien que mal, à tracer une voie dans le dédale de ses visées contradictoires.

L'égalité des chances est un principe de justice sociale qui interpelle en premier lieu les individus. Elle fait résonner en eux un certain nombre de valeurs sur lesquelles nous nous sommes déjà attardés. Nous n'y reviendrons pas. L'égalité des chances libère au-devant de chaque individu un espace qu'il s'imagine (qu'il espère) pouvoir investir en fonction de ses talents, de ses capacités, de ses aspirations et de ses préférences. Elle lui offre la possibilité de s'individualiser toujours davantage et de se représenter son parcours sous les traits d'un « destin individuel ». Si c'est une règle de la justice distributive qui fait l'objet d'un assentiment généralisé, on peut escompter qu'elle suscitera l'acceptation de l'ordre social qui en résultera. Mais c'est sans compter avec les effets pervers qu'une telle norme peut entraîner.

En effet, si l'on m'a socialement convaincu que s'individualiser est une bonne chose, je serai tenté de croire, dès lors que s'imposera à moi le sentiment d'avoir réussi à m'individualiser, que les avantages acquis sont dus à un mérite qui m'est propre. Mais pour être persuadé de la réalité de mon mérite personnel, il faut que je considère qu'il procède de qualités que je me suis données à moi-même, car dans le cas contraire, je n'aurai pas de mérite... Il faut donc que je nie ou, du moins, que je relativise fortement l'efficacité des facteurs qui ont pu m'aider à accéder à ces avantages (telle que, par exemple, les allocations familiales dont ont pu bénéficier mes parents dès ma naissance, le capital culturel ou le patrimoine de mes parents) ou que je nie ou relativise le caractère déterminant des obstacles qui fait que d'autres individus n'ont pas pu réussir aussi bien que moi socialement. Ainsi les raisons qui pouvaient justifier un temps à mes yeux des politiques de redistribution visant à assurer l'égalité des chances pourront-elles, progressivement, m'apparaître comme étant moins légitimes. Autrement dit, plus je vais croire au mérite comme critère de légitimation de l'ordre social existant, moins je serai tenté de soutenir les politiques de redistribution visant à garantir l'égalisation des opportunités. Pour faire la cohésion sociale, nous sommes ainsi conduits à la défaire. « L'égalité des chances » n'est pas seulement un concept contradictoire, c'est aussi un concept schizophrénique qui implique que nous croyions au mérite tout en n'y croyant pas vraiment.

Ce composé de forces contraires est toujours sur le point de se laisser entraîner vers les deux axes de sa polarité constitutive : soit la culture individualiste du mérite prendra le pas sur les principes de solidarité, soit c'est l'exigence de solidarité qui videra le mérite de sa substance propre. Drôle de société, dira-t-on, que celle qui encourage comme forme de la solidarité le chacun pour soi généralisé, qui incite les individus à s'armer les uns contre les autres, tout en les invitant à s'entendre. C'est un principe de justice guerrière dont on prétend pouvoir défendre la logique dans un esprit de concorde éternel. Face à ces contradictions, notre hypothèse est finalement assez simple. Ce qui pose problème, ce n'est pas tant l'égalité des chances elle-même – puisque, dans sa visée, elle correspond intimement aux attentes des individus – que les contextes dans lesquels on la fait opérer et les valeurs dont on l'anime. Pour le dire autrement : on ne doit pas chercher à supprimer l'égalité des chances, mais à la reformuler de sorte que soient abolis ses effets sociaux négatifs et permanents. Ramené à sa plus simple expression, le problème renvoie à la manière dont nous comprenons l'individu qu'elle présuppose. Tocqueville dirait qu'au fond le problème est bien un problème de « mœurs ». C'est sur ce front qu'il s'agit de mener bataille avec, pour perspective, une ambition : formuler les termes d'une égalité des chances qui soit « juste » et enfin soutenable.

Un égalitarisme soutenable

Les critiques que nous venons d'adresser aux pratiques actuelles de l'égalité des chances sont d'autant plus irréductibles qu'elles dénoncent, dans l'égalité des chances, des éléments qui font partie intégrante de sa définition. En d'autres termes, ces critiques ne se contentent pas de déplorer un écart entre l'idéal et le réel. Nous avons commencé à apporter à certaines d'entre elles quelques réponses partielles, mais pour aller au-delà et tenter de répondre décisivement à toutes ces objections et notamment à la dernière d'entre elles, nous ne voyons qu'une option : dépasser une conception strictement *capacitaire* de l'égalité des chances, de la même manière, que pour réaliser plus pleinement la citoyenneté, il fallut dépasser une définition *capacitaire* de la démocratie et de la souveraineté. Au terme du parcours ainsi proposé, il faut, autrement dit, essayer d'imaginer ce que pourrait être une égalité des chances dont le déploiement n'aurait pas pour effet de saper ses propres fondements.

La société contre elle-même

La solution passe sans doute par une conception de l'égalité des chances qui, pour revoir le rôle que l'on fait jouer à la notion de capacités, s'appuie sur une conception profondément renouvelée du rapport entre individu et société.

Le langage des talents et des handicaps, des performances et des échecs que mobilise la conception capacitaire de l'égalité des chances fait peser sur l'individu des contraintes très lourdes. Ce langage particulier n'est en même temps qu'une illustration, parmi d'autres possibles, d'une tendance qui se manifeste dans de nombreuses dimensions de l'existence humaine. Comme Alain Ehrenberg l'a très justement souligné, dans ce qui s'est d'abord offert comme un « culte de la performance [1] », s'est accentué un mouve-

1. A. Ehrenberg, *Le Culte de la performance*, Paris, 1991.

ment d'individualisation toujours plus marqué de l'action. Cela signifie que nous avons, collectivement, de plus en plus tendance à penser que l'action n'a d'autre source que l'agent qui l'accomplit et dont il est le seul responsable [1]. Ce mouvement s'engage, selon des logiques différentes, dans la plupart des sociétés occidentales; en France, il sera marqué au début des années 1980 par la célébration superficielle de la figure de l'entrepreneur. « Le chef d'entreprise est érigé en modèle d'action pour tous. » Cela signifie que, sur fond de crise de l'Etat-providence et de l'imaginaire politique, le chef d'entreprise devient l'incarnation d'une nouvelle moralité sociale de l'action. Il est pouvoir d'initiative, il est la quintessence de l'indépendance, il est créateur de richesses. « L'image du chef d'entreprise se détache de celle du gros dominant les petits ou du rentier qui en profite, elle se convertit en un modèle d'action que chaque individu est convié à employer. » Avec elle, s'impose aussi une culture de la concurrence généralisée qui déborde très largement le domaine du rapport entre entreprises. Il ne s'agit plus seulement d'être soi-même, mais il s'agit encore de s'investir dans un désir de réussite par l'initiative individuelle. L'assistance devient dans un tel contexte une sorte de stigmate.

L'organisation du travail et l'évaluation de la performance dans l'emploi intègrent pleinement ces nouvelles tendances culturelles. « Les modèles disciplinaires (taylorien et fordien) de gestion des ressources humaines reculent au profit de normes qui incitent la personne à des comportements autonomes, y compris en bas de la hiérarchie. Management participatif, groupes d'expression, cercles de qualité, etc., constituent de nouvelles formes d'exercice de l'autorité qui

1. A. Ehrenberg, *La Fatigue d'être soi*, *op. cit.*, pp. 230 *sqq*. Les citations à venir sont tirées des pages suivantes de cet ouvrage. Nous partageons à la fois le diagnostic proposé et les marqueurs retenus.

visent à inculquer l'esprit d'entreprise à chaque salarié. » Ces tendances, que d'autres travaux ont confirmées depuis [1], avaient toutes pour objectifs d'instaurer de nouveaux modes de « régulation et de domination de la force de travail qui s'appuient moins sur l'obéissance mécanique que sur l'initiative : responsabilité, capacité à évoluer, à former des projets, motivation, flexibilité, etc., dessinent une nouvelle liturgie managériale ». Nous avons, autrement dit, à devenir les acteurs de notre propre obéissance. Même le travail à la chaîne, dont on pense à tort qu'il est en voie de disparition, a changé de nature. Il ne se satisfait plus de la docilité et de la régularité de « l'homme-bœuf » que Taylor intégrait dans ses schémas de rationalisation de la production. Il lui faut en outre de l'initiative et de l'autonomie. La production ne se contente plus de mobiliser des corps, elle veut en outre se nourrir des « affects et [des] capacités mentales de chaque salarié ».

Cette pression accrue n'est pas sans entraîner de fortes désillusions, qu'expriment tout particulièrement le renforcement du malaise au travail et la détérioration des conditions de travail notamment au regard de la santé des salariés. Cette dynamique était inscrite dans la logique même de la production capitaliste. Dans des pages qui n'ont quasiment rien perdu de leur actualité, Karl Marx soulignait ainsi que « la grande industrie oblige la société sous peine de mort à remplacer l'individu morcelé, porte-douleur d'une fonction productive de détail, par l'individu intégral qui sache tenir tête aux exigences les plus diversifiées du travail et ne donne, dans des fonctions alternées, qu'un libre essor à la diversité de ses capacités naturelles ou acquises [2] ». C'était là, pour Marx, le côté positif des transformations du travail. « Les

1. Philippe Askenazy, *Les Désordres du travail. Enquête sur le nouveau productivisme*, Paris, Seuil, 2004.
2. Karl Marx, *Le Capital*, tome 1, trad. J. Roy, Paris, Éditions sociales, 1976, XV, 9, p. 347.

catastrophes mêmes que fait naître la grande industrie imposent la nécessité de reconnaître le travail varié et, par conséquent, le plus grand développement possible des diverses aptitudes du travailleur, comme une loi de la production moderne [1]. » Il semblerait que nous en soyons partiellement revenus. Les études sur la dégradation de la santé liée au travail s'accumulent et Alain Ehrenberg relève que « dès le milieu des années 1980, la médecine du travail et les recherches sociologiques en entreprise notent l'importance nouvelle de l'anxiété, des troubles psychosomatiques ou des dépressions. L'entreprise est l'antichambre de la dépression nerveuse [2] ». L'heure semble être désormais aux désillusions : « Les évolutions récentes du travail s'annonçaient prometteuses pour les salariés, écrit Philippe Askenazy, aux sujétions traditionnelles, à la hiérarchie et aux fatigues du corps devaient se substituer l'autonomie, le travail en équipe, la responsabilité, l'initiative et l'intellectualisation des tâches. Bref, les dynamiques propres aux mutations de l'entreprise et de l'économie étaient censées porter dans leurs flancs cette émancipation longtemps recherchée du côté d'une critique du capitalisme ou d'un rapport de forces entre salariés et employeurs. En pratique, ces promesses se sont heurtées à un surcroît de malaise au travail. » Le « nouveau productivisme » marque une accentuation de la pénibilité au travail, une intensification de la « charge mentale », liée au renforcement et à l'individualisation des exigences de productivité et de qualité, dans un contexte fortement concurrentiel tant pour les entreprises que pour les individus [3].

L'individualisation de l'action et l'accent mis sur la performance individuelle affaiblissent en même temps les

1. *Ibid.*

2. *La Fatigue d'être soi*, *op. cit.*, p. 235. Dans une autre perspective, mais avec des constats similaires, voir également Christophe Dejours, *Souffrance en France. La banalisation de l'injustice sociale*, Paris, Seuil, 1998.

3. Ph. Askenazy, *op. cit.*, pp. 20-30.

résistances au démantèlement des protections sociales garanties par la collectivité et transforment même notre manière de nous représenter la protection légitime. Marx avait compris que, par définition, « l'industrie moderne ne considère et ne traite jamais comme définitif le mode actuel d'un procédé ». « Sa base, précisait-il, est donc révolutionnaire, tandis que celle de tous les modes de production antérieurs étaient essentiellement conservatrice. » Cela implique qu'il est donc de l'essence même de l'industrie moderne, par les mutations constantes qu'elle introduit dans la « base technique de la production », de bouleverser « les fonctions des travailleurs et les combinaisons sociales du travail ». Elle « ne cesse de révolutionner la division établie en lançant sans interruption des masses de capitaux et d'ouvriers d'une branche de production dans une autre [1] ». C'est en référence à cette vérité de la production capitaliste que l'on évoque aujourd'hui le caractère nécessaire de la flexibilité. L'accélération de son mouvement coïncide précisément avec un mouvement de responsabilisation individuelle qui met l'individu en demeure de devoir affronter de plus en plus seul le poids de cette *désécuritarisation* croissante [2]. « Les carrières deviennent volatiles », écrit Alain Ehrenberg. Et, dans le même temps, l'assistance devient plus problématique.

Entre la protection sociale qui était due du fait de droits acquis par le travail et l'assistance réservée aux personnes « hors d'état de travailler [3] » s'est ouvert de manière béante un abîme, celui dans lequel basculent des individus « capables » dont le rapport au travail est trop discontinu, voire inexistant, pour pouvoir générer des droits à la protection sociale. Pour les « accompagner » vers l'emploi, de

1. K. Marx, *Le Capital*, *op. cit.*, pp. 346-347.

2. Serge Paugam, *Le Salarié de la précarité*, Paris, PUF, 2000.

3. Indiquons sur ce point Catherine Omnès et A.-S. Bruno (dir.), *Les Mains inutiles. Inaptitudes au travail et emploi en Europe*, Paris, Belin, 2004.

nombreux dispositifs ont été mis en place qui ont pour particularité d'opérer tendanciellement sur les mêmes bases que le marché du travail. Dans un tel contexte sont montées en puissance la figure (coupable) de l'assisté et la dénonciation de l'« assistanat ». L'optique a donc été à « l'activation » pour lutter contre la passivité imputée à l'assisté. Nous ne critiquons pas ici cette démarche qui entend faire de l'individu l'acteur de sa propre réinsertion, mais nous voulons seulement souligner que ces dispositifs (tel que le Revenu minimum d'insertion en France) ont également pour effet et pour visée de relayer ces mêmes valeurs de responsabilité, d'initiative, de construction et de projet. Partant du principe que « l'exclusion se définit par la perte ou l'impossibilité d'accéder aux facteurs usuels de l'identité sociale » ayant notamment un impact sur la capacité à se projeter vers l'avenir [1], l'objectif de l'action publique va être d'intervenir sur l'intériorité de l'individu, « en intégrant dans les stratégies de resocialisation ce qui compte personnellement pour l'individu défaillant », en poussant celui-ci à rendre « visibles les éléments internes sur lesquels il est susceptible de s'appuyer [2] ». Ces processus sont en fait très exigeants pour l'individu, et un rapport indiquait à ce propos que « l'effort demandé aux personnes pour s'insérer est en général bien supérieur à celui demandé aux personnes bien intégrées socialement et que la difficulté à conduire ces individus à soutenir un tel effort entraînait du coup un mal-être des intervenants sur le terrain, qui constatent que leur "public" ne sont accessibles à ces outils du social [3] ». Comme

1. I. Astier, « RMI : du travail social à une politique des individus », *Esprit*, mars-avril, 1998, cité in *La Fatigue d'être soi, op. cit.*, p. 285. Voir également Serge Paugam, *La Société française et ses pauvres, op. cit.*, pp. 181-208.

2. *La Fatigue d'être soi, op. cit.*, p. 285.

3. Antoine Lazarus, « Une souffrance qu'on ne peut plus cacher », Rapport du groupe de travail « Ville, santé mentale, précarité et exclusion sociale », Délégation interministérielle à la Ville et Délégation interministérielle au RMI, février 1995, p. 15 et p. 12.

le relevait également Robert Castel : « Il est paradoxal qu'à travers ces différentes mesures d'activation on demande beaucoup à ceux qui ont peu – et davantage souvent qu'à ceux qui ont beaucoup [1]. »

Dans des conditions matérielles difficiles, vient en effet se surajouter « une difficulté supplémentaire née de l'effort d'insertion développé par les dispositifs sociaux : tout se passe, précise ce même rapport, comme si des démarches complexes comme celle du contrat, du projet (d'emploi, de formation, de vie) étaient requises essentiellement des personnes les plus marginales. Or quand le contrat n'implique plus un engagement réciproque, celui de l'ensemble du corps social d'offrir une place d'insertion, celui du cocontractant de faire un effort pour parvenir à tenir cette place, mais que le contrat se réduit à une injonction paradoxale à atteindre ce que la société n'est pas en mesure d'offrir, un emploi pour tous ceux qui veulent travailler, un logement pour tous ceux qui acceptent de le payer selon leur capacité, un effort de formation adapté aux capacités et aux besoins des usagers, il devient un instrument d'éviction plus que d'insertion [2] ».

Dans la plupart des cas, « être loin » du marché du travail a d'ailleurs sans doute moins à voir, aujourd'hui, avec une simple question de qualification professionnelle qu'avec une difficulté à assumer le poids des exigences associées à une forme d'individualisation radicalisée. Alain Ehrenberg écrit en ce sens : « Pour trouver un emploi ou pour se faire aimer, pour avoir une relation humaine, il est nécessaire de montrer son intérieur psychique, de lui donner une corporéité quasi palpable par le regard d'autrui [3]. » C'est dans ce type de dynamique que se nouent intimement individualité, authen-

1. *L'Insécurité sociale*, Paris, Seuil, 2003, p. 71.
2. *Ibid.*
3. Alain Ehrenberg, *L'Individu incertain*, *op. cit.*, pp. 303 *sqq*. Les citations à venir sont tirées des pages suivantes de l'ouvrage.

ticité et rapport à autrui. Il en résulte un sentiment très grand d'incertitude – pour l'individu, il n'est pas aisé, en effet, de devoir toujours « arrimer sa conduite sur lui-même ». Comment ne pas constater alors le caractère réel de ce qui se donne d'abord à nous dans une certaine manière de penser et d'énoncer socialement notre condition ?

Face à cette puissante dynamique, il importe surtout de ne pas en rester à une posture du refus et de la dénonciation. Bien plus urgente est la nécessité de s'intéresser à ces « mythologies de notre condition contemporaine » dont relève très clairement la représentation dogmatique, « capacitaire », de l'égalité des chances. Il faut que nous parvenions à percevoir que cette mythologie, reposant sur l'hypostase échevelée de la responsabilité individuelle, introduit un effet de « brouillage » dans le social et dans l'action. « Ces mythologies, soutient A. Ehrenberg, se diffusent dans la foulée du déclin de la notion de "progrès" en politique, porté il y a encore peu par l'Etat-providence. Elles déplacent dans le corps de l'individu ce que la politique prenait en charge jusqu'à présent. Elles répondent aux attentes imaginaires pour s'améliorer et repousser les limites de la disposition de soi dans une société qui change en permanence. »

Ce propos qui visait l'usage des psychotropes et la communication télévisuelle, nous pouvons le transposer dans l'analyse de la justice capacitaire. Comment ce déplacement vers « l'individu intégral » n'altérerait-il pas notre conception du contrat social? C'est jusque dans le domaine de l'éducation que se manifestent les effets de l'impératif de performance individuelle. « Les exigences qui pèsent sur l'élève s'accroissent tandis qu'il assume lui-même la responsabilité de ses échecs »; ce qui ne va d'ailleurs pas sans « engendrer des formes de stigmatisation personnelle [1] ». En

1. *La Fatigue d'être soi*, *op. cit.*, p. 235.

effet, lorsque la sélection était clairement perçue comme opérant sur des critères sociaux de classe, la non-réussite scolaire de certains était interprétée, par eux et par les autres, comme une forme de discrimination sociale, mais dès lors que ces effets de la stratification sociale s'estompent dans les consciences, l'échec devient personnel [1]. Bref, *individualisation aidant, les régimes de l'imputation s'affûtent et tournent à plein régime.*

Ne nous méprenons pas cependant. Cette présentation à charge de l'individualisation n'a rien de nostalgique. Nous ne sommes pas dans du « moins social » et nous n'estimons pas non plus qu'il faille revenir vers des formes plus « collectives » de vie sociale. L'individualisation est elle-même une forme sociale. Et avec un minimum de curiosité, on pourra même constater que celle-ci n'est pas du tout soustraite à l'influence de certains déterminants sociaux [2]. L'individualisation ne sape pas les fondements de l'institution en général. Il n'y a pas moins de rigidités institutionnelles, simplement les rigidités en question prennent-elles désormais d'autres formes, tracent d'autres impératifs. Ce n'est pas qu'il n'y a plus de règles du fait de l'individualisme ambiant, il y a simplement d'autres règles : celles-ci « ne sont plus, écrit A. Ehrenberg, obéissance, discipline, conformité à la morale, mais flexibilité, changement, rapidité de réaction, etc. Maîtrise de soi, souplesse psychique et affective, capacités d'action font que chacun doit endurer la charge de s'adapter en permanence à un monde qui perd précisément sa permanence, un monde instable, provisoire, fait de flux et de trajectoires en dents de scie. La lisibilité du jeu social et politique s'est brouillée. Ces transformations institutionnelles

1. E. Goux & L. Maurin, « L'égalité des chances » in *Pour une nouvelle République sociale*, note de la Fondation Saint-Simon, Paris, Calmann-Lévy, 1997. On retrouve quelque chose de cet argument dans E. Maurin, *L'Égalité des possibles*, Paris, Seuil, 2002.

2. L. Maurin & P. Savidan (dir.), *L'État des inégalités en France*, Paris, Belin, 2006; St. Beaud & al. (dir.), *La France invisible*, Paris, La Découverte, 2006.

donnent l'impression que chacun, y compris le plus humble et le plus fragile, doit assumer la tâche de *tout choisir* et de *tout décider*[1] ». Cette tension est parfaitement illustrée par les enquêtes européennes d'opinion que nous évoquions précédemment : on constate un attachement aux valeurs qui permettent de saisir l'idée d'individualisation de l'action et ses tendances sociales, mais, dans le même temps, lorsqu'il s'agit d'identifier les causes expliquant la situation des personnes défavorisées, on renvoie dans des proportions très importantes (70,9 %) à des causes nullement individuelles (injustice sociale et progrès technologique).

L'égalité des chances est la conception de la justice distributive qui correspond le plus étroitement à ces transformations institutionnelles. Elle suppose cependant, pour être assumée sans tensions, que l'individu ait un rapport confiant au changement. Or ce rapport au changement a lui-même changé. Longtemps soutenu par une confiance en l'avenir, le changement est désormais surplombé par les idées de déclassement, de précarisation, de vulnérabilité. Notre époque progresse toujours, mais le sentiment dominant est qu'elle progresse désormais comme progresse la maladie. Comment le comprendre ? L'hypothèse que propose à cet égard Alain Ehrenberg est là encore tout à fait convaincante. On constate, dit-il, à la plus fois nettement et plus inconfortablement, que « l'ambiance dépressive » – puisque dépression il y a bien en effet – n'est « pas le résultat mécanique de l'augmentation des responsabilités, mais de son absence d'articulation au politique ».

Cela signifie qu'au fond il y a bien toujours des impératifs de l'action publique ou des dispositifs portant l'estampille de l'intervention de l'État, mais que toute cette activité, ainsi que nous le soulignions dans notre avant-propos, n'est plus

1. *La Fatigue d'être soi*, *op. cit.*, p. 236.

qu'agitation, autrement dit : elle n'est plus *politique* à proprement parler, et ce pour une raison fondamentale : le politique requiert une vision plus longue du temps à laquelle nos gouvernements semblent avoir renoncé ou qu'ils pensent ne plus avoir les moyens d'assumer. Or sans la représentation d'une certaine profondeur temporelle, l'individu perd inévitablement le sens de son rapport au collectif. En l'absence d'un tel rapport à une collectivité, l'égalité des chances ne peut que soulever éternellement les problèmes dont nous avons exposé la logique.

On a raison de souligner que les valeurs de l'individualisme possèdent une attractivité certaine, mais n'allons pas croire pour autant que ces valeurs nous isolent : elles sont une manière d'organiser notre rapport aux autres et au monde. Pose en revanche problème, du point de vue de la justice sociale, le fait que ces valeurs se déploient dans une temporalité appauvrie, resserrée, où ne peut plus guère s'exprimer que l'urgence sociale. Ne se situant plus dans une temporalité élargie, le politique en prive aussi l'individu qui ne peut y accéder que par son entremise. L'individu de cette temporalité étriquée s'imagine de plus en plus *substance*, « monade » dira le philosophe, soit un être totalement isolé, alors qu'il lui faudrait comprendre en quel sens il est essentiellement relation [1]. Là réside tout l'enjeu d'une égalité des chances soutenable. Elle sera soutenable lorsque l'individu pourra la concevoir dans une durée qui excède celle de sa situation. Cela implique de réviser notre manière de penser nos « capacités » et l'individu auquel on les dit attachées.

Si l'on veut pouvoir conserver un sens et une utilité à la doctrine de l'égalité des chances, il faut l'arracher à cette humanité pensée comme pure et radicale individualité,

1. Alain Renaut, *L'Ère de l'individu*, *op. cit.*

résister à la tentation d'hypostasier la responsabilité, les choix et les préférences individuels. Pour cela, il faut certes individualiser mais individualiser autrement.

Le mérite revisité

Cette autre individualisation, la théorie de la justice sociale de John Rawls nous permet de la penser. Le propos pourra paraître excessif et sans doute l'est-il un peu dans la mesure où toutes les dimensions de l'existence humaine ne se réduisent évidemment pas à des questions de justice distributive. La formule nous est toutefois apparue seule en mesure de capturer l'enjeu d'une perspective qui – en s'appuyant sur une conception de l'individu différente de celle mobilisée par la conception capacitaire de l'égalité des opportunités – vise à produire une conception *juste* et *soutenable* de l'égalité des chances. Notre intention n'est évidemment pas d'explorer tous les aspects de sa théorie de la justice, ni de commenter toutes les réserves qu'ont pu susciter les principes sur lesquels elle repose. De manière réductrice sans doute, nous voulons aller à l'essentiel et ne nous appuyer que sur ce qui nous paraît devoir l'être dans la perspective d'une réflexion attachée à l'élaboration d'une nouvelle conception de l'égalité des chances. Pour ce faire, nous partirons de l'ultime formulation de ses principes de justice. Celle-ci se présente de la manière suivante :

> Premier principe : *Chaque personne a une même prétention indéfectible à un système pleinement adéquat de libertés de base égales, qui soit compatible avec le même système de libertés pour tous.*
>
> Second principe : *Les inégalités économiques et sociales doivent remplir deux conditions : elles doivent d'abord être attachées à des fonctions et des positions ouvertes à tous dans des conditions*

d'égalité équitable des chances ; ensuite, elles doivent procurer le plus grand bénéfice aux membres les plus défavorisés de la société (le principe de différence) [1].

Pour pouvoir intégrer ces principes de justice dans la définition des politiques publiques, leur énoncé ne suffit pas ; il faut encore que soit spécifié l'ordre de priorité qui prévaudra entre ces différentes composantes de la justice. Sur ce point, Rawls est très clair : l'exigence prioritaire concerne l'égalité d'accès aux libertés de base. Certains peuvent être tentés de penser – et parfois n'hésitent d'ailleurs pas à affirmer – que la bonne santé économique d'un pays et les bénéfices qu'en retire la population compensent largement les restrictions que cette même population subit dans l'exercice de ses libertés fondamentales. Rawls dénonce de telles formes de compromis : « Il est impossible de refuser à certains groupes des libertés politiques égales au motif que la possession de ces libertés peut leur permettre d'empêcher la mise en œuvre de politiques de croissance économique et sociale [2]. » De même le principe de l'égalité équitable des chances est prioritaire sur le principe de différence. Autrement dit, le principe de différence n'est applicable que dans la mesure de l'application complète du principe d'égalité équitable des chances. C'est ce qu'il nous faut examiner plus attentivement.

Cette notion d'égalité des chances peut, à vrai dire, faire l'objet de deux interprétations distinctes. Avant d'indiquer en quoi elles se distinguent, précisons qu'elles s'opposent toutes les deux à une interprétation restrictive qui ne définit l'égalité que par l'idée de « carrières ouvertes aux talents ». Dans ce qu'il appelle le « système de la liberté naturelle » (et qui correspond à une position de type néolibéral), les droits et

1. Rawls, *La Justice comme équité*, *op. cit.*, pp. 69 *sqq.*
2. *Ibid.*, p. 74.

devoirs sont définis en fonction d'une exigence d'efficacité et d'ouverture des postes et positions aux plus méritants. Si l'on en reste là, on considère que la répartition de la richesse et des revenus sera juste, quelle que soit sa forme, et bien que « la répartition initiale des actifs et des capacités y [soit] toujours fortement influencée par des contingences naturelles et sociales ». Dans une telle perspective, la répartition sera toujours l'effet cumulé des répartitions antérieures.

Si, sur un tel système, vient se greffer le principe de différence, cela débouchera sur une sorte d'« aristocratie naturelle ». Cela signifie qu'il ne sera toujours pas question d'agir sur les contingences sociales au-delà de ce qui est requis par l'égalité *formelle* des chances [1]. En revanche, il faudra que les avantages que les privilégiés peuvent tirer de l'exercice de leurs capacités naturelles bénéficient aux plus défavorisés. Nous pouvons envisager cette exigence en la concevant comme une sorte d'obligation (du type : « noblesse oblige ») que les privilégiés contractent à l'égard des autres. Une conception néolibérale de l'économie et de la société, associée à une représentation *compassionnelle* de la justice sociale, relève spécifiquement d'un tel cas de figure.

L'interprétation dite « libérale » de l'égalité des chances s'inscrit en faux contre cette perspective. Elle s'attache en effet, pour des raisons d'efficacité sociale et de justice, à corriger les effets liés à l'absence de prise en compte du caractère contingent des bases de la réussite. Toute la réflexion de Rawls repose finalement sur la conviction qu'il est en un sens *immoral* d'accorder une signification *morale* à une contingence qu'il interprète sous la modalité de l'arbitraire. Dans ses *Principes de la philosophie du droit*, Hegel avait défendu une position assez similaire à cet égard : « La possibilité de contribuer à la richesse universelle, écrivait-il, à

1. *Théorie de la justice*, *op. cit.*, p. 105.

savoir la richesse particulière, est conditionnée d'une part par une assise propre immédiate (capital), d'autre part par le talent, lequel est pour sa part lui-même conditionné en retour par celle-là, mais aussi par les circonstances contingentes dont la multiplicité produit une diversité dans le développement des aptitudes naturelles, corporelles et spirituelles, déjà inégales pour soi ; cette diversité, dans la sphère de la particularité, se met en relief dans toutes les directions et à tous les degrés et, avec ce qui reste de contingence et d'arbitraire, a pour conséquence nécessaire l'inégalité de la richesse et des talents des individus [1]. » En nous plaçant d'un tel point de vue, nous pouvons juger que tant le système de la liberté naturelle que l'aristocratie naturelle consistent à fonder des avantages sur des facteurs arbitraires dépourvus de toute valeur morale.

Rawls reconnaît lui-même que cette conception libérale de l'égalité des chances n'est pas parfaitement claire. Mais il indique cependant très précisément que sa fonction est de venir corriger les insuffisances d'une égalité formelle des chances (la « carrière ouverte aux talents ») qui, en tant que telle, relève davantage du premier principe de justice. L'égalité *libérale* des chances exige davantage, écrit-il, que la « simple ouverture, au sens formel, des postes publics et des positions sociales ». Les restrictions intervenant à ce niveau constituent des formes de discrimination contre lesquelles on peut déjà lutter sur la base du seul premier principe. L'égalité « libérale » des chances ne se contente pas d'une absence de discriminations. Elle vise la possibilité réelle qu'ont les individus d'obtenir ces postes et d'accéder à ces positions sociales : « ceux qui ont le même degré de talent et de capacité, ainsi que la même motivation pour les utiliser,

1. Hegel, *Principes de la philosophie du droit* (1820), trad. J.-F. Kervégan, Paris, PUF, 1998, § 200.

doivent avoir les mêmes perspectives de succès, quelle que soit leur classe d'origine, celle dans laquelle ils sont nés et ont grandi jusqu'à l'âge de raison. Dans toutes les parties de la société, ceux qui sont doués et motivés de la même manière doivent avoir à peu près les mêmes perspectives d'éducation et de réussite [1] ».

L'interprétation libérale des deux principes de justice a ainsi pour ambition d'atténuer l'impact des contingences sociales. L'un des atouts de cette conception de la justice distributive est de se situer dans une perspective dynamique qui intègre une préoccupation pour sa reproduction dans le temps. Il s'agit en effet d'instaurer et de maintenir un contexte social, constamment travaillé par des procédures permettant une juste répartition, dans le temps, du revenu et de la richesse. Autrement dit, il faut, dans une telle perspective, agir sur les institutions de la structure de base de la société, de sorte, écrit Rawls, qu'un « système équitable, efficace et productif de coopération sociale puisse être préservé au cours du temps, d'une génération à la suivante [2] ». L'idée étant bien sûr de faire en sorte que, dans ce contexte, les individus puissent, dans le respect des règles institutionnelles, agir à leur guise.

De ce point de vue, Rawls rappelle « l'importance qu'il y a à empêcher les accumulations excessives de propriété et de richesses et à maintenir les possibilités égales d'éducation pour tous. Les chances d'acquérir de la culture et des compétences techniques ne devraient pas dépendre de notre situation de classe et ainsi le système scolaire, qu'il soit public ou privé, devrait être conçu de manière à aplanir les barrières de classes [3] ».

Cette interprétation « libérale » de l'égalité des chances

1. *Ibid.*, p. 71.
2. *La Justice comme équité*, *op. cit.*, p. 78.
3. *Théorie de la justice*, *op. cit.*, p. 104

qui, au niveau des principes, correspond finalement aux grandes orientations du républicanisme social et de la social-démocratie, est incontestablement préférable au système de la liberté naturelle, mais on peut encore la juger insuffisante. En effet, l'effort qu'elle produit pour éliminer l'influence des contingences sociales ne l'empêche pas par ailleurs d'admettre que « la répartition de la richesse et des revenus soit déterminée par la répartition naturelle des capacités et des talents ». En ce sens, elle reste tributaire d'une conception strictement capacitaire de la justice distributive. Or, cette répartition découle d'une sorte de « loterie naturelle » qui est tout aussi arbitraire d'un point de vue moral que le sont les circonstances sociales. C'est un principe qui permet certes « de libérer les énergies dans la poursuite de la prospérité économique et de la domination politique ». Mais, diagnostique Rawls, « il y règne une disparité marquée entre les classes supérieures et inférieures, à la fois dans les moyens d'existence et dans les droits et les privilèges de l'autorité institutionnelle. La culture des couches les plus pauvres, ajoute-t-il, est appauvrie tandis que celle de l'élite gouvernementale et technocratique est solidement basée sur le dévouement aux objectifs nationaux de puissance et de richesse ».

Si l'on considère la situation française, l'analyse sociale confirme parfaitement ce diagnostic et, par suite, les insuffisances de notre Etat-providence à cet égard. Cette égalité des chances s'y présente bien comme l'égale possibilité qui nous est offerte d'abandonner à leur sort les plus défavorisés : « L'égalité des chances, écrit Rawls, signifie une chance égale de laisser en arrière les plus défavorisés dans la quête personnelle de l'influence et de la position sociale[1]. » Pour l'essentiel, l'ensemble des données collectées pour évaluer l'état des inégalités confirme ce constat.

1. *Théorie de la justice*, *op. cit.*, p. 137.

Cette version de l'égalité des chances est critiquable à ce titre. Elle l'est aussi, ajoute Rawls de manière prévisible, parce que le « principe de l'équité des chances ne peut être qu'imparfaitement appliqué, du moins aussi longtemps qu'existe une quelconque forme de famille ». Plus original cependant est le doute que Rawls introduit sur la notion même de talents *naturels*. « La mesure dans laquelle les capacités naturelles se développent et arrivent à maturité, écrit-il, est affectée par toutes sortes de conditions sociales et d'attitudes de classe. Même la disposition à faire un effort, à essayer d'être méritant, au sens ordinaire, est dépendante de circonstances familiales et sociales heureuses. » Il faut donc aller encore plus loin dans la définition d'une conception juste de l'égalité des chances. Cette conception sera, dans le lexique de Rawls, la conception *démocratique* de l'égalité des chances qui repose sur une articulation du principe d'égalité équitable des chances et du principe de différence et qui, surtout, « ne conduit pas à une méritocratie » (*ibid.*, p. 137). Elle sera ainsi en position de faire valoir une tout autre exigence : éviter que les individus puissent, de manière exclusive, « utiliser les hasards des dons naturels et les contingences sociales comme des atouts dans la poursuite des avantages politiques et sociaux [1] ».

En cherchant à dépasser l'interprétation libérale des principes de justice, Rawls entend montrer en quel sens ces deux principes « expriment une conception égalitaire de la justice ». Ce qui, à ses yeux, doit également permettre de prévenir l'objection à l'égard du principe de la juste égalité des chances selon laquelle il conduirait à une méritocratie [2]. Cette idée est essentielle : l'égalité démocratique ne peut être

1. *Ibid.*, p. 41.

2. « La méritocratie est un danger qui guette les autres interprétations des principes de la justice, mais pas la conception démocratique », (*ibid.*, p. 137). Sur ce point Rawls signale qu'il se situe dans la lignée des critiques de la méritocratie dont il a été question précédemment et notamment de John Schaar.

atteinte que par l'impact que le principe de différence peut avoir sur le fonctionnement du principe d'égalité équitable des chances.

Il faut relever un point très important à cet égard : contrairement à ce que l'on peut être bien souvent tentés de défendre, le principe de différence ne s'inscrit pas au fond dans une logique de réparation. Il ne prétend pas que la société doive compenser les inégalités de naissance et de dons. Contrairement même à ce que Rawls écrit parfois, la logique de ce principe, dans ce qu'elle a de plus significatif, n'est pas celle-là, tout simplement parce que, s'il devait en être ainsi, il faudrait alors présupposer que tous les individus doivent et souhaitent participer au même type de vie. Or l'effort qu'en matière d'éducation, par exemple, on peut être amené à faire en faveur des personnes les plus défavorisées ne doit pas se fonder sur une conception uniquement utilitaire de l'éducation et de la culture. « Il ne faut pas juger de la valeur de l'éducation uniquement en termes d'efficacité et de bien-être social. Aussi important, si ce n'est plus, est le rôle de l'éducation pour rendre une personne capable de goûter la culture de sa société et d'y jouer un rôle, et, de cette façon, pour donner à chaque individu l'assurance de sa propre valeur [1]. » Cela implique donc, en raison de cette articulation entre les éléments du second principe, que l'égalité équitable des chances ne relève pas d'une justice *réparatrice*.

Ce caractère non réparateur de la justice indique déjà qu'il va falloir s'orienter – sur un mode dont on pressent déjà qu'il débouchera sur une inévitable critique des formes historiquement constituées de l'Etat-providence – vers une autre manière de concevoir le rapport de chacun à ses talents et à ses capacités. Il n'est pas nécessaire de « réparer » ou de « compenser », car au fond, contrairement à bien des préju-

1. *Théorie de la justice*, *op. cit.*, p. 132.

gés sur la question, la redistribution n'est pas, par essence, affaire de transfert de revenus d'un individu vers un autre. Nous n'avons pas, pour le dire autrement, un individu qui devrait se faire en quelque sorte pardonner d'avoir des talents à haute valeur économique en transférant une part de ses revenus vers ceux qui n'ont pas eu la chance d'avoir de tels talents ou qui souffrent de handicaps. Une telle manière de penser révèle une conception hautement individualiste des talents qui suppose que ceux-ci sont dotés d'une valeur intrinsèque qui, par ailleurs, explique et justifie les hauts revenus perçus et les avantages accumulés. Cette conception du rôle de la redistribution a ainsi pour effet de corroborer l'idée selon laquelle les individus privilégiés « mériteraient » de tels avantages [1].

Pour bien comprendre ce point et le sens général de la démarche qui en procède, il faut ici très nettement distinguer entre une conception *morale* et une conception *institutionnelle* du mérite ou, pour le dire en d'autres termes : entre le fait de *mériter quelque chose* et le fait d'*avoir droit à quelque chose* [2]. Dans nos débats publics, ces deux notions sont bien trop souvent confondues. Pour bien comprendre les enjeux de cette distinction et l'articulation éventuelle des deux notions, nous pouvons suivre le fil de l'argument proposé par Rawls. Celui-ci débute par un constat : pour autant que le mérite engage bien l'exercice de la volonté et la réalisation d'un

1. Dans une perspective très différente, Nietzsche écrivait : « Cette espèce d'homme a un *besoin* de croire au "sujet" neutre, doué du libre arbitre, et cela par un instinct de conservation personnelle, d'affirmation de soi, par quoi tout mensonge cherche d'ordinaire à se justifier. Le sujet (ou, pour parler le langage populaire, *l'âme*) est peut-être resté jusqu'ici l'article de foi le plus inébranlable, par cette raison qu'il permet à la grande majorité des mortels, aux faibles et aux opprimés de toute espèce, cette sublime duperie de soi qui consiste à tenir la faiblesse elle-même pour une liberté, tel ou tel état nécessaire pour un mérite » (*Généalogie de la morale*, 1re Dissertation, § 13).

2. L'ouvrage classique sur ce point est celui de Joel Feinberg, *Doing & Deserving. Essays in the Theory of Responsibility*, Princeton, Princeton University Press, 1970, cf. notamment pp. 55-94. Voir également de George Sher, *Desert*, Princeton, Princeton University, Press, 1987.

choix [1], on peut considérer que « personne ne mérite ses capacités naturelles supérieures ni un point de départ plus favorable dans la société ».

Soyons explicites sur ce point : cela ne signifie pas qu'il ne faut attacher aucune importance à la différence de capacités. Des possibilités de différenciation dans la rétribution existent, ne serait-ce que pour tenir compte – par-delà même la question des talents et des capacités – de la responsabilité parfois excessivement lourde qui, en raison du mode d'organisation du travail ou de la nature de l'activité, tend à peser sur certains individus : qu'il soit chirurgien, pilote de ligne, qu'elle soit infirmière ou directrice d'une entreprise. Cette responsabilité induit une forme de risque qui doit être prise au sérieux et qu'il est légitime d'intégrer, par exemple dans l'appréciation de la rémunération. De même, dans un souci d'efficacité économique et sociale, on peut estimer judicieux de concevoir ou de laisser opérer des mécanismes qui permettent de « récompenser » les individus qui, par leurs initiatives, génèrent de la richesse ou des bienfaits dont la société dans son ensemble bénéficie. Pour le reconnaître, encore faut-il cependant accepter de réexaminer de manière critique la portée réelle de cette responsabilité et la mesure de risque qu'elle implique vraiment pour l'individu qui l'assume.

En admettant cela, nous ne contredisons toutefois pas l'idée plus générale ici défendue qui consiste à réaffirmer, dans la production de la richesse, la part du social. S'il est absurde de nier l'évidence : certaines personnes prennent effectivement des initiatives – industrielles, commerciales, artistiques, associatives, etc. – qui sont porteuses de valeur ajoutée (entendue en un sens non strictement économique)

1. T. M. Scanlon, « The Significance of Choice », *Tanner Lectures on Human Values*, Sterling M. McMurrin, 1988, pp. 149-216.

pour la collectivité, de même est-il faux et injuste de sous-évaluer l'importance du contexte dont elles procèdent, comme c'est le cas actuellement. Nous savons en effet que ces initiatives ne relèvent pas non plus du miracle mais s'inscrivent et, à ce titre, *dépendent* de circonstances favorables. Tout est donc affaire de proportions. Il faut en interroger la légitimité, tout en intégrant un critère d'efficacité sociale. Comme le souligne Rawls, il faut organiser « la structure de base de la société de façon à ce que ces contingences travaillent au bien des plus désavantagés ». Cette exigence nous conduit « au principe de différence ». Par son entremise, nous devons travailler à la définition d'un système social qui fasse que « personne ne gagne ni ne perde quoi que ce soit, du fait de sa place arbitraire dans la répartition des atouts naturels ou de sa position initiale dans la société, sans donner ou recevoir des compensations en échange [1] ».

Cette manière de bouleverser les termes dans lesquels est pensée la justice distributive nous arrache à la contradiction dans laquelle nous enferme la conception individualiste et capacitaire de l'égalité des chances. « Nous pouvons, écrit Rawls, rejeter l'affirmation selon laquelle l'organisation des institutions est toujours imparfaite parce que la répartition des talents naturels et les contingences sociales sont toujours injustes et que cette injustice retentit inévitablement sur les organisations humaines. » Dans l'idée même de répartition initiale, des talents ou des avantages sociaux, se profile une représentation de l'individualité sans laquelle la notion de répartition ne serait même pas pensable.

Cette perspective permet à juste titre de souligner qu'il est absurde de juger que la répartition naturelle puisse être « juste » ou « injuste ». Il n'est pas non plus injuste qu'un enfant naisse dans une famille privilégiée. Ce qui est injuste,

1. *Ibid.*, p. 132.

c'est ce que la société fait de ces circonstances contingentes. « Les sociétés aristocratiques ou de castes sont injustes parce qu'elles font de ces contingences le moyen de répartir les hommes entre des classes sociales plus ou moins fermées et privilégiées. » Le basculement opère parce que l'optique n'est pas de permettre à chacun de tirer avantage des capacités et talents qu'il posséderait, pour ensuite lui demander – en s'appuyant sur divers types d'argument – de redistribuer une part de ses revenus, mais de considérer que les contingences naturelles et sociales soient davantage mises au service de l'avantage commun.

Alors que la conception capacitaire de l'égalité des chances doit, pour être légitime, faire advenir les conditions d'égalité initiale qui permettront de faire jouer sans contrainte ce principe de justice distributive, John Rawls – conscient de cette impossibilité mais également soucieux de ne pas en rester alors au constat d'une contradiction irréductible – propose de changer radicalement d'optique. Autrement dit, Rawls propose de problématiser la nature et la portée des prétentions que je peux avoir sur les produits de mon activité – ce qui revient à dire que la conception de l'égalité des chances dont il développe le principe repose en même temps sur une profonde reformulation du droit d'appropriation spéciale, dont nous avons vu qu'il était au cœur du problème moderne de la justice distributive. Selon la redescription qu'il propose, un individu ne doit plus se penser comme unique propriétaire de ses talents, de ses compétences, voire de ses dispositions (par exemple, son aptitude à l'effort, son endurance, sa résilience).

Cette idée va à l'encontre de tant d'idées reçues qu'elle pourra, même aux lecteurs les mieux disposés, sembler choquante. Mais il faut savoir l'interpréter. Rawls ne s'en prend pas à l'intégrité psychologique et physique des personnes. Il ne conteste pas que des individus puissent avoir des talents et puissent vouloir (ou non) les exercer. Mais il veut surtout souligner que ces talents n'acquièrent leur valeur que dans le cadre d'un certain système social. Ce sont les différences et la complémentarité entre ces dons qui sont communes [1]. En ce sens, ceux-ci deviennent, *dans une certaine mesure*, des biens communs (*common assets*) dont le sujet humain n'est, pour une part, que le dépositaire contingent. Car le talent se définit aussi par ce qui le distingue des autres aptitudes au sein d'un système social donné. L'individu est propriétaire de ses « capacités de faire », mais non pas de ce qui fait que cette capacité est perçue comme « talent ». Cela tient en effet à la façon dont ce « talent » diffère de celui d'un autre. Fort de ce constat, le sujet ne peut, par conséquent, prétendre disposer d'un droit moral exclusif sur les produits attachés à l'exercice de ses talents, compétences et dispositions [2].

Le néolibéralisme s'appuie sur une conception de l'individu si différente de celle préconisée par Rawls qu'il ne peut, évidemment, que récuser une telle analyse. Pour un néolibéral, tel que Nozick par exemple, les individus sont en tant que tels propriétaires d'eux-mêmes, de leurs talents, de leurs capacités et, par suite, des fruits de leur activité. De ce point de vue, imposer le prélèvement d'une part de ces fruits pour les redistribuer, revient à s'attaquer à leur intégrité individuelle. Pour établir cette thèse, nous avons vu que Nozick a pensé qu'il lui suffirait de montrer que l'individualisme ainsi entendu comprend une conception de la propriété comme

---

1. *La Justice comme équité*, *op. cit.*, p. 111. C'est la raison pour laquelle la forte critique développée sur ce point par Michael Sandel (*Liberalism and the Limits of Justice*, Cambridge, Cambridge University Press, 1982, pp. 66-103) ne nous paraît pas valoir.

2. Notons au passage que cette nouvelle optique a le mérite de régler le problème de la justice de la répartition propre à une forme quelconque d'organisation de l'économie (quels types de métiers, d'activités ou de fonctions méritent le plus haut salaire ? – nous avons là affaire au problème de la justification de la hiérarchie, de l'échelle, des salaires). Il le règle en radicalisant le questionnement. La question du caractère éventuellement arbitraire de l'échelle des salaires (pourquoi telle activité vaudrait-elle plus que telle autre ?) perd une part de sa pertinence, puisque la dimension « sociale » du salaire est, pour une part, réaffirmée.

« droit absolu sur des biens particuliers ». Son objectif était ainsi de démontrer que la théorie néolibérale de l'État minimal et du libre marché est irréfutable dans une perspective moderne, quand bien même nous réprouverions les effets négatifs que sa mise en œuvre peut également produire. Nozick reprochait en fait à Rawls de n'assumer qu'imparfaitement le principe moderne de l'individualisme possessif, d'une part en refusant à celui qui dispose de talents particuliers de profiter *pleinement* des ressources qu'il génère (autrement dit : il ne perçoit pas le lien de nécessité qui relie « individualisme possessif » et « droit absolu sur les ressources produites par les talents possédés ») et, d'autre part, en permettant son instrumentalisation, par la fiscalité, au bénéfice d'autrui.

De toute évidence, l'œuvre de Rawls intègre une interprétation de la *propriété de soi* qui ne débouche pas sur le principe d'un droit absolu sur les choses. Et ce n'est au fond possible que parce qu'il soustrait sa théorie de la justice au modèle de l'individualisme possessif, du moins en sa proposition III affirmant, rappelons-le, que « l'individu n'est absolument pas redevable à la société de sa personne ou de ses facultés, dont il est par essence le propriétaire exclusif ». Du même coup, il échappe à l'objection de Nozick concernant l'instrumentalisation du riche au profit du pauvre, puisque la part de la richesse qui est redistribuée n'appartient pas exclusivement au « riche ».

Nozick a fortement critiqué la manière dont Rawls conçoit la relation entre la personne et ses attributs (compétences, talents, etc.). Il s'est notamment demandé ce qu'il peut bien rester d'une personne lorsque l'on pousse à son terme la logique d'une telle proposition. Que penser de ces personnes auxquelles on a retiré tout trait particulier, de ces « êtres purifiés » pour reprendre l'expression de Nozick? Pour surmonter l'obstacle de l'instrumentalisation, Rawls serait contraint de se rabattre sur une conception abstraite de l'être humain, désincarnée, sans particularité : mes talents sont instrumentalisés par d'autres, mais cette instrumentalisation ne fait pas de « moi » un moyen, puisque le « moi » ne se définit pas par ses talents. Le moi serait, autrement dit, cet « être purifié » que nulle instrumentalisation ne peut atteindre.

Il est vrai que, chez Rawls, si les aptitudes d'un individu quelconque sont bien la propriété de cet individu, il est clair qu'elles n'ont en revanche de valeur sociale qu'en tant qu'elles possèdent aussi une dimension extra-subjective. A travers cette idée, il s'agit de penser, d'une part, les caprices conjugués des loteries naturelle et sociale qui font que l'individu en question se *retrouve* avec ces aptitudes et, d'autre part, le système de coopération sociale qui va articuler la variété des talents du même type et la variété des talents de types différents et les situer ainsi les uns par rapport aux autres. Dans une telle perspective, c'est donc la « communauté » – ce qui pose le problème délicat de sa définition – qui peut faire l'objet d'une redescription à la faveur de laquelle celle-ci se présente comme base légitime de toute prétention sur le produit de l'activité individuelle. L'individu n'est que le dépositaire de ces aptitudes socialement définies, le lieu où elles s'exercent, l'espace de leurs instanciations. Ce qui peut s'exprimer de la manière suivante : l'individu est, en la matière, « patient » tout autant qu'« agent ».

Mais est-ce si surprenant que cela ? Il est clair que l'on n'accueille pas sans surprise l'idée que le talent dont on peut être doté serait en quelque sorte la propriété (pour certaines de ses dimensions) d'un tout qui nous est antérieur. Mais pourtant, à y regarder de plus près, comment pourrait-il en être autrement ? Rawls ne conteste pas qu'un individu puisse être l'auteur d'un livre, le vainqueur d'une course ou l'artisan d'un objet. Il ne s'oppose pas non plus à ce que l'on puisse penser que l'objet eût été différent, et peut-être moins utile ou moins beau, s'il avait été réalisé par un autre. Il ne nie pas la diversité des performances. Il souhaite en revanche attirer notre attention sur le fait que ces productions diverses n'ont de sens et de valeur que par un système social et un ensemble de règles qui ne dépendent pas exclusivement de l'individu en question. « Les dons innés de diverses sortes (l'intelligence et les capacités naturelles, par exemple) ne sont pas, écrit Rawls, des atouts naturels fixes dont la capacité serait constante. Ils n'existent que potentiellement et ne peuvent pas arriver à maturation indépendamment des conditions sociales, et lorsqu'ils sont réalisés, ils ne peuvent prendre que l'une des nombreuses formes possibles, ou quelques-unes d'entre elles [1]. » La capacité n'est perçue en tant que telle que parce que le produit de son exercice est jugé digne d'un intérêt particulier. En dehors de ce système, l'objet de cette activité est sans valeur. Sans avoir besoin de redécouvrir ici la distinction marxiste entre valeur d'usage et valeur d'échange, on peut percevoir ce que la « capacité » doit au social. Ce faisant, on défétichise le talent, on désubstantialise la capacité.

Le fait de disposer d'un talent donné, le fait que cette aptitude soit elle-même comprise comme un « talent », présupposent tout un système social dans lequel cette aptitude a été identifiée comme étant digne d'intérêt, digne d'être encouragée, digne de servir de point d'appui à une rétribution que l'argent, les honneurs vont se charger de situer dans notre espace mental et social.

On retrouve aisément quelque chose de ce constat de la relativité des talents dans la critique culturelle de la société démocratique avancée par les esprits les moins rétrogrades

1. *La Justice comme équité*, *op. cit.*, p. 87.

qui soient : Tocqueville, John Stuart Mill et bien d'autres. On le retrouve aussi, évidemment, chez les antimodernes auxquels Antoine Compagnon a consacré de bien belles pages [1]. Dans la critique qu'ils élaborent au XIXe siècle et au-delà, sur des plans et avec des intentions très diverses, se fait entendre comme une basse continue le regret de voir certains talents, certaines *manières d'être* prendre l'allure d'une fausse monnaie dans le nouvel univers démocratique. C'est que cet univers manifeste, à leurs yeux, une intolérance si aiguë à l'égard de toute singularité que le dissemblable ne peut apparaître que dans le geste qui vise à le dénier, le réfuter, le récuser. Bouvard et Pécuchet ne sont pas semblables et Mona Ozouf, dans le précieux commentaire qu'elle a donné de la littérature du XIXe siècle, a su mettre en évidence le systématique souci flaubertien de souligner tout ce qui distingue ces caractères. Et pourtant, fait-elle remarquer, que de promptitude chez Flaubert pour ramener ces différences à leur commune insignifiance, à leur platitude partagée [2].

Pour ces auteurs, la modernité signifie médiocrité, refus de l'individualité véritable ; ils ont au fond la conviction que l'expression « génie moderne » ne peut être qu'un oxymore, depuis que la masse indistincte est devenu le pivot de l'existence sociale et culturelle. La « populace » est devenue tyrannique depuis que la majorité s'est imposée comme ressort de toutes les tendances et « décisions » sociales. A l'instar de Tocqueville, John Stuart Mill condamne la « tyrannie de la majorité ». Il note qu'elle inspirait déjà une certaine crainte lorsque les autorités publiques commencè-

1. Antoine Compagnon, *Les Antimodernes. De Joseph de Maistre à Roland Barthes*, *op. cit.*

2. Mona Ozouf, *Les Aveux du roman*, Paris, Fayard, 2001, p. 213 : « Sans relief, sans famille, sans histoire : les deux personnages qui marchent l'un vers l'autre dans la torpeur caniculaire du boulevard Bourdon pourraient être n'importe qui, venant de n'importe où : deux silhouettes presque abstraites. Il ne manque pourtant pas de traits pour distinguer les nouveaux venus [...]. D'un bout à l'autre du récit, Flaubert multiplie les références à ce contraste immédiat. [...] Chose étrange, chaque opposition, sitôt énoncée, est gommée, comme si ces êtres dissemblables souhaitaient immédiatement abdiquer leurs singularités. »

rent à lui donner, à travers leurs actes, un écho nettement perceptible. Mais la crainte des « gens réfléchis » fut plus grande encore quand ils s'aperçurent que « lorsque la société devient le tyran – lorsque la masse en vient à opprimer l'individu – ses moyens de tyranniser ne se limitent pas aux actes qu'elle impose à ses fonctionnaires politiques. La société applique la décision qu'elle prend ». Elle pratique ainsi « une tyrannie sociale d'une ampleur nouvelle » qui « laisse d'autant moins d'échappatoire qu'elle va jusqu'à se glisser dans les plus petits détails de la vie, asservissant l'âme elle-même ». Mill souligne donc qu'il est crucial de se protéger de la tendance sociale à « entraver le développement – sinon à empêcher la formation – de toute individualité qui ne serait pas en harmonie avec ses mœurs et à façonner tous les caractères sur un modèle préétabli ». Le « despotisme de la coutume », « l'uniformisation », promeut un « idéal de caractère [qui] est de n'avoir pas de caractère marqué – d'estropier, à force de compression, comme le pied d'une dame chinoise, toute partie saillante de l'âme humaine qui tend à rendre une personne franchement dissemblable du commun des hommes [1] ».

Cet appel contre le conformisme implique aussi la généralisation de la « copie » comme paradigme explicatif d'ensemble. On sait que Bouvard et Pécuchet étaient copistes de métier et que c'est aussi à cette pratique que les reconduit Flaubert au terme de toutes leurs expériences infructueuses.

Derrière cette promotion du semblable, se profile une sacralisation des lieux communs, des pensées communes, des goûts communs, des émotions non pas simplement moyennes, mais bel et bien médianes. Du caractère secondaire des

1. Toutes ces citations sont extraites de John Stuart Mill, *De la liberté*, *op. cit.*, pp. 66, 67, 168, 169, 175.

accidents qui singularisent les êtres nous passons progressivement à l'acquiescement passif aux êtres et choses sans qualités. « Tout est toujours semblable sous le soleil démocratique [1]. »

Ces auteurs auraient aussi pu faire jouer la modernité contre elle-même en dénonçant les voies vers le conformisme dont était grosse l'individualisation en tant que processus social et éthique. Dans une veine romantique, nous pourrions dire alors que si la société s'homogénéise à force d'individualisme, c'est que notre individualisme a – pour se définir – fait fausse route. Une attention plus détaillée aux tendances contradictoires de la modernité comme projet permettrait de dénouer cet écheveau et de libérer une partie de son sens, mais là n'est pas notre propos. Nous voulons seulement indiquer que les « antimodernes », par leurs œuvres et leurs prises de position, expriment avec une douloureuse vigueur une manière de penser le lien de dépendance entre « talents, « capacités », « aptitudes » et système social. Ils regrettent ou s'interrogent sur les effets du déclassement social et éthique de certains traits de caractère et de certaines pratiques – effets qu'ils observent et ressentent dans leur statut. Ils s'inquiètent de voir promus des « qualités », des propriétés ou des attributs, qui n'entrent nullement dans leur échelle de valeurs, si ce n'est à titre négatif.

Leur expérience de l'univers démocratique peut nous servir de guide pour rendre sensible le caractère tout aussi relatif des talents, des attributs, des capacités, des compétences que nous privilégions aujourd'hui, lorsque nous cherchons à les acquérir nous-mêmes ou à faire en sorte que ceux qui nous sont chers les acquièrent, ou bien encore lorsque nous acceptons que la société soit organisée de telle manière que

1. Mona Ozouf, *op. cit.*, p. 214.

ceux qui les possèdent puissent rafler l'essentiel des mises qu'elle produit. Les « capacités » sont toujours les capacités d'une société donnée.

Cela ne signifie évidemment pas que l'individu ne puisse avoir un droit légitime sur une part de la richesse qu'il produit. Par son travail, celui-ci acquiert un titre sur une chose. Il a donc des attentes légitimes à une juste rétribution. Celle-ci se conçoit cependant dans un système de règles et de procédures : « Dans un juste système de coopération comme cadre des règles publiques avec les attentes qu'il crée, ceux qui, dans l'espoir d'améliorer leur condition, ont fait ce que le système a promis de récompenser ont le droit de voir leurs attentes satisfaites. En ce sens, les mieux lotis ont droit à leur meilleure situation; leurs revendications sont des attentes légitimes établies par des institutions sociales et la communauté est obligée de les satisfaire. Mais, en ce sens, mériter, c'est avoir le droit [1]. »

Cette conception a en outre l'avantage de correspondre à un constat de simple bon sens. Quel que soit le niveau auquel il intervient, l'individu ne produit pas de la richesse par une sorte de génération spontanée, à partir de ses seules ressources. Le travail est pour l'essentiel collectif, il mobilise des technologies et des savoir-faire pensés et conçus par d'autres, à la fois dans l'espace et dans le temps. Bien malin celui qui pourra isoler dans cette longue chaîne le maillon qui revient à chacun. En gardant à l'esprit cette évidence, on en vient finalement assez aisément à constater que la plus surprenante des conceptions de la justice distributive n'est pas la conception que nous défendons ici, même si pour l'admettre il faut aussi faire sienne une idée inusuelle des « capacités » et des « talents ». L'est en revanche franchement la croyance selon laquelle il y aurait des individus qui

1. *Théorie de la justice*, *op. cit.*, p. 134.

parviendraient à produire de la richesse, sans rien devoir à personne. Il va sans dire que l'idée en question gagne en étrangeté à mesure que l'on s'élève dans l'échelle des salaires. Quelle signification peut-on donner au fait qu'un PDG puisse gagner en un an 389 ou 650 années de SMIC? Quel sens donner au fait qu'une même personne puisse, sur une année, percevoir, en dividendes, 3 000, 5 000 ou 15 700 années de SMIC? Croit-on vraiment que ces personnes ont, par le seul exercice de leurs capacités (sans doute très réelles), « mérité » de tels revenus?

Il est au fond bien plus raisonnable de considérer que les attentes et les titres « sont spécifiés par les règles publiques du système de coopération sociale ». Ces règles vont viser les traitements, les salaires ou la rétribution des salariés fondée par exemple sur un indice de la performance marchande de l'entreprise. Prendre conscience de leur caractère conventionnel nous redonne la possibilité d'en interroger la légitimité. Ce sont ces règles qui définissent les compétences rentables, ce sont ces règles qui en indiquent la valeur. Mon niveau de revenu est, en ce sens aussi, directement tributaire d'un système de coopération sociale. Ces règles nous donnent en même temps des droits sur ces revenus. Bref, « ce que font les individus et les institutions dépend de ce à quoi ils sont attitrés par les règles et les accords; ce à quoi ils sont attitrés dépend de ce qu'ils font [1] ». Ceci est essentiel : nos attentes légitimes et nos titres dépendent toujours de ces règles préalables et, « en dehors des institutions existantes, il n'existe pas d'idée antécédente et indépendante de ce à quoi nous pourrions nous attendre, ou de ce à quoi nous sommes attitrés, que la structure de base serait conçue pour réaliser ». Ce n'est pas une vision fantasmée du mérite individuel qui contribue à définir la structure de base, mais c'est la structure

1. *La Justice comme équité*, *op. cit.*, p. 107.

de base de la société qui trace les contours d'un mérite dont on peut dire, à ce titre, qu'il est « institutionnel » plus que « moral ». Rawls, autrement dit, *dé-moralise* le mérite ; il en propose une conception moins individuelle. Ce qui aura aussi – soulignons-le – le très grand avantage de délégitimer une appréciation *moralisatrice* de la pauvreté et du chômage [1].

Si cette idée surprend, c'est que nous avons pratiqué pendant plusieurs siècles une conception du mérite qui, dans l'idée que nous nous en faisons, s'est largement autonomisée vis-à-vis des institutions. On pourrait craindre aussi qu'en la repoussant nous rejetterions un des axes majeurs de l'individualisation. *N'allons-nous pas désindividualiser l'individu ?* Le problème n'est pas là, mais il est de peser sur les voies qu'emprunte ce processus d'individualisation. Notre proposition, à cet égard, est assez simple : elle consiste à resituer le sujet dans le réseau des interactions par le moyen desquelles il peut se réaliser comme sujet. Il ne s'agit pas de désindividualiser mais d'attirer l'attention sur une forme d'individualisation qui a été recouverte et négligée. « Le concept de mérite n'est pas mis en question », écrit Rawls. On peut conserver l'idée du mérite moral pour désigner la valeur morale d'une personne prise comme un tout. Et l'on conserve aussi l'idée d'attentes légitimes et de mérite institutionnel. En revanche, il est essentiel de ne pas venir mêler à une conception politique de la justice une conception morale du mérite. Aucune personne ne peut, au nom d'une politique ou dans le cadre d'un dispositif quelconque, se penser en mesure ou en droit de juger du mérite moral d'un individu.

1. Éric Maurin, dans *L'Égalité des possibles*, notait ainsi ce qu'il appelait l'effet compassionnel des politiques qui œuvrent pour l'égalisation des différentes formes de ressources héritées. Ces politiques contribuent à rendre visible le caractère social de la misère (Paris, Seuil, 2002, pp. 72-73). Si le terme « compassionnel » peut paraître inapproprié, parce qu'il moralise ce qu'il s'agirait précisément de situer en dehors de ce type de considération, l'argument nous semble néanmoins mettre de manière pertinente l'accent sur la dimension sociale de la pauvreté et de « l'échec » (sachant que la pauvreté ou l'échec ne se réduisent pas non plus à cette dimension sociale).

Dans ce domaine, l'idée d'attentes légitimes est un substitut approprié à une telle conception du mérite.

Ne serait-ce que négativement d'ailleurs, nous pourrions montrer que la tendance à interpréter en termes de mérite moral le positionnement de chacun dans la répartition des revenus et des richesses est illégitime. Elle est illégitime parce qu'elle ne permet pas tout d'abord de rendre compte des écarts que nous pouvons être amenés à constater entre la moralité que nous pouvons attribuer à une manière d'accomplir une tâche et le fait que celle-ci soit sous-évaluée économiquement, par rapport à des activités qui nous paraissent dépourvues de signification morale. Le pluralisme des conceptions du bien laisse, à ce propos, augurer de désaccords dont on ne voit pas comment il serait possible de les trancher sans attribuer à l'État un rôle qui excéderait ses limites légitimes [1]. Ne serait-ce que pour cette raison, il est essentiel de ne pas confondre le « mérite » et « ce à quoi on a droit ».

Nous pourrions aussi émettre quelques doutes quant à la possibilité que soit retenu, dans la position originelle, un principe de répartition selon le mérite moral. Penser que les individus puissent vouloir un tel principe, n'est-ce pas succomber à un optimisme excessif? N'est-il pas plus réaliste ici de supposer que l'ambition de chacun est surtout de maximiser sa part éventuelle dans la répartition totale ? C'est en tous les cas les bases du raisonnement proposé par Rawls pour parvenir à l'énoncé des principes de justice.

Il faut en outre convenir que, parce qu'il est impossible de situer en toute certitude le moment de la responsabilité individuelle, il est tout aussi chimérique de penser pouvoir

1. *La Justice comme équité*, *op. cit.*, p. 108 : « Une conception du mérite moral comme qualité morale du caractère et des actions ne peut pas être incorporée dans une conception politique de la justice dès que l'on considère le fait du pluralisme raisonnable. Comme ils ont des conceptions du Bien opposées, les citoyens ne peuvent pas s'accorder sur une doctrine englobante pour spécifier une idée du mérite moral à des fins politiques. »

identifier avec précision le mérite de chacun. Rawls dit explicitement, en ce sens, que vouloir faire opérer le principe de répartition selon le mérite moral est tout bonnement « impraticable » : « Le précepte qui, intuitivement, semble se rapprocher le plus de la récompense du mérite moral est celui de "à chacun selon son effort" ou peut-être encore mieux "à chacun selon son effort consciencieux". Cependant, il semble clair, à nouveau, que l'effort qu'un individu est désireux de faire est influencé par ses capacités et ses talents naturels ainsi que par les possibilités qui s'ouvrent à lui. Les mieux doués ont plus de chances, toutes choses égales par ailleurs, de faire un effort consciencieux et il semble qu'il n'y ait pas moyen de ne pas tenir compte de leur avantage sur les autres. L'idée de récompenser le mérite n'est pas réalisable[1]. » Nous ne disposons pas des moyens de déterminer avec précision où s'arrêtent les aptitudes naturelles imméritées et où commence le mérite. « La qualité morale [est] un critère absolument impraticable dans son application aux questions de justice distributive[2]. » On pourra échafauder de grands théorèmes sur ces questions, on pourra lancer des dispositifs extrêmement sophistiqués, mais quelle que soit la subtilité dont on saura faire preuve, on ne parviendra jamais à mesurer le mérite ni l'effort[3].

On pourrait reprocher à cette conception institutionnelle du mérite d'être par essence conservatrice. De fait, le concept de mérite peut être – comme ce fut par exemple le cas tout au long du XVIIIe siècle – un instrument puissant pour la

1. *Théorie de la justice*, *op. cit.*, pp. 349-350.

2. *La Justice comme équité*, *op. cit.*, p. 108. Cf. Samuel Scheffler, *Boundaries and Allegiances. Problems of Justice and Responsibility in Liberal Thought*, Oxford, Oxford University Press, 2001, pp. 179 *sqq*.

3. Cf. également sur ce point Philippe Van Parijs, *Real Freedom for All*, Oxford, Oxford University Press, 1995, pp. 160 *sqq*. Cette difficulté particulière que soulève l'effort comme critère de la juste redistribution demeure même lorsque, à l'instar de John Roemer, on propose un modèle qui, en se plaçant d'un point de vue statistique, cherche à isoler, par rapport à différents types de situation sociale initiale, la dimension éthiquement significative de l'effort (cf. de cet auteur, *Equality of Opportunity*, *op. cit.*).

contestation de certaines inégalités sociales ou politiques. Or dans la mesure où une conception purement institutionnelle définit le mérite en fonction des règles et des pratiques existantes, on pourrait estimer que l'on peut difficilement retourner le mérite contre ces dernières. Cette objection nous paraît faible, pour des raisons qui renvoient à la manière dont nous raisonnons, en général, sur les questions pratiques. Suivant le sens que l'on donne à la notion d'institution et selon l'extension que l'on donne aux idées de règles et de pratiques, il est difficile de concevoir de toutes façons en quel sens le « mérite moral » pourrait prétendre à une quelconque extériorité sociale. Retournant l'argument, nous avons bien davantage le sentiment que l'usage du mérite moral à des fins de régulation de la répartition des revenus et des richesses est potentiellement – comme la vie politique semble le confirmer – plus conservateur. Dans la perspective de Rawls, nous pouvons en revanche soutenir que la compréhension que l'on a du mérite relève d'une intuition et que l'élaboration de règles et la mise en œuvre des pratiques qui en relèvent vont précisément nous fournir éventuellement l'occasion de la mettre à l'épreuve. Inversement, la mise en cause des règles et des pratiques reste possible puisque nous conservons bien toujours comme idée régulatrice une définition de la justice distributive qui veut que chacun reçoive son dû. A la faveur d'une telle interrogation, on peut examiner à la fois le contenu contingent de cette idée de mérite et la nature des règles et des pratiques de la justice distributive.

Le fait que le mérite moral ne doive pas être lié à la question de la justice distributive est manifeste aussi dans la relative stabilité qu'on lui attribue. Dans le contexte d'une économie concurrentielle, les salaires varient, en effet, en fonction de la contribution dont l'étendue (estimée, souligne Rawls, par la productivité marginale) dépend de l'offre et de la demande. Autrement dit, les salaires prévus pour l'exercice de certains talents et capacités varieront en fonction du nombre de talents et de capacités similaires sur le marché de l'emploi. Or, nous ne pouvons pas concevoir qu'une qualité morale puisse voir sa valeur évoluer en fonction du nombre d'individus la possédant. On ne peut pas non plus admettre que le fait de ne plus posséder, dans une même mesure, une certaine capacité (par exemple, au basket-ball, celle de marquer des paniers à trois points) remet en question le mérite moral de la personne en question[1]. L'admettre reviendrait à adopter une vision purement conjoncturelle de la morale.

A vrai dire, s'il est une chose que l'on pourrait retenir à charge contre cette conception de la justice distributive, c'est éventuellement qu'elle ne mène pas jusqu'à son terme la logique purement institutionnelle[2]. Rawls s'appuie en effet sur une conception de la société comme système de coopération équitable. Il est évident que pour lui le fait même d'entrer dans le jeu dont le mérite institutionnel définit les règles relève d'une sorte d'obligation morale. Cette obligation s'exprime aussi à travers son attachement à la notion de réciprocité qui le conduit à toujours faire correspondre à des droits des devoirs. Lorsqu'il s'attache à définir sa conception de la justice comme équité, il reconnaît explicitement qu'il part du principe que tous les citoyens sont « des membres normaux et pleinement coopérants de la société pendant leur vie complète ». Et c'est bien parce que la question de la coopération est si fondamentale qu'il faut s'attacher à en

1. *Théorie de la justice*, *op. cit.*, p. 349.

2. Notons que par ailleurs, elle ne le fait pas non plus sur les questions relevant de la justice pénale. Voir sur cette question, en français, l'excellent ouvrage de Bertrand Guillarme, *Penser la peine*, Paris, PUF, 2003. Rawls distingue très nettement les concepts de rétribution qui interviennent dans le champ de la justice sociale et dans celui de la justice pénale. Pour une critique, voir Samuel Scheffler, *Boundaries and Allegiances* (Oxford, Oxford University Press, 2001, pp. 173-196).

assurer le caractère équitable. Dès lors que cette condition est satisfaite, il faut escompter que « tous soient désireux de travailler et de prendre part au partage des charges de la vie sociale [1] ». Cette thèse ne remet pas en question le droit à un revenu minimum garanti, puisque celui-ci est couvert par le premier principe de justice. Mais elle met néanmoins nettement l'accent sur le devoir *moral* de coopération sociale [2].

A travers ces conceptions d'attentes légitimes et de droits, Rawls trace les contours d'une conception juste, *post-capacitaire*, de l'égalité des chances, qui se fonde sur une conception non solipsiste, individualiste, du sujet humain [3]. A un niveau très abstrait de l'analyse, nous retrouvons un problème de métaphysique sociale qui, dans l'analyse générale qu'en donne Philip Pettit, vise bien la question de « savoir si les individus dépendent de manière constitutive ou non causale de leurs relations avec les autres pour la possession d'une capacité humaine [4] ». Le tournant linguistique de la philosophie nous permet d'identifier les ressources que requiert la théorie rawlsienne de la justice sociale : c'est bien dans et par le langage, ainsi que par le moyen des institutions dans lesquelles il se dépose, que les sujets se saisissent eux-mêmes comme sujets en rapport avec d'autres sujets. Aucun individu n'est en mesure de faire valoir une psychologie complète qui lui serait propre, car, ainsi que le souligne Pettit, « la réalisation de cette sorte de psychologie est une chose que les gens ne peuvent accomplir qu'en communauté avec d'autres [5] ».

---

1. *La Justice comme équité*, p. 243. Cette exigence a été notamment discutée par Philippe Van Parijs dans sa défense de l'allocation universelle. Cf. *Real Freedom for All*, *op. cit.*, et (en coll. avec Yannick Vanderborght), *L'Allocation universelle*, Paris, La Découverte, 2005.

2. Notons cependant que cette idée de coopération pourrait tout à fait être définie dans un sens qui excède une conception étroite du « travail ».

3. A. Renaut, *L'Ere de l'individu*, *op. cit.*

4. P. Pettit, *Penser en société*, trad. fr. A. Bouvier & *al.*, Paris, PUF, 2004, p. 7.

5. *Ibid.* Voir également en ce sens les stimulants travaux de Vincent Descombes sur ce qu'il appelle les « institutions du sens ».

Dès lors qu'on la fonde sur cette conception du sujet, l'égalité des chances ainsi revisitée nous arrache aux apories et aux approximations de la conception capacitaire de l'égalité des chances qui n'épargnent même pas ceux qui, tel Durkheim, cherchent, selon d'autres voies, à dépasser une conception étroite de l'individu. Ce dernier écrivait ainsi de manière tout à fait symptomatique : « Nous n'en sommes pas encore au temps où l'homme aime tous ses semblables comme des frères, quelles que soient leur raison, leur intelligence, leur valeur morale. Nous ne sommes pas non plus arrivés à un temps où l'homme soit parvenu à dépouiller assez complètement son égoïsme pour qu'il ne soit pas nécessaire d'attacher un prix provisoirement au mérite, un prix sujet à diminuer, en vue de stimuler le premier et de contenir le second. Et c'est ce qui rend impossible un complet égalitarisme. Mais, d'un autre côté, il est bien certain que l'intensité des sentiments de fraternité humaine va en se développant, et que les meilleurs d'entre nous ne sont pas incapables de travailler sans attendre une exacte rémunération de leurs peines et de leurs services. Voilà d'où vient que nous cherchons de plus en plus à adoucir, atténuer les effets d'une justice distributive et rétributive trop exacte, c'est-à-dire en réalité toujours incomplète [1]. » Durkheim imagine que l'on pourra, par la morale, sortir des contraintes du mérite moral. En nous engageant dans les perspectives ouvertes par Rawls, il nous paraît plus convaincant de nous en remettre à une logique qui s'appuie sur la notion de « droits » et sur l'identification des attentes légitimes [2].

Notre ambition était ici de convaincre de la nécessité de réorienter la discussion sur les questions sociales. On peut

1. Émile Durkheim, *Leçons de sociologie. Physique des mœurs et du droit* (cours professés à Bordeaux entre 1890 et 1900), cité par Serge Paugam dans *La Société française et ses pauvres*, Paris, PUF, 1993, p. 265.

2. Ruwen Ogien, « Les "Valeurs morales" contre les droits », *Raison publique*, n°6, avril 2007, pp. 47-59. De cet auteur, voir également *L'Ethique aujourd'hui, op. cit.*

juger que l'avantage est mince. Ce n'est pas notre sentiment. Si nous parvenions à faire évoluer notre manière de penser le rapport du sujet au social, nous accomplirions déjà un immense pas en avant. Ce n'est pas une question de bons sentiments, c'est une question de vérité pratique. C'est aussi une exigence pragmatique dont la portée politique est tout à fait significative. Dès lors que l'on s'accorde sur le fait que la répartition actuelle des avantages et des désavantages socio-économiques n'a pas, dans le contexte d'une conception politique de la justice distributive, de justifications *morales*, on facilite l'ouverture de la discussion sur les termes qu'elle revêt. Ce type de discussion doit porter bien au-delà de la question de la hiérarchie de l'ensemble des salaires et des revenus, même si ce point reste évidemment important.

Dans la perspective ainsi ouverte, on voit que le problème de la responsabilité ne constitue plus, au niveau politique où se situe la question de la justice comme équité, un problème. Il n'y a certes pas de raison de croire que soudainement l'esprit de concurrence s'évanouirait, mais on pourrait néanmoins voir en quel sens il serait possible de réaffirmer les valeurs de la coopération sociale et, tout du moins, de modérer l'exaltation des adeptes du *tout concurrentiel*. La redistribution et son financement par la fiscalité poseraient également, sur le plan de la justification, moins de problèmes, puisque, dans la richesse produite par chacun, la part de la collectivité (éducation, infrastructures, équipements, etc.) pourra être identifiée sans induire de tension ni de contradiction. Rawls indiquait que, par son travail de réflexion et d'élaboration théorique, il entendait explorer les limites des possibilités pratiques. Nous y sommes sans doute. Sa démarche vise-t-elle à produire une forme d'utopie réaliste? Indéniablement. Mais si l'on a mesuré la gravité des problèmes (environnement, pauvreté, risques sanitaires, etc.) qu'il faudra bien commencer de résoudre sans attendre un hypothétique XXIIe siècle, on peut aussi se dire que l'esprit de réforme doit nous mener plus loin qu'il ne nous a jamais conduits. Dans cet esprit, une voie nous est indiquée. Une voie qui d'ailleurs n'est pas, dans ses grandes lignes, totalement inédite d'un point de vue historique et doctrinal. Nous pourrions même considérer que, de par son héritage politique et intellectuel, la France est particulièrement bien placée pour explorer une orientation dans laquelle, dans le sillage du solidarisme républicain de la fin du XIXe siècle et du début du XXe siècle, elle s'était déjà en partie engagée.

Esquisses solidaristes

Rappelons qu'aux premières lueurs du XXe siècle, Léon Bourgeois, homme d'État français et contributeur actif à l'élaboration doctrinale du « solidarisme », se plaisait à faire remarquer que, déjà!, le mot de *solidarité* était « à chaque instant, dans les discours et dans les écrits politiques ». Et il notait que ce qui a d'abord semblé n'être qu'une « simple variante du troisième terme de la devise républicaine : fraternité » s'y substituait en fait de plus en plus souvent. L'ambition n'était pas de donner un simple coup de neuf à un triptyque vieillissant, mais bien de cerner une réalité nouvelle. Plus précisément, notait Bourgeois, ce mot nouveau, qui n'était en rien selon lui un « caprice de langage », devait désigner le fait « qu'il y a entre chacun des individus et tous les autres un lien nécessaire de solidarité » qui résiste tant aux catégories de l'individualisme qu'à celles du collectivisme [1]. L'étude des causes, des conditions et des limites de cette solidarité devait, à ses yeux, permettre de « donner la

1. Léon Bourgeois, *Solidarité*, Paris, Armand Colin, 1906, 5e édition.

mesure des droits et des devoirs de chacun envers tous et de tous envers chacun ».

Car tel est bien l'enjeu. Entre un libéralisme économique qui ne jure que par l'individu et promet que le soin que chacun porte à son propre intérêt résoudra les principaux problèmes sociaux et un collectivisme – quelle qu'en soit la forme – qui, en abolissant la propriété privée des moyens de production, se fixe comme objectif de changer « l'assiette même de la société », selon la formule de Tocqueville, l'accent mis sur la solidarité apparaissait comme une voie médiane, permettant d'associer toujours plus étroitement droits et devoirs, protection sociale et responsabilité individuelle.

Comment la solidarité, ainsi comprise, peut-elle être cependant à la fois un indicateur de la nature du lien social et un horizon d'action ? Comment peut-elle, autrement dit, relever à la fois de l'être et du devoir-être ? Ce problème est encore le nôtre, comme le montre encore un philosophe purement normatif tel que Rawls. Les premiers penseurs et praticiens de la solidarité (comme doctrine politique) n'ignoraient pas la difficulté. Ils avaient le sentiment que la solidarité était constamment aux prises avec des tendances sociales adverses qui en sapaient les fondements. Dans *De la division du travail social* (1893), Durkheim, par exemple, relevait ainsi les « formes anormales » de la division du travail qui induisaient, selon lui, une moindre production de la solidarité (crises industrielles, antagonisme du travail et du capital, « guerre des classes », etc.). Il s'inscrivait alors dans la longue tradition de ceux qui s'attachèrent à comprendre les causes des turbulences sociales qui scandèrent le XIXe siècle. En dévoilant d'une certaine manière les pathologies du lien social, ils indiquaient aussi une marche à suivre.

Soucieux de naviguer entre le Charybde et Scylla de l'individualisme et du collectivisme, les solidaristes entreprirent de souligner le caractère socialement structurant de la réciprocité et de faire valoir la dette sociale que contracte chaque individu à l'égard de l'ensemble de la société. Dans sa préface à *Applications sociales de la solidarité* (1904), Léon Bourgeois écrivait en ce sens : « L'homme ne devient pas seulement au cours de sa vie débiteur de ses contemporains ; dès sa naissance, il est un obligé. L'homme naît débiteur de l'association humaine. » Débiteur parce qu'il jouit d'emblée de toutes les utilités accumulées par l'humanité, passée et présente. De son origine lointaine dans les replis du droit romain, la solidarité retient donc bien le sens d'une obligation contractée *per solidum* entre des débiteurs et des créditeurs [1] et renvoie ainsi d'emblée à l'idée de dette. La solidarité (de même que la mutualité d'ailleurs [2]) fonde l'obligation de chacun à l'égard des autres sur les avantages qu'offre le simple fait d'être né, d'avoir grandi, d'être tout simplement *en société*. Cette dette est en même temps un argument en faveur de la coopération sociale [3].

Cette idée d'une dette que chaque individu contracte à toutes les étapes de la vie, d'une dette qui le met en demeure de rendre à la société une part de ce qu'elle lui a donné avait précisément pour fonction de permettre le passage d'une analyse descriptive du lien social à une visée normative, tout en maintenant la possibilité de la propriété individuelle. Cela nous éclaire aussi sur le rôle que l'État doit assumer à cet égard. Les premiers penseurs de la solidarité ne considèrent pas, à l'instar de ce que défendait Rousseau dans le *Contrat*

1. Axel Gosseries, « Solidarité » in S. Mesure et P. Savidan, *Dictionnaire des sciences humaines*, *op. cit.*, pp. 1099-1101.

2. « Mutuel » et « mutualité » proviennent en effet du latin *mutuum* qui signifie « emprunt ».

3. Dans le style qui lui est propre Hegel notait également, dans *Droit naturel et droit politique* (1818-1819) : « Toute satisfaction de mes besoins est le résultat d'une médiation, intervient grâce à la volonté d'innombrables autres personnes. A cette fin, je dois aussi me donner la forme de l'universalité sous tous les aspects, renoncer à ma grossièreté naturelle : me montrer également utile aux autres » (repr. in Hegel, *La Société civile bourgeoise*, trad. et prés. J.-P. Lefebvre et *al.*, Paris, Maspero, 1975, § 91).

social, que la dépendance du citoyen à l'égard de la société soit d'une portée telle que sa vie puisse être considérée comme une sorte de « don conditionnel de l'État ». C'est que, pour ce solidarisme républicain, l'essentiel est moins dans la relation de l'individu à l'État que dans la relation des individus entre eux. Idée force, qui s'est estompée dans notre culture politique nationale : la solidarité suppose une forme de réciprocité généralisée beaucoup plus horizontale que ne paraît l'admettre une conception jacobine de l'État.

Cela signifie tout d'abord que la solidarité, dans sa formulation initiale, ne correspond pas à une approche passive de l'assistance. A des droits correspondent toujours des obligations. C'est un point dont on retrouvera la trace dans les programmes sociaux contemporains fondés sur un principe plus ou moins marqué d'activation (RMI, le Revenu de solidarité active tel que Martin Hirsch en défend le principe en France, etc.).

Cela signifie ensuite que la solidarité ainsi conçue engage une certaine représentation de l'État. Tocqueville entendait, dans son *Mémoire sur le paupérisme*, dénoncer les travers moraux et les effets sociaux pervers de la « charité légale ». Il percevait dans la charité privée une moralité dont « le droit du pauvre à un secours » lui semblait totalement dépourvu : la charité privée « avait le mérite d'établir entre le riche et le pauvre un lien précieux », tandis que « le riche, que la loi dépouille d'une partie de son superflu sans le consulter, ne voit dans le pauvre qu'un avide étranger appelé par le législateur au partage de ses biens. Le pauvre, de son côté, ne sent aucune gratitude pour un bienfait qu'on ne peut lui refuser et qui ne saurait d'ailleurs le satisfaire ».

Prenant résolument le contre-pied d'une telle analyse, la solidarité, comme doctrine et principe d'action, va se constituer comme une « alternative » à l'approche caritative des secours. L'effort de redistribution des richesses, pris en charge par l'État, n'est pas une forme d'altruisme, mais bien une manière d'honorer la dette sociale que tout individu a contractée à l'égard des générations passées et de ses contemporains. Renversement de vision : la solidarité publique n'est plus conçue comme un facteur de division, mais bien au contraire comme une expression, au sein de la nation, de la collectivité humaine.

Ce renversement se nourrit toutefois du maintien de la tension entre les deux pôles de la solidarité que sont, d'un côté, les droits et, de l'autre, les obligations. La solidarité ainsi instituée n'appelle pas l'émergence d'une « démocratie providentielle [1] » fondée sur l'idée d'un droit de tirage illimité de chacun sur la collectivité mais une figure de l'État dont la mission, selon Léon Bourgeois, est surtout d'intervenir pour rétablir l'équilibre entre travail et capital : « Le travail, manifestation de l'activité et de la liberté personnelles, est impuissant à fonder la propriété », constatait-il dans *Solidarité.* Si l'État doit intervenir, c'est pour éviter que la propriété redevienne « le privilège de ceux qui détiennent le capital ».

Poussant à son terme la logique de la mutualisation des risques et des avantages, le solidarisme a pu établir les bases intellectuelles sur lesquelles s'est édifié en France, au sortir de la Seconde Guerre mondiale, l'État social [2]. Nous n'avons toutefois pas su faire fructifier et évoluer l'héritage de sorte qu'il puisse, aujourd'hui, servir de cadre au nécessaire travail de réélaboration que requièrent la structure présente des risques sociaux et la reformulation de l'égalité des chances. L'héritage intellectuel et politique est cependant bel et bien là ; nous pouvons penser qu'il peut être reconquis et adapté aux conditions du temps présent.

Cette orientation solidariste est si peu étrangère à notre

1. Dominique Schnapper, *La Démocratie providentielle*, Paris, Gallimard, 2002.
2. Pierre Rosanvallon, *L'État en France de 1789 à nos jours*, *op. cit.*

expérience démocratique et moderne qu'elle a aussi trouvé à s'exprimer dans une certaine pratique de la philanthropie, dont nous savons qu'elle a suscité récemment un regain d'intérêt, notamment à l'occasion de l'annonce, faite en juin 2006, par le milliardaire américain Warren Buffett, de son intention de verser à diverses fondations philanthropiques, dont celle de Melinda et Bill Gates, 85 % de sa fortune, soit un peu plus de 35 milliards d'euros, c'est-à-dire trois fois le budget qu'il était prévu de consacrer en 2007, en France, à la solidarité et à l'intégration et plus de dix fois le montant annuel de l'aide publique internationale accordée aux pays en voie de développement. Ce n'est pas rien. En tenant compte de l'inflation, les sommes versées par Buffett représentent deux fois le montant des donations effectuées, toute leur vie durant, par deux autres géants de la philanthropie : Andrew Carnegie et John D. Rockefeller [1]. Nous atteignons là des sommets. Pour autant ce ne sont pas des actes isolés. A d'autres échelles, ces formes d'altruisme existent aussi. Les fondations se multiplient et leur capacité d'intervention s'accroît.

On peut bien sûr interroger la nature des raisons de l'acte philanthropique. Certains se plairont à supposer le remords de celui dont la fortune se serait faite « en exploitant le travail des autres » ou en privilégiant une logique de profit sur toute autre considération. Le philanthrope ne chercherait, autrement dit, qu'à apaiser sa conscience. Il pourrait aussi être en quête de quelque avantage, en termes d'image ou d'un point de vue fiscal. Ces critiques sont classiques. Il est possible qu'elles touchent juste à l'occasion, mais il serait absurde de vouloir réduire la philanthropie à de telles considérations [2].

1. Peter Singer, « What should a billionaire give – and what should you? », *The New York Times Magazine*, 17 décembre 2006.

2. Il serait tout aussi intéressant de se pencher sur les mobiles de la critique elle-même. Peut-être la philanthropie nous embarrasse-t-elle parce qu'elle nous pousse à nous demander si nous-mêmes, et quelles que soient la modestie et la nature de nos moyens, nous en faisons assez pour aider les autres.

Si nous laissons de côté les arrière-pensées que l'on impute aux uns et aux autres, pour considérer les arguments qu'ils vont valoir, la discussion peut devenir nettement plus féconde. A écouter les grands philanthropes et à les voir agir, on constate que la conception de la justice sociale que nous avons ici défendue, ainsi que ses présupposés, ne sont pas aussi utopiques qu'on sera sans doute tenté de le penser. Rawls explique, par exemple, que le mérite de chacun doit être réévalué à la lueur d'une vérité toute simple : l'acte par lequel des richesses sont produites est essentiellement un acte collectif, un acte social. Il est donc naturel que les rémunérations de chacun de ceux qui, de près ou de loin (dans l'espace et dans le temps), participent à cette création de richesses doivent en tenir compte. Warren Buffett ne dit pas autre chose lorsqu'il dénonce le caractère « disproportionné » de certaines rétributions : « personnellement, affirmait-il en 1995, je pense que la société est responsable d'un pourcentage significatif de ce que j'ai gagné. Plantez-moi au milieu du Bangladesh, du Pérou ou d'ailleurs, et vous verrez ce qu'est réellement capable de produire ce talent [qui est le mien] dès lors qu'il lui faut s'exercer sur le mauvais type de sol. Dans trente ans, je serai encore en train de lutter. Il se trouve que j'exerce dans un système de marchés qui a la particularité de récompenser de manière disproportionnée ce que je fais très bien [1] ». C'est vrai pour d'autres talents. Mike Tyson pouvait mettre K.O. un adversaire en 10 secondes et empocher pour cela 10 millions de dollars, un joueur de base-ball ou de football peut également percevoir des salaires mirobolants pour exercer ses talents dans un stade. Ces effets tiennent à des conjonctures et à un certain mode d'organisation de la société. Ce pourquoi le milliardaire américain

1. Janet Lowe, *Warren Buffett Speaks : Wit and Wisdom from the World's Greatest Investor*, New York, John Wiley, 1997, p. 164.

n'hésite pas à affirmer que ces rémunérations doivent beaucoup à la société elle-même : « Je pense que, là-dessus, la société possède un droit tout à fait conséquent [1]. » Buffett – qui parle tout de même en connaissance de cause – estime en d'autres termes que, pour l'essentiel, les grands magnats du monde des affaires « ne créent pas de la valeur ; ils la transfèrent de la société vers des actionnaires [2] ». Cela ne signifie pas qu'ils ne méritent pas de retenir une part de la richesse qu'ils gèrent, mais que l'on parle à tort du droit absolu qu'ils auraient sur ces biens. Leurs rémunérations ne récompensent pas que *leur* mérite.

Cela nous renvoie au problème plus fondamental de « la bonne administration de la richesse » qui a tant préoccupé le grand philanthrope américain d'origine écossaise, Andrew Carnegie [3]. Dans son célèbre *True Gospel concerning Wealth* [4], Carnegie établissait les principes de sa doctrine personnelle. Il commençait par indiquer que la bonne administration de la richesse était la clef de la fraternité entre les riches et les pauvres. Son point de vue était complexe et sans doute contradictoire, dans la mesure où il était commandé par une défense radicale de l'économie capitaliste et de l'individualisme qui la sous-tend, ainsi que par un engagement vigoureux en faveur d'une exigence de redistribution fondée sur des principes que l'on peut interpréter comme une critique de cet individualisme. Néanmoins et peut-être en raison même de cette tension interne, son point de vue est intéressant. Il n'ignorait pas les critiques qu'il était possible d'adresser au capitalisme industriel. Dans une veine que l'on pourrait dire tocquevillienne, il déplorait ainsi l'espace que l'organisation capitaliste de la production a introduit entre

1. *Ibid.*, p. 165.
2. *Ibid.*, p. 164.
3. Joseph Frazier Wall, *Andrew Carnegie*, University of Pittsburgh Press, 1989.
4. « Wealth », *North American Review*, CCXCL, juin 1889.

l'employeur et les employés. « Toute relation est entre eux parvenue à son terme. Des castes rigides se sont formées et, comme il est de coutume, l'ignorance mutuelle alimenta une défiance réciproque. Chaque caste n'éprouve nulle sympathie pour l'autre et se tient prête à accorder crédit à tout ce qui la rabaisse. » Ainsi, notait-il, « la société humaine perd de son homogénéité [1] ».

Il estime cependant que l'industrialisme capitaliste doit être préservé. Par son moyen, en effet, le niveau de vie de chacun dans la société a pu s'élever graduellement. Si l'on compare les époques, force est de reconnaître que celle du capitalisme a permis de rendre plus accessibles le confort, voire le luxe (du moins dans les pays occidentaux [2]). La logique que Carnegie identifiait derrière cette progression, fondée sur un critère d'efficacité, n'était pas sans une certaine touche de darwinisme. Il estimait aussi que la concentration des moyens industriels et commerciaux dans les mains de quelques-uns était tout à fait bénéfique à l'ensemble de la collectivité. Ces individus, par les talents si rares qu'ils possèdent d'organisateur et de gestionnaire, estimait-il, sont une chance pour la société. C'est d'ailleurs la raison pour laquelle de « considérables rétributions » viennent les récompenser. De « tels hommes créent du capital », affirmait-il ; sans eux, la richesse s'étiole. Pour Carnegie, par conséquent, « la contestation des fondements sur lesquels la société est établie n'est pas à l'ordre du jour [3] ». Ce n'est pas que cet ordre soit sans défaut, mais que toute autre option ayant été explorée et expérimentée (il en va ainsi, dit-il, du « communisme primitif »), nous savons que la condition de l'espèce humaine y est tout simplement meilleure.

1. *Ibid.*, p. 5.

2. Sur le lien de causalité entre la richesse des pays occidentaux et la pauvreté des pays en voie de développement, cf. Thomas Pogge, « Reconnus et bafoués par le droit international : les droits de l'homme des pauvres du monde », *Raison publique*, n°6, avril 2007, pp. 75-112.

3. A. Carnegie, « Wealth » , *op. cit.*, p. 7.

Carnegie serait tout prêt à admettre que l'individualisme sur lequel repose le présent système économique est moralement moins respectable, mais vouloir s'en détourner reviendrait à vouloir changer la nature humaine. A ses yeux, le rejet de l'individualisme est irréaliste et doit être récusé à ce titre : « Même si, pour un instant, écrit Carnegie, nous admettions qu'il pourrait être préférable pour l'espèce de rejeter son fondement présent, soit l'individualisme – de juger qu'est plus noble l'idéal stipulant que l'homme doit travailler, non pas seulement pour lui-même, mais pour l'ensemble de ses frères avec lesquels il mettra tout en commun, réalisant ainsi l'idée du paradis chère à Swedenborg [...] – même si nous admettions cela, l'objection s'imposera d'elle-même : ce n'est pas une évolution, mais une révolution, qui requiert de changer la nature même de l'être humain [1]. » Carnegie a donc le sentiment de devoir s'opposer à une telle perspective au nom du pragmatisme moral : « notre devoir concerne ce qui est praticable ici et maintenant ». Mais alors, sachant cela, quelle est l'administration appropriée de la richesse ?

Carnegie développe, à partir de là, une doctrine de la philanthropie qui présente à certains égards un grand intérêt pour nous. Dans ce cadre, l'héritage devient illégitime. Les parents doivent évidemment donner à leurs enfants les moyens de gagner leur vie et éviter qu'ils se trouvent réduits à vivre dans la pauvreté. Mais leur obligation ne va pas au-delà. « Pourquoi les hommes devraient-ils léguer de vastes fortunes à leurs enfants? Si c'est par affection, n'est-ce pas une affection bien mal avisée ? » Pour Carnegie, l'héritage est plus souvent une affaire de fierté familiale que d'affection pour les enfants ou de souci de leur bien-être. Comme par ailleurs, la modération est de mise dans les usages de la

1. *Ibid.*

fortune, il reste alors à déterminer ce qu'il convient de faire de celle dont on n'a pas l'usage.

On pourrait certes la léguer à l'État, mais l'option qui paraît à Carnegie la plus satisfaisante consistera à laisser l'entrepreneur faire ce qu'il fait le mieux : gérer lui-même, directement, cette fortune au profit de la collectivité. Tel est, selon lui, « le véritable antidote à la répartition temporairement inégale de la richesse », celui qui fera advenir la « réconciliation du riche et du pauvre ». C'est fort d'une telle ambition que Carnegie a investi des sommes considérables dans le domaine de l'éducation et de la culture, avec la création notamment de près de 2500 bibliothèques, aux États-Unis et dans le monde. Le surplus de richesse de quelques-uns devenait ainsi « au meilleur sens du terme, la propriété du plus grand nombre, parce qu'administré pour le bien commun [1] ». Carnegie n'avait sans doute pas le sentiment de faire autre chose que ce qui était là requis de lui.

La question de savoir si la philanthropie est le meilleur ressort de la solidarité n'est pas ici le problème. Nous avons vu les raisons pour lesquelles Tocqueville estimait que la charité privée serait toujours moralement supérieure à la charité légale. L'existence même de la philanthropie est une critique adressée à la société et aux pouvoirs publics. Elle pointe les carences de la volonté publique. Elle dénonce son manque de réactivité, son bureaucratisme pesant, son manque d'efficacité, ses effets pervers aussi, dans la mesure où le fait de payer des impôts peut trop souvent servir de justification à l'indifférence que l'on peut afficher alors en toute bonne conscience à l'égard de la détresse sociale qui nous entoure. Il n'en demeure pas moins qu'au fil du temps de nombreuses critiques se sont accumulées contre la prise en charge privée de la solidarité. On a dénoncé le paterna-

1. *Ibid.*, p. 15.

lisme, la domination, le manque d'efficacité, le caractère parfois injuste et discontinu de la bienfaisance privée; et c'est pour tenter de remédier à ces difficultés qu'on a voulu lui substituer une protection sociale publique, anonyme, que l'on voulait efficace, moralement neutre, détaillée, également répartie à l'échelle des territoires concernés [1].

Mais, ici du moins, peu importe. Ce qui est surtout intéressant pour notre propos, c'est de constater que des hommes tels que Carnegie aient pu être conduits à penser qu'avec les richesses accumulées, ils avaient en même temps contracté une dette à l'égard de la société; dette dont ils ne peuvent s'acquitter que par la bienfaisance. Le devoir de « l'homme de biens », nous dit Carnegie, est, tout d'abord, de donner l'exemple en adoptant un mode de vie « modeste, non ostentatoire, sans étalage de richesses ni extravagances et de subvenir avec modération aux besoins légitimes de ceux qui dépendent de lui ». Son devoir est ensuite « de considérer tous les revenus supplémentaires dont il dispose comme des fonds en fiducie qu'il est appelé à administrer, et qu'il est strictement de son devoir d'administrer d'une façon qui lui paraîtra être la mieux à même de produire les résultats les plus bénéfiques pour la communauté [2] ». Cette manière de concevoir la bienfaisance présente évidemment une dimension fortement paternaliste, mais, pour autant, il faut mesurer l'importance d'une démarche intellectuelle qui, bien que fondée sur un très puissant engagement en faveur des valeurs de l'individualisme, trouve dans cet engagement

1. Hobbes considérait ainsi qu'il y avait quelque risque à vouloir faire dépendre la solidarité de la charité privée : « Beaucoup de personnes, à la suite d'un accident imprévisible, écrivait-il dans le *Leviathan*, étant devenues incapables de subvenir à leurs besoins par leur travail, ne doivent pas être abandonnées à la charité privée, mais elles doivent être prises en charge (autant que les nécessités naturelles l'exigent) selon les lois de l'État. Car tout comme c'est un manque de charité de la part de quiconque de ne pas s'occuper des invalides, c'est de même un manque de charité de la part de l'État de les exposer au hasard d'une charité aussi incertaine » (*Leviathan, op. cit.*, chap. 30, p. 509).

2. Carnegie, « Wealth », *op. cit.*, p. 19.

même les ressorts d'une forme d'*auto-expropriation.* Le superflu dans la richesse est un moyen à mettre au service de la collectivité. Ce n'est pas un dangereux utopiste qui défend une telle idée, mais un capitaliste bon teint, raisonnable et simplement soucieux du devenir des autres. Dans ce cas de figure, le philanthrope n'est plus un « propriétaire » qui choisit de pratiquer sur lui-même une sorte de fiscalité supplémentaire, de la même manière que l'on cherche à s'obtenir quelque supplément d'âme, mais c'est un individu qui estime devoir mobiliser ses capacités pour administrer une fortune qui n'est plus tout à fait la sienne.

Cette idée n'est évidemment pas équivalente à celle que nous avons pu défendre, en nous appuyant sur la critique rawlsienne du « mérite moral » et de l'individualisme possessif. Mais nous voyons bien qu'elles entretiennent comme un certain rapport de parenté que nous pouvons faire remonter à cette évidence : la richesse d'une collectivité n'est pas l'agrégat de richesses individuellement produites. Si ce devait être le cas, imaginez le type d'absurdité que nous serions contraints d'admettre. Il faudrait par exemple en conclure que la différence de revenus moyens entre les pays riches et les pays en voie de développement s'explique par un simple écart de motivation, de mérite, d'effort. L'absurdité du propos saute immédiatement aux yeux. C'est donc bien que la richesse est produite grâce à un certain contexte institutionnel et naturel qui ne doit pas grand-chose à chacun d'entre nous pris individuellement. Léon Bourgeois le soulignait avec force au début du XXe siècle : « Les aptitudes de notre corps, les instruments et les produits de notre travail, les instincts qui veillent en nous, les mots dont nous nous servons, les idées qui nous guident, la connaissance que nous avons du monde qui nous entoure, qui nous presse et que cependant nous dominons, tout cela est l'œuvre lente du passé ; tout cela, depuis le jour de notre naissance, est sans cesse mis par ce passé à notre disposition, à notre portée, et, pour la plus grande part, s'incorpore en nous-mêmes [1]. »

Herbert A. Simon, qui reçut en 1978 le prix Nobel d'économie, a souligné dans une perspective finalement voisine que les différences de revenus moyens s'expliquent, de manière bien plus plausible, par les différences de ressources disponibles *per capita* dans chaque pays. « Ces différences, écrit-il, ne sont pas simplement une question d'hectares de terre ou de tonnes de charbon ou de fer, mais, plus significativement, elles renvoient à des disparités de capital social – et principalement de connaissances accumulées (technologie, aptitudes organisationnelles et gouvernementales) [2]. » Pour Herbert Simon, ce qui vaut entre les nations vaut également entre les individus dans chaque nation : les différences qu'on y observe « peuvent être attribuées à des différences dans la propriété de capitaux, dont l'essentiel est d'ordre social : connaissance et participation à des réseaux de parenté et à d'autres relations sociales privilégiées ».

L'argument que l'on invoque en règle générale pour justifier de très fortes inégalités de revenus et de patrimoines présuppose un régime de concurrence parfaite présidant au fonctionnement de tous les marchés, chaque facteur de production étant rémunéré sur la base de leur valeur marginale et les externalités n'existant pas. Simon juge que « pour aucune société réelle, ce présupposé ne tient, ne serait-ce que de manière raisonnablement approximative [3] ». L'accès au capital social est « pour une large part le produit d'externalités : appartenance à une société particulière, interactions avec certains membres de cette société dans le cadre de pratiques qui, communément, accordent un accès privilégié

1. Léon Bourgeois, *Solidarité*, *op. cit.*, p. 118.
2. Herbert A. Simon, « UBI and the flat tax » in Philippe Van Parijs, *What's Wrong with a Free Lunch*, Boston, Beacon Press, 2001, pp. 34-35.
3. *Ibid.*, p. 35.

à certains individus plutôt qu'à d'autres ». Warren Buffett ne suggérait pas autre chose lorsqu'il proposait d'imaginer quelle serait la valeur de son talent s'il devait l'exercer au fin fond du Bangladesh.

Toute la difficulté bien sûr est de savoir comment mesurer ces externalités « que l'on doit considérer comme appartenant de manière conjointe à tous les membres de la société ». Sur la base d'une comparaison entre la situation des pays pauvres et celle des pays riches, Herbert Simon parvient à une estimation tout à fait déconcertante par son ampleur : « Quand nous comparons les nations les plus pauvres aux pays les plus riches, écrit-il, il est difficile de ne pas en conclure que le capital social peut produire au moins quatre-vingt-dix pour cent des revenus dans les sociétés riches, États-Unis et pays d'Europe occidentale. » Dès lors, il peut ajouter que « d'un point de vue moral, nous pourrions défendre un taux d'imposition sur le revenu de 90 %, afin de retourner cette richesse vers ses véritables propriétaires ». Alors, bien sûr, cet argument n'est que moral pour Simon. Il introduit immédiatement dans son raisonnement une exigence : celle de tenir compte des facteurs d'incitation nécessaires. Un impôt de cet ordre pourrait être jugé désincitateur. Mais tout cela n'est plus affaire de principes à ses yeux. Il s'agit simplement de mener des expériences pour déterminer à quel niveau il faudrait situer l'imposition pour que les individus restent raisonnablement productifs. A 70 % de niveau d'imposition, ils le seraient sans doute, selon lui, très largement [1].

On peut désapprouver de telles conclusions – encore faut-il le faire avec de réels arguments –, mais il demeure, et c'est là le point essentiel pour nous, que les prémisses de ce raisonnement sont quant à elles difficilement contestables : le

1. *Ibid.*, pp. 36-37.

capital social est le principal vecteur de la richesse. Sur des modes évidemment fort différents, c'est aussi vers ce type de constat que tendent Andrew Carnegie ou Warren Buffett. Dès lors que nous accepterons de nous rendre à cette évidence, nous pourrons sans difficulté commencer d'instaurer les conditions pour la réalisation d'une égalité des chances soutenable. C'est un minimum.

Une démocratie de propriétaires

Au-delà de l'exploration de cette dimension féconde de l'héritage républicain [1] et des ressorts de la philanthropie, se pose la question des implications pratiques de cette forme d'égalité des chances que l'on pourrait dire « solidariste », pour la distinguer de la nature foncièrement individualiste de la conception capacitaire. Le chantier est imposant et d'une multidimensionalité telle que pour en traiter utilement il faudrait, non pas un nouvel ouvrage, mais probablement plusieurs. Cela ne doit pas néanmoins nous dispenser d'indiquer, dans cette perspective, certains des axes très généraux qui nous paraissent les plus pertinents.

L'égalitarisme des chances, ramené aux seules conditions qui le rendent non contradictoire, est un idéal normatif dynamique, au sens où il est structuré pour prendre en compte les inégalités sociales telles qu'elles se manifestent dans un certain rapport à la temporalité. Son ambition n'est pas seulement d'instaurer une société juste, mais d'établir les règles à partir desquelles peut advenir une société *durablement* juste. Il ne s'agit pas de nier l'importance de l'égalisation des circonstances matérielles, ici et maintenant. De nom-

1. Cf. Jean-Fabien Spitz, *Le Moment républicain en France*, Paris, Gallimard, 2005 ; Sudhir Hazareesingh, *Intellectual Founders of the Republic. Five Studies in Nineteenth Century French Political Thought*, Oxford, Oxford University Press, 2001.

breux travaux démontrent de manière tout à fait convaincante qu'il est absurde de vouloir opposer égalisation des opportunités et égalisation des conditions [1]. L'enjeu est bien plutôt d'identifier les conditions susceptibles d'être mobilisées en tant que ressources par les individus et faire ainsi de la justice sociale une forme « d'investissement social [2] ». Forts de ces ressources, les individus doivent pouvoir orienter et planifier certains de leurs efforts en fonction d'un projet de vie qu'ils possèdent, au moins sous une forme intuitive [3]. Ainsi l'égalitarisme des chances pourra-t-il espérer atteindre son but : réduire autant que possible les inégalités entre citoyens en termes de perspectives de vie [4].

Pour cela cependant, il faut qu'un certain nombre de conditions soient réunies qui, toutes, visent une sécurisation de la condition individuelle [5]. Sans cette sécurisation, l'égalité des chances ne sera jamais qu'une forme héritée, arbitraire, plus ou moins dissimulée, de triage social. Cette sécurisation correspond à un besoin que rendent aigu certaines tendances de la vie sociale.

De nombreux sociologues se sont penchés sur les transformations de la condition contemporaine dans le monde occidental. Peter Wagner juge que nous serions, depuis les années 1970, entrés dans la seconde crise de la Modernité résultant de résistances au libéralisme individualiste (la première datant de la fin du XIXe siècle) [6]. Le diagnostic

---

1. Ronald Dworkin, *Sovereign Virtue. The Theory and Practice of Equality*, Cambridge, Harvard University Press, 2000, pp. 11-119. Éric Maurin, *L'Égalité des possibles*, *op. cit.*, pp. 45-65 ; cf. également Marc Fleurbaey, *Capitalisme ou démocratie ?*, Paris, Grasset, 2006, pp. 25-77. C'est à ce constat que parvient Marie Duru-Bellat, « Les inégalités sociales à l'école : des analyses sociologiques aux interrogations politiques » in J.-P. Fitoussi & P. Savidan (dir.), *Comprendre les inégalités*, Paris, PUF, 2003, pp. 53-68.

2. Gosta Esping-Andersen, *Why We need a New Welfare State*, *op. cit.*, pp. 9 *sqq.*

3. *La Justice comme équité*, *op. cit.*, p. 195.

4. *Ibid.*, p. 84.

5. Robert Castel, *Propriété privée, propriété sociale, propriété de soi*, *op. cit.*

6. Peter Wagner, *Liberté et discipline? Les deux crises de la modernité*, tard. J.-B. Grasset, paris, Metailié, 1996.

d'Anthony Giddens emprunte d'autres pistes, mais revient aussi à constater un basculement : nous serions sortis de la « Modernité simple » pour entrer dans un âge nouveau, celui de la « Modernité réflexive ». Ce passage d'une époque à l'autre, Giddens l'explique par l'intensification de la réflexivité chez les individus. La mise à distance que suppose la réflexion trouve dans l'univers de la mondialisation de nombreux points d'appui. La confrontation avec d'autres, dans des champs spatio-temporels indéfinis ouverts notamment par les médias de masse, alimente cette distance critique en même temps qu'elle renforce le sentiment d'incertitude [1]. Cette théorie de la « modernisation réflexive [2] » souligne que, contrairement à l'idéal de maîtrise que cultivaient les Lumières, l'accumulation de la connaissance, le développement des techniques de tous ordres n'accroît pas la maîtrise mais conduit à une sorte d'incertitude généralisée – thème que Beck avait également développé dans *La Société du risque* en 1986. Cette incertitude est en même temps étroitement liée à la distance prise avec la tradition et les rôles que celle-ci contribuait à définir substantiellement. Nous retrouvons ici ce que nous évoquions précédemment au titre de l'individualisation. Nous n'y revenons pas, si ce n'est pour souligner le lien étroit qui doit ici apparaître clairement entre réflexivité et individualisation.

C'est à la faveur de ce lien que l'individu, confronté à une pluralité de possibles, se voit défini par ses capacités à se réaliser lui-même. Si la social-démocratie historique doit être profondément remaniée, c'est qu'elle n'est plus adaptée aux conditions qui définissent cette nouvelle étape de la Moder-

1. Anthony Giddens, *Les Conséquences de la Modernité* (1990), trad. fr. O. Meyer, Paris, L'Harmattan, 1994, pp. 19 *sqq*.

2. U. Beck, A. Giddens & S. Lash, *Réflexive Modernization. Politics, Tradition and Aesthetics in the Modern Social Order*, Cambridge, Polity Press, 1994.

nité avancée [1]. Elle était tributaire d'une certaine représentation du système de production de masse, il lui faut maintenant prendre acte des transformations de l'économie ; elle était polarisée sur les questions de rapports de classe, il lui faut désormais aller au-delà (ce qui ne veut pas dire qu'il faut les oublier, loin de là) et prendre en compte les profondes mutations intervenues dans la politique de l'identité, que signale notamment le nouveau statut des femmes, qui coïncide avec leur autonomisation et leur arrivée massive sur le marché du travail. Cette social-démocratie classique était fixée sur le cadre national ; il lui faut dorénavant savoir répondre aux effets de la mondialisation.

Ces évolutions multiples se traduisent par un renforcement des inégalités sociales dans le rapport au temps. Nous pouvons identifier au moins quatre foyers de préoccupations :

— Si l'on considère la situation française, tous les indicateurs convergent pour signaler une augmentation croissante de la précarité dans le rapport à l'emploi et des inégalités de plus en plus marquantes dans le rapport à la précarité. Les tendances les plus fortement inégalitaires sont liées au développement et à la concentration sociale de ce que Robert Castel a appelé le « précariat ». Alors que, dans les années 1980, la précarité restait, d'une année sur l'autre, le lot de 20 % des précaires, aujourd'hui, ce noyau dur de la précarité a pris plus d'importance : ils sont désormais 30 %. Quant à la proportion des personnes en situation de précarité sur trois ans, elle ne cesse d'augmenter. Elle était de 4 % en 1982. En 2002, elle était de 10 %. Et tout indique que la situation a continué de se dégrader sur ce plan [2]. Or la

1. A. Giddens, « La troisième voie. Le renouveau de la social-démocratie », in A. Giddens & T. Blair, trad. fr. L. Bouvet & *al.*, Paris, Seuil, 2002, pp. 31 *sqq.*

2. Comme l'a souligné l'économiste Denis Fougère, « le sentiment de précarité, c'est une réalité et une réalité de plus en plus massive ». Propos tenu lors de la journée d'études organisée le 26 avril 2006 par le Conseil d'analyse stratégique. Cf. *Faire société en France et en*

précarité a un impact direct sur la manière dont les individus se rapportent au temps – le temps propre, celui du présent et de l'avenir – et, par conséquent, à la collectivité.

— Autre figure des inégalités ayant trait au temps : les inégalités entre générations se sont nettement creusées [1]. Il y aura bien sûr le problème des retraites, mais d'ores et déjà les inégalités sont flagrantes au niveau des revenus, de la progression salariale ou en matière de patrimoine. Les personnes de plus de 50 ans, en 2004, ont ainsi un patrimoine brut plus important en termes relatifs qu'en 1992, alors que les moins de 30 ans ont un patrimoine brut plus faible. Or cette question des patrimoines n'est pas du tout anodine, surtout dans un contexte économique marqué par une fragilisation des relations d'emploi et un renforcement du risque de chômage.

— Les inégalités se reproduisent aussi de manière ciblée du fait des difficultés qu'il y a, en France, à combiner vie familiale et vie professionnelle. L'état de friche dans lequel se trouve aujourd'hui cet important chantier est au cœur des inégalités dont souffrent les femmes et, à travers elles, les enfants. Il est urgent, comme nous y invitent la sociologue Dominique Méda et l'économiste Hélène Périvier, que l'on se mobilise collectivement pour faire émerger ce nécessaire « deuxième âge de l'émancipation » des femmes [2].

— Enfin – et c'est sans doute le point qui englobe tous les autres – il faut interroger les conditions de diffusion de ce patrimoine qu'est la formation initiale et la façon dont le bien-être se trouve clairement corrélé à sa répartition sociale. Les inégalités se creusent ainsi nettement, en termes de perspectives de vie, entre ceux qui peuvent bénéficier, en

Europe au début du XXIe siècle, actes de la journée disponibles sur le site du Conseil d'analyse stratégique.

1. Louis Chauvel, *Les Classes moyennes à la dérive*, Paris, Seuil, 2006.

2. Dominique Méda et Hélène Périvier, *Le Deuxième Age de l'émancipation*, Paris, Seuil, 2007.

raison de leur formation et de leurs qualifications, de la mondialisation économique et ceux qui en subissent de plein fouet les conséquences [1]. Entre une politique de libéralisation intégrale et la tentation du protectionnisme, il existe une voie qui passe par la sécurisation et l'amélioration des conditions de vie de ceux qui subissent le plus négativement les effets de la mondialisation, soit les milieux situés au bas de l'échelle sociale [2]. Relever globalement le niveau des qualifications de la main-d'œuvre s'inscrit dans le double projet d'un renforcement des dispositifs de requalification et celui d'un développement d'une stratégie sociale axée sur les enfants et l'éducation dont on sait qu'elle est la plus efficace en termes de justice sociale [3].

Faire reculer la précarité, en s'attaquant aux multiples formes qu'elle peut prendre : dans le rapport à l'emploi, mais aussi dans l'évaluation de la performance et dans la reconnaissance [4], agir sur les ressorts de la vulnérabilité sociale, intervenir sur les processus sociaux de relégation, et surtout rendre globalement moins « punitif » le jeu des mobilités impliquées par l'égalité des chances, par la réduction des écarts qu'elle induit, grâce notamment à une fiscalité progressive clairement assumée (incluant notamment des crédits d'impôts) : ce sont là des chantiers auxquels on peut

1. Sur les impacts différenciés, internes, de la mondialisation sur les régimes de protection sociale, voir Maurizio Ferrara & Martin Rhodes (dir.), *Recasting European Welfare States*. Londres, Frank Cass, 2000. Sur la nouvelle politique spatiale de la protection sociale, voir également de Maurizio Ferrara, son ouvrage très stimulant, *The Boundaries of Welfare*, Oxford, Oxford University Press, 2005.

2. Joseph Stiglitz, *Un autre monde*, trad. P. Chemla, Paris, Fayard, 2006, pp. 371-373.

3. Dans cette perspective, soulignons que les mesures les plus ambitieuses ne sont pas toujours les plus coûteuses. Gosta Esping-Andersen faisait ainsi récemment remarquer que l'éradication de la pauvreté infantile en France ne représenterait financièrement qu'un coût supplémentaire équivalant à 0,4 % du PIB (« Vers un Etat-providence centré sur l'enfance », *Le Monde*, édition datée du 8 novembre 2006). Sur un plan plus global, cf. Gosta Esping Andersen et *al.*, *Why We Need a New Welfare State*, Oxford University Press, 2002. Éric Maurin, *Le Ghetto français. Enquête sur le séparatisme social*, Paris, Seuil, 2004.

4. Cela ne va pas évidemment pas de soi, en dépit du volontarisme publique que l'on peut affirmer. C'est ce que montre l'histoire longue des rapports entre précarité et salariat proposée par Anne-Sophie Beau, *Un siècle d'emplois précaires*, Paris, Payot, 2004.

vouloir s'atteler sans pour autant exprimer, ce faisant, une quelconque aversion pathologique pour le risque. Nulle « risquophobie » n'est ici à déplorer, puisque au contraire il s'agit – non pas au niveau du système global de la protection sociale, mais dans cette relation au principe de juste égalité des chances – de concevoir des aménagements institutionnels qui rendent la prise de risques de nouveau concevable [1]. Lorsqu'ils n'ont plus rien à perdre, les individus sont prêts à tout risquer. Ce n'est toutefois pas un tel sens du risque qu'il s'agit de promouvoir. Le risque doit être un risque raisonnable pour des individus qui ont souvent par ailleurs des responsabilités. Et le risque raisonnable est celui qui ne laisse pas l'individu complètement démuni lorsqu'il se réalise.

Une conception soutenable de l'égalité des chances, par la redescription de l'individu et du rapport au social qu'elle implique, apporte des éléments de clarification essentiels pour sortir, nous l'avons vu, de certains faux débats. Si l'on attend de l'égalité des chances qu'elle stabilise l'ordre social et soutienne, *dans la durée*, la coopération et la cohésion sociales, il faut la définir en fonction de ces exigences. L'égalité des chances, sous quelque angle qu'on la prenne, ne peut servir des objectifs de cohésion sociale que si les écarts entre gagnants et perdants sont réduits et si elle n'entraîne pas de trop forte concentration des richesses, des moyens de production et du capital humain [2]. L'égalité des chances,

1. Robert Castel, « "Risquophiles", "risquophobes" : l'individu selon le MEDEF », *Le Monde*, édition datée du 7 janvier 2001.

2. Rawls fait jouer à ce niveau le « principe de différence » qui prévoit que les seules inégalités acceptables sont celles qui améliorent la condition des personnes les plus défavorisées. A cette contrainte près, le degré des inégalités n'est lui-même pas limité. L'interprétation que nous avançons conduit au-delà d'une détermination relative du niveau de vie des plus démunis. Sans doute cette perspective est-elle plus aisément envisageable en recourant au premier principe de justice et à la possibilité de fixer, dans ce cadre (celui des *constitutional essentials*), un revenu minimum garanti. Voir, sur le principe de justice, l'interprétation de Thomas Pogge (*Realizing Rawls, op. cit.*, pp. 196 *sqq.*) et celle de Philippe Van Parijs (« Difference principles » in Samuel Freeman [dir.], *The Cambridge Companion to Rawls*, Cambridge, Cambridge University Press, 2003, pp. 200-240).

autrement dit, n'est acceptable que si elle produit des rapports sociaux qui ne rendent pas impossible l'égalité des chances. Tel est le critère d'une conception juste et soutenable de l'égalité des chances.

C'est dans une telle perspective que l'on peut resituer cet idéal d'une « *démocratie de propriétaires* » dont Rawls défend le principe en s'appuyant sur un bref essai de James Meade, publié dans les années 1960, *Efficiency, Equality, and the Ownership of Property*[1]. Dans cet ouvrage, l'économiste anglais, nobélisé en 1977 pour ses travaux sur le commerce international et les mouvements de capitaux, indique quel lui paraît être le moyen de promouvoir une société plus égalitaire tout en préservant l'efficacité du système économique. Il y développe une forte critique de l'Etat-providence qui se fonde notamment sur la conviction que la redistribution perturbe le régime des prix et, pesant sur le dynamisme de l'économie, a pour effet, non seulement de réduire les richesses susceptibles d'être redistribuées, mais aussi d'exclure du marché du travail les ouvriers les moins productifs. Les solutions qu'il propose passent donc par la promotion d'une *démocratie de propriétaires*, qu'il définit par un ensemble de mesures qui doivent, selon lui, assurer une plus large dissémination sociale de la propriété des moyens de production et des richesses, en jouant notamment sur les lois de succession. C'est dans cette perspective que dit se situer Rawls[2].

Ce positionnement n'est pas anodin. La *Théorie de la justice* a été, en effet, assez souvent interprétée comme une forme

1. Londres, Allen & Unwin, 1964.

2. Dans *La Théorie de la justice* (*op. cit.*, p. 371n.), il renvoie explicitement à l'ouvrage de Meade et dans *La Justice comme équité* (*op. cit.*, p. 187n.), il signale la dette qu'il dit avoir contractée vis-à-vis de Richard Krouse & Michael McPherson, « Capitalism, "Property-owning democracy" and the welfare State » in Amy Gutman (éd.), *Democracy and the Welfare State*, Princeton, Princeton University Press, 1988. De ces auteurs signalons également « A "Mixed" – property regime : equality and liberty in a market economy », *Ethics*, vol. 97, 1986, pp. 119-138.

assez banale au fond de justification de l'Etat-providence [1]. Allan Bloom, dans un article particulièrement sévère à l'égard de la *Théorie de la justice*, avait même affirmé qu'« en dépit de son égalitarisme radical, ce livre [n'était] pas un livre radical [2] ». Ses reproches étaient multiples : il lui tenait rigueur d'avoir renoncé à défendre la démocratie libérale sur le plan de la nature et de l'histoire, d'avoir fait preuve d'une consternante ignorance de la tradition de la philosophie politique [3] et de n'avoir cherché finalement qu'à justifier les attentes du plus grand nombre : ses lecteurs « seront poussés dans une direction prévoyant plus de réformes et plus de tolérance conformément aux tendances actuelles de notre régime ; et ils se verront offrir une plate-forme qui séduira le libéral type des pays anglo-saxons : démocratie plus Etat-providence [4] ». Comme nous allons le voir, cette lecture, sans doute suggestive à certains égards, est tout de même un peu rapide. De même, en désignant comme « capitaliste », la conception rawlsienne de la propriété privée, on a sans doute mésestimé le degré d'égalisation de la propriété que celle-ci supposait [5]. C'est ce qu'a voulu souligner Rawls dans la dernière formulation de sa *Théorie de la justice*, en indiquant de manière beaucoup plus nette qu'auparavant son rejet de l'Etat-providence capitaliste, et ce au bénéfice de deux autres régimes entre lesquels il affirme ne pas pouvoir trancher : le socialisme libéral ou la « démocratie de propriétaires ».

Sur le socialisme libéral – que définit, assez strictement, le

1. Voir, à ce propos, Robert Paul Wolff, *Understanding Rawls. A Reconstruction and Critique of « A Theory of Justice »*, Princeton, Princeton University Press, 1977, p. 175.

2. Allan Bloom, « Justice : John Rawls *vs.* the tradition of political philosophy », *The American Political Science Review*, vol. 69, n° 2, juin 1975, pp. 648-662.

3. Pour contrebalancer une telle appréciation, on se référera utilement aux précieuses contributions de Rawls à l'histoire de la philosophie morale et politique : *Leçons sur l'histoire de la philosophie morale* (2000), trad. M. Saint-Upéry & B. Guillarme, Paris, La Découverte, 2002 ; *Lectures on the History of Political Philosophy*, Harvard, Belknap Press, 2007.

4. Bloom, *op. cit.*, p. 649.

5. Richard Krouse & Michael McPherson, « Capitalism, "property-owning democracy" and the welfare State », *op. cit.*, p. 79.

fait que la société soit elle-même propriétaire des moyens de production – il reste assez peu disert. Certains pourront juger que le fait de ne pas exclure, par principe, un tel régime de propriété collective démontre la radicalité du propos. D'autres, non sans raison d'ailleurs, s'interrogeront sur le type de « libéralisme » que pourrait laisser subsister un tel socialisme. Rawls s'en explique seulement en distinguant la propriété des moyens de production – qui donc sera « sociale » – du contrôle de ces mêmes moyens qui, lui, sera démocratique. Dans un tel régime, indique-t-il, « le pouvoir économique est dispersé entre les entreprises, comme lorsque, par exemple, la direction et la gestion d'une entreprise sont élues par sa propre main-d'œuvre, si elles ne sont pas directement entre les mains de celle-ci ». Et Rawls d'ajouter : « Par opposition à une économie dirigée par un État socialiste, les entreprises poursuivent leurs activités dans le cadre d'un système de marchés libres et compétitifs. Le libre choix des professions est également garanti [1]. »

Pour Rawls, la « description idéale » de cette forme de socialisme est – au même titre que la « démocratie de propriétaires » – tout à fait respectueuse des deux principes de justice, et ce, contrairement au capitalisme néolibéral, au providentialisme capitaliste et au socialisme d'État [2].

On peut avoir de sérieux doutes sur le sens que pourrait avoir un contrôle démocratique des moyens de production dans un contexte où la propriété de ceux-ci serait conçue comme étant sociale. Sans être d'emblée hostile à ce type d'organisation économique, Robert Dahl a souligné la tension qui ne peut guère manquer de survenir entre l'État et ces unités de production, quand bien même on reconnaîtrait

1. *La Justice comme équité*, *op. cit.*, p. 191.
2. *Ibid.*, pp. 190-191.

à celles-ci un certain degré d'autonomie [1]. On conçoit en effet assez mal comment l'État, soumis à une forte pression législative, exécutive et bureaucratique, pourrait s'abstenir de chercher à orienter directement l'organisation de ces unités de production. Si ce n'est plus l'État qui est propriétaire, mais la société, les difficultés n'en disparaissent pas pour autant. La société ne pouvant faire valoir ses droits et ses titres que par ses institutions, nous nous retrouvons face au problème posé par la propriété étatique : que serait un contrôle démocratique de la propriété sociale des moyens de production ? Dans le contexte d'une économie fortement décentralisée – comme ce fut le cas en Yougoslavie au sortir de la Seconde Guerre mondiale –, le problème pourrait se présenter en des termes sensiblement différents, mais il se présenterait toujours néanmoins. S'y ajoute une autre difficulté : la direction de ces unités peut très bien être progressivement tentée de s'approprier les moyens de production (ou un groupe, dans cette unité, une partie de ceux-ci) pour pouvoir pleinement les gérer, expropriant en quelque sorte la société. On s'orienterait alors davantage vers une forme de propriété de type coopératif [2].

Rawls définit la propriété collective des moyens de production comme propriété sociale, mais sans préciser sa manière de concevoir l'articulation entre « propriété sociale » et contrôle démocratique des entreprises. De ce point de vue, son analyse reste donc insatisfaisante [3]. S'il ne tranche pas cependant entre « socialisme libéral » et « démocratie de propriétaires », c'est que le choix entre ces deux options doit,

1. C'est une possibilité que suggère David Miller, « Socialism and the market », *Political Theory*, 5, 1977, pp. 473-489.

2. R. Dahl, *A Preface to Economic Democracy*, Berkeley, University of California Press, 1985, pp. 136-160.

3. C'est aussi le sens de la critique que Jon Elster adresse à Richard Krouse & Michael McPherson qui défendent une option similaire in « Comments on Krouse and McPherson », *Ethics*, vol. 97, 1986, pp. 146-153.

selon lui, essentiellement dépendre du contexte : « Lorsqu'il s'agit de choisir entre une démocratie de propriétaires et un régime socialiste libéral, on examine les conditions historiques de la société, ses traditions de pensée politique, sa pratique, et beaucoup d'autres éléments. La justice comme équité ne tranche pas entre ces régimes [1]. »

Rawls sera en revanche un peu plus précis sur la nature de la « démocratie de propriétaires ». La raison en est simple : dans la mesure où ce régime permet la propriété privée des moyens de production, il peut être confondu avec le modèle capitaliste de l'Etat-providence. Son ambition est donc de marquer les différences afin d'indiquer le sens de son rejet de l'Etat-providence.

Pour Rawls, ce dernier vaut en effet à peine mieux que le « capitalisme du *laissez-faire* ». Son principal défaut? Celui « d'autoriser des inégalités très importantes en matière de propriété réelle (celle des moyens de production et des ressources naturelles) », à tel point, précise-t-il, « que le contrôle de l'économie et de l'essentiel de la vie politique reste entre quelques mains ». On ne peut même pas complètement se satisfaire, ajoute-t-il, de la générosité de ses mécanismes redistributifs, car s'ils peuvent, certes, aller jusqu'à « garantir un minimum social qui couvre les besoins essentiels » des individus, ils n'intègrent pas cependant un principe de réciprocité dans la régulation des inégalités socio-économiques [2]. L'égalité des chances qui opère dans un tel contexte ne saurait donc être juste, au sens où, au fond, elle se présenterait elle-même comme une forme de conservatisme tout entier voué à figer un certain rapport de forces entre des groupes privilégiés et les moins bien lotis.

Balzac, dans sa sixième étude de mœurs, donnait à son

1. *La Justice comme équité*, *op. cit.*, p. 192.
2. *Ibid.*, p. 190.

Monsieur Benassis l'occasion d'illustrer une telle idée : « Si je réclame des lois vigoureuses pour contenir la masse ignorante, reprit le médecin après une légère pause, je veux que le système social ait des réseaux faibles et complaisants, pour laisser surgir de la foule quiconque a le vouloir et se sent les facultés de s'élever vers les classes supérieures. Tout pouvoir tend à sa conservation. Pour vivre, aujourd'hui comme autrefois, les gouvernements doivent s'assimiler les hommes forts, en les prenant partout où ils se trouvent, afin de s'en faire des défenseurs, et enlever aux masses les gens d'énergie qui les soulèvent. En offrant à l'ambition publique des chemins à la fois ardus et faciles, ardus aux velléités incomplètes, faciles aux volontés réelles, un État prévient les révolutions que cause la gêne du mouvement ascendant des véritables supériorités vers leur niveau [1]. » Telle est l'ultime concession d'un système hiérarchique que l'on pourra, à l'instar de Rawls, juger d'autant plus critiquable que l'écart social sera important entre ceux qui s'installent en haut de l'échelle et ceux qui ne peuvent en envisager que les premiers degrés. L'Etat-providence – en tous les cas dans les formes qu'il a prises à ce jour – n'a pas su faire en sorte qu'il en aille autrement.

Dans cette analyse – fort sévère ! –, il aurait peut-être été souhaitable de souligner également les *mérites* de l'Etat-providence. Personne ne conteste ainsi qu'en France, par exemple, depuis la fin de la Seconde Guerre mondiale, cette forme d'organisation de la solidarité a permis de réduire très fortement la pauvreté, ainsi que certaines inégalités socio-économiques et culturelles, de même qu'elle a rendu possible une sécurisation très réelle de la condition individuelle à travers l'institution du salariat et de ses droits afférents. On

1. Balzac, *Études de mœurs*, 6ᵉ livre, *Scènes de la vie militaire et scènes de la vie de campagne*, *Le Médecin de campagne*, chap. III.

ne peut pas dire non plus que l'Etat-providence ait opéré dans un contexte purement capitaliste, ni qu'il ait été dépourvu d'efficacité économique. Les choses sont donc plus complexes que Rawls ne le rappelle.

Par ailleurs, le modèle de la « démocratie de propriétaires » n'est pas non plus exempt de tout reproche. Nous avons déjà évoqué la difficulté qu'il y a à articuler de manière conceptuellement satisfaisante une situation où le bien, qui serait la propriété d'une instance, serait néanmoins contrôlé par une autre, au sens où cette dernière exercerait sur ce bien sa complète autorité. Comme le faisait remarquer Jon Elster à ce propos, soit le titre de propriété est essentiellement symbolique, soit le contrôle est limité, mais la plénitude des deux ne peut être garantie concomitamment [1]. Ce problème n'est pas le seul. Jon Elster en a relevé toute une série. Rien n'indique, par exemple, que les incitations introduites dans la loi des successions pour favoriser une plus large dispersion sociale des dons et des legs puissent avoir l'effet escompté. Ne serait-ce que parce que les moyens de les contourner sont assez aisément identifiables et praticables. Dans la mesure également où le choix des bénéficiaires de ces dons et legs resterait libre, se poserait toujours le problème de ceux auxquels personne n'aura jamais rien donné ni légué. Bref, la « démocratie de propriétaires » et ses institutions n'ont jamais fait l'objet d'un examen approfondi et n'ont jamais été non plus mises en œuvre. Si la piste est intellectuellement intéressante, on ne peut donc s'y fier pleinement parce que, pour l'heure, ce modèle repose essentiellement « sur des présupposés hautement incertains et spéculatifs quant à la façon dont les individus s'adapteraient aux mécanismes redistributifs proposés [2] ».

1. J. Elster, *op. cit.*, p. 146.
2. *Ibid.*, p. 149.

En dépit des faiblesses théoriques du modèle de la « démocratie de propriétaires », Rawls exprime bien néanmoins, à travers l'attachement qu'il lui porte, l'intérêt qu'il y a – dans une perspective de justice sociale – à réformer profondément l'État social et ses modes d'intervention. Nous le savons en effet, l'Etat-providence capitaliste n'est pas à la hauteur des enjeux sociaux et politiques actuels.

Si « la démocratie de propriétaires », dans la caractérisation qu'en a donnée James Meade et dans les perspectives qu'ont ouvertes Richard Krouse et Michael McPherson, est malgré tout une piste intéressante, c'est qu'elle correspond à une manière de répondre à la radicalité des exigences liées à une conception *soutenable* de l'égalité des chances.

De fait, la redistribution ne peut pas être l'objectif ultime de l'État social [1], car si le contexte social n'est pas juste – c'est-à-dire : si le problème des inégalités socio-économiques n'est pas traité dans sa globalité – ce n'est pas la redistribution qui le rendra tel : « étant donné l'absence d'une justice du contexte social et la persistance d'inégalités de revenu et de richesse », l'Etat-providence capitaliste ne sera jamais en mesure d'empêcher la formation d'une « classe déshéritée et découragée dont les membres sont dépendants de manière chronique des prestations distribuées ». Cette dépendance est d'autant plus critiquable qu'il faut lui imputer le fait que cette classe se sente « exclue et ne participe pas à la culture politique publique [2] ».

Contre un Etat-providence qui « permet à une classe réduite de détenir un quasi-monopole des moyens de production » et de contrôler ainsi « l'économie et indirectement la vie politique », « le contexte institutionnel de la démocratie de propriétaires travaille à disperser la propriété des richesses

1. Jean Gadrey, *En finir avec les inégalités*, Paris, Mango, 2006, pp. 152 *sqq*.
2. *La Justice comme équité*, *op. cit.*, p. 193.

et du capital[1] ». Cette dispersion ne repose pas, *dans son principe*, sur une redistribution de revenus vers les personnes les moins favorisées, à la fin de chaque période, mais elle se fonde, dans un contexte d'égalité des chances, sur la répartition la plus large possible, en début de période, de la propriété des moyens de production et du capital humain (éducation et formation). L'optique retenue est donc l'intervention *ex ante*, plutôt qu'*ex post*. Sa logique est une logique d'*empowerment* de l'individu : « L'intention n'est pas seulement d'aider ceux qui subissent des pertes lors d'accidents ou d'infortunes (même si cela doit être fait), mais plutôt de placer tous les citoyens en position de s'occuper de leurs propres affaires sur la base d'un degré approprié d'égalité économique, culturelle et sociale[2]. »

Il est très important de souligner qu'il n'y a pas renoncement aux mécanismes redistributifs, mais rejet d'une conception « providentialiste » de cette redistribution. En dehors des recours à la solidarité couverts par le premier principe de justice (revenu minimum garanti, accès aux soins, etc.), la redistribution ne se justifie que dans la mesure où elle apporte aux individus les ressources dont ils ont besoin pour pouvoir prétendre aux mêmes chances de réussite que les autres (de sa génération et des prochaines). C'est au fond le sens qu'il faut accorder au fait que Rawls accorde une priorité lexicale au principe de la juste égalité des chances sur le principe de différence. Plutôt que de l'interpréter comme l'indication que Rawls accorderait moins d'importance aux mécanismes de redistribution que doit spécifier ce principe de différence, il est plus juste de le concevoir comme une volonté très nette de souligner que, lorsqu'il s'agit de personnes qui ont ou peuvent avoir la capacité de travailler, la

1. *Ibid.*, p. 192.
2. *Ibid.*

redistribution n'a de sens que dans la mesure où elle sert les objectifs d'une égalité des chances soutenable. Or, pour cela, il est essentiel que le « capital humain » et les ressources en vue de la production fassent l'objet d'une répartition beaucoup plus large à l'échelle de la société. Affirmer, comme le fait Rawls, que les seules inégalités justes sont celles qui procurent « le plus grand bénéfice aux membres les plus défavorisés de la société », c'est affirmer que seront dites « justes » les inégalités qui – outre la prise en charge qu'elles rendent possible des exigences minimales de la solidarité – contribuent à garantir un principe soutenable d'égalité des chances. Cela conduit à intégrer très fortement la question des dynamiques sociales. Le temps n'est pas, en effet, qu'une des dimensions de nos existences, c'est le cadre premier dans lequel nos existences se construisent, s'affirment, mais peuvent aussi vaciller et sombrer [1].

Un tel point de vue rejoint ainsi les conclusions de nombreux spécialistes contemporains de l'État social tel que Gosta Esping-Andersen ou Maurizio Ferrara ; il rejoint aussi celles des théoriciens ayant mis l'accent sur l'égalisation des « capabilités [2] » ou des « possibles [3] ». Ce n'est pas ici, comme l'écrivait aussi Pierre Rosanvallon, une allocation, mais un « rapport social qui est l'objet du droit [4] ». Pour

---

1. C'est un point sur lequel insiste l'article très intéressant de Robert Walker, « Opportunity and life chances : the dynamics of poverty, inequality and exclusion » in A. Giddens & P. Diamond, *The New Egalitarianism*, *op. cit.*, pp. 69-85. Voir également la façon dont Gosta Esping-Andersen souligne l'importance des dimensions dynamiques de la question sociale dans *Why We Need a New Welfare State*, *op. cit.*, pp. 6-7.

2. Nous ne nous attardons pas sur le débat entre Amartya Sen et John Rawls sur ce concept de capabilités proposé par Sen, dans *Repenser l'inégalité* (trad. P. Chemla, Seuil, 2000) pour désigner des libertés réelles de choix entre divers modes de vie. Sen reprochait à Rawls de ne pas pouvoir faire droit à la diversité des besoins humains en vue de ces libertés. Toute notre discussion de la notion d'« égalité équitable des chances » montre que celle-ci peut tout à fait accueillir la perspective revendiquée par Sen. Rawls a lui-même argumenté en ce sens, en soulignant le caractère flexible de l'indice des biens primaires sur lequel il s'appuie (*La Justice comme équité*, *op. cit.*, pp. 229-239).

3. Éric Maurin, *L'Égalité des possibles*, *op. cit.* ; voir également les analyses de Louis Chauvel autour de la notion de projet, *Les Classes moyennes à la dérive*, *op. cit.*, pp. 87-103.

4. P. Rosanvallon, *La Nouvelle Question sociale*, *op. cit.*, p. 220.

mener à bien les propositions que l'on peut être amené à formuler dans ces perspectives, il faut toutefois en passer par une profonde réévaluation de la conception de l'individu et de son rapport à la propriété et à la société. La redescription qu'en propose Rawls nous paraît convaincante sur le fond, et utile sur le plan politique dans la mesure où elle permet une clarification des arguments que l'on peut mobiliser en leur faveur.

Éducation et insertion : il est clair que, parallèlement aux dispositifs destinés à assurer les risques sociaux, l'essentiel de l'action sociale de l'État doive être orienté vers ces deux chantiers principaux et l'ensemble des moyens qu'ils supposent. Ce n'est pas une mince affaire. Les travaux ne manquent pas désormais, qu'ils soient le fait d'économistes ou de sociologues de l'éducation, pour souligner la formidable révolution qu'il faudrait opérer, pour des raisons à la fois économiques et sociales, dans le domaine de l'éducation. Fort d'une indispensable stratégie d'investissement social centrée sur les jeunes, sur les personnes en attente de qualification ou requalification professionnelle, et d'une meilleure prise en compte des besoins sociaux des femmes et des familles monoparentales [1], la priorité, sur le front de la justice sociale, doit être accordée à l'éducation, des petites classes à l'enseignement supérieur. Cela suppose sans doute des moyens, mais aussi le dépassement de bien des conservatismes, y compris dans le camp « progressiste [2] ».

Pour autant, il ne s'agit pas seulement d'armer les élèves avant qu'ils ne s'engagent, comme adultes, dans la folle

1. Gosta Esping-Andersen, *Why We Need a New Welfare State*, *op. cit.*, pp. 26-95 ; Dominique Méda et Hélène Périvier, *Le Deuxième Age de l'émancipation : La société, les femmes et l'emploi*, *op. cit.* ; voir également les études de Margaret Maruani et de Florence Janet-Catrice dans L. Maurin & P. Savidan, *L'État des inégalités en France*, *op. cit.*

2. Pour le contexte français, voir François Dubet, *L'École des chances*, *op. cit.* ; Marie Duru-Bellat, *L'Inflation scolaire*, *op. cit.* et, de la même auteure, *Les Inégalités sociales à l'école*, Paris, PUF, 2002. Cf. également Pierre Merle, *L'Élève humilié*, Paris, PUF, 2005 et *La Démocratisation de l'enseignement*, Paris, La Découverte, 2002.

course au bien-être. Nous avons vu que, pour être conçus d'un point de vue qui intègre réellement une exigence de *soutenabilité*, ces deux facteurs de l'intégration que sont l'éducation et l'insertion exigent aussi que l'on se soit assuré préalablement du caractère juste de la société à laquelle il s'agit de s'intégrer. La direction qu'indique l'idéal d'une « démocratie de propriétaires » nous paraît susceptible d'y pourvoir. Cette requalification de chaque individu comme propriétaire permet d'identifier le ressort susceptible de garantir la personnalité civile et l'indépendance de chacun.

Marcel Gauchet soulignait la béance qui s'était faite jour dans la question des droits, au cœur même de la Révolution française. A travers la recherche d'une indépendance économique suffisante, susceptible de donner corps à l'indépendance politique si fortement proclamée, les révolutionnaires s'interrogeaient sur les moyens de sécuriser le destin de chacun face à l'arbitraire. Les causes de l'arbitraire et de la précarité ont évolué. Certaines se sont estompées, d'autres ont fait irruption dans l'existence d'un grand nombre d'individus, bousculés par les avancées de l'économie post-industrielle. La question de la vulnérabilité demeure néanmoins centrale. Du principe de différence, nous remontons ainsi à un principe soutenable d'égalité des chances, pour ensuite nous hisser au niveau du premier principe de justice : celui qui garantit que chacun ait également accès à tous les droits et libertés de base.

Juguler la vulnérabilité sociale pour que celle-ci ne soit plus incapacitante : cet objectif a historiquement pris la forme d'une lutte contre la domination [1]. Dans l'esprit des premiers penseurs républicains, la non-domination économique était souvent posée comme condition de la citoyenneté pleine et entière. Kant, par exemple – nous l'avons vu –,

1. Philip Pettit, *Républicanisme*, *op. cit.*, chap. I et II.

n'hésitait pas à refuser à l'individu économiquement dépendant le statut de citoyen actif. Les attributs juridiques de la citoyenneté exigent en effet, à ses yeux, « l'indépendance civile », dont il nous dit qu'elle « réside dans le fait d'être redevable de son existence et de sa conservation, non à l'arbitre d'un autre au sein du peuple, mais à ses propres droits et à ses propres forces comme membre de la république [1] ». Or, précise Kant, la qualité requise pour être citoyen « est qu'il soit *son propre maître (sui juris)*, qu'il possède par conséquent une quelconque propriété ». Nous avons là une version première de la démocratie de propriétaires. Dans la perspective que privilégie Kant la propriété garantit l'indépendance économique et donne à la citoyenneté les gages qu'elle requiert. L'évolution de la vie démocratique a évidemment, et heureusement, rendu parfaitement inacceptable un tel lien entre propriété et citoyenneté. C'est, *a fortiori*, encore plus vrai pour nous qui avons ici insisté sur la nécessaire désindividualisation partielle de notre conception de la propriété. Si cette position de Kant peut néanmoins encore conserver pour nous une certaine pertinence, c'est qu'il n'insiste pas seulement sur les « forces » de l'individu mais met aussi en avance ses « droits ». Du coup, on peut parfaitement envisager que l'ensemble des droits venant garantir la protection du salarié permet en même temps à celui-ci d'accéder au niveau d'indépendance dont se nourrit la citoyenneté [2].

N'en restons pas là cependant. Il existe une autre manière de comprendre l'intérêt de la proposition avancée par Kant. Rappelons-nous en effet que ce dernier n'a pas, en effet, une conception étroite de la propriété. Il indique ainsi que pourront être considérés en tant que « propriété » de

1. *Métaphysique des mœurs*, II (AK VI 313), *op. cit.*, p. 129.

2. Sur ce processus nous ne pouvons ici que renvoyer de nouveau à l'ouvrage de Robert Castel, *Les Métamorphoses de la question sociale*, *op. cit.*

l'individu, « toute technique, tout métier ou tout art ou science qui lui permettent de vivre [1] ». Là encore l'évolution de la vie démocratique et la cohérence de notre attachement aux valeurs de la Modernité interdisent, heureusement, que l'on puisse envisager de n'accorder la citoyenneté active qu'aux individus disposant d'une technique, d'un métier, d'un art ou d'une science qui fondent leur indépendance économique et leur capacité à servir la communauté. Mais cette optique a néanmoins le mérite de nous conduire à réfléchir aux conditions et aux manifestations de notre indépendance sociale et politique. Il est incontestable que la citoyenneté perd une part de son sens si les individus qui l'exercent ne disposent en vérité d'aucune liberté sociale. La grandeur de la citoyenneté tient précisément au fait qu'elle mise sur la possibilité de cette liberté humaine, même si *de facto* cette dernière devait être improbable. Il appartient à la société démocratique d'aller cependant au-delà du constat de sa simple possibilité pour s'attacher à la réaliser par des droits. Or qu'est-ce que cette liberté si ce n'est la capacité de s'engager volontairement ou de rejeter une option que l'on veut nous imposer? Ce que Kant dénonce, c'est au fond le fait que des individus puissent être dans une situation de vulnérabilité sociale telle qu'ils se trouvent, de fait, privés de tout réel moyen de refuser quoi que ce soit. Cette liberté sociale et politique doit être garantie par des droits qui, par la capacité de refus qu'ils confèrent aux individus, réduisent drastiquement leur vulnérabilité.

Par la justice du contexte institutionnel dans lequel elle opère, la conception soutenable de l'égalité des chances institue et protège cette capacité de choix et de refus. Elle prend au sérieux la vulnérabilité de ceux qui, en raison de la nature particulière de leurs capacités et des opportunités qui

1. *Sur un lieu commun* (AK VIII 295), *op. cit.*, pp. 276-277.

s'offrent à eux (ou non), se trouvent en situation de faiblesse dans les négociations, puisque quasiment privés de toute possibilité de refus. Il ne s'agit pas de compter sur la retenue des puissants – de fait, il peut fort bien ne pas y avoir d'injustice sociale dans les relations qui institutionnalisent pourtant un rapport de dépendance – mais il importe que les institutions soient organisées de sorte qu'elles renforcent, pour les plus faibles, la possibilité de refuser ou de renégocier tout accord [1]. Une conception soutenable de l'égalité des chances, en prémunissant la société contre les trop fortes concentrations de richesses, limite les trop grandes concentrations de pouvoirs. Par le rééquilibrage qu'elle rend possible dans les rapports sociaux, elle peut ainsi – chacun se sentant plus assuré – ouvrir de nouvelles perspectives pour le dialogue social. Ce n'est pas le moindre de ses mérites.

Pour justifier cette orientation, l'égalité des chances post-capacitaire fait fond sur une conception profondément renouvelée de l'individu et de l'individualisation. La logique visant à renforcer les capacités de l'individu s'inscrit ici dans un régime de l'individualisation qui n'est pas celui de la « société capacitaire ». Ce n'est pas une individualisation qui condamne, ce n'est pas non plus une individualisation qui glorifie de manière absurde les « super individus » à la réussite sociale et économique stupéfiante et démesurée. Ce n'est pas davantage une individualisation qui s'oppose au collectif, puisque celle-ci se conçoit précisément dans le prolongement d'une société dont elle est redevable. Cette autre individualisation nous invite, en somme, à nous placer sur le simple terrain – nettement moins dramatique – des

1. Onora O'Neill, « Justice, gender and international boundaries », *British Journal of Political Science*, vol. 20, n °4, 1990, p. 458. Notons que, sur cette question de la domination et de la vulnérabilité, cette philosophe libérale et kantienne est très proche du point de vue républicaniste défendu par Philip Pettit, dans *Républicanisme* (*op. cit.*).

droits et des attentes légitimes [1]. Au débat démocratique, il reviendra alors de déterminer si ces droits et ces attentes pourront être au service d'un égalitarisme soutenable.

1. Il est évident que cette évolution aurait d'autant plus de force qu'elle pourrait s'appuyer sur l'Union européenne si celle-ci acceptait de s'engager enfin dans l'élaboration d'une protection sociale européenne. Cf. Maurizio Ferrara, *The Boundaries of Welfare State*, *op. cit.*

Conclusion

Naître c'est, entre autres caractéristiques, prendre sa place ou plutôt [...] la recevoir. Et comme cette place originelle sera celle à partir de laquelle j'occuperai de nouvelles places selon des règles déterminées, il semble qu'il y ait là une forte restriction de ma liberté.

SARTRE, *L'Être et le néant* (1943)

« Comment abolir la propriété ? Comment la transformer du moins, de telle sorte que, dans ses effets sociaux et permanents, elle soit comme abolie [1] ? » Telle est la formulation radicale que Guizot donnait à la question sociale. L'idée même d'une disparition de la propriété ne lui inspirait évidemment que l'effroi le plus grand, mais il était prêt à concéder – pour autant que l'on ne mette pas en cause la propriété elle-même – que les « effets sociaux et permanents » de sa répartition très inégalitaire puissent poser problème. En un sens, nous en sommes encore là. Le problème est bien d'interroger, sous l'angle de la justice sociale, les conséquences de la concentration des richesses, des hautes qualifications et des moyens de production, qui a pour effet d'assurer aux uns une position sociale privilégiée,

1. Guizot, *De la démocratie*, *op. cit.*, p. 56.

tout en excluant les autres des bienfaits de la société, en les renvoyant parfois à des formes d'extrême vulnérabilité sociale.

Dans un tel contexte, l'égalité des chances ne peut être que l'ombre d'elle-même. Portée par des dynamiques sociales et culturelles puissantes, elle s'impose dans les esprits comme horizon indépassable de la justice sociale. Et pourtant... Conçue dans une perspective radicalement individualiste, elle autorise aussi et rend invisibles les inégalités sociales les plus profondes et les plus durables. Derrière son étendard, se recomposent ainsi des castes, se redéfinissent des privilèges, s'élaborent à nouveau des langages de stigmatisation destinés à énoncer la condition de ceux qui n'auront su saisir leurs « chances ». Arrimée aux postulats d'une justice sociale « capacitaire », l'égalité des chances, comme doctrine, fait davantage aujourd'hui pour la *décohésion* sociale que pour l'intégration. Cette égalité des chances ne saura jamais faire advenir la *société bien ordonnée* que nous semblons unanimement appeler de nos vœux.

Tocqueville notait dans ses *Souvenirs* qu'en matière de constitution sociale, les possibilités de l'imagination sont immenses [1]. Pourquoi faudrait-il craindre de les explorer? Sans ignorer le type de critique qu'une telle approche peut susciter, nous avons voulu réaffirmer les droits de l'imagination sociale et inviter à redécouvrir la vaste étendue du « champ du possible ».

Penser *avec* l'égalité des chances *contre* l'égalité des chances. Tel est le donc défi qu'il nous faut relever. Telle est la tâche qu'il nous faut mener à bien sans tarder.

Dans cette optique, nous nous sommes attachés à explorer et prolonger les potentialités éthiques et politiques de cette « utopie réaliste » que John Rawls défendit au long de sa vie

1. Alexis de Tocqueville, *Souvenirs*, *op. cit.*, p. 103.

et par le moyen de laquelle il chercha à tester, en matière d'égalité, « les limites des possibilités politiques praticables ». Était-ce déjà porter le regard trop loin ? Ce serait une erreur de le croire. « Les bornes du possible dans les choses morales sont moins étroites que nous ne pensons : ce sont nos faiblesses, nos vices, nos préjugés qui les rétrécissent », écrivait Rousseau [1]. Si nous gardons à l'esprit cet avertissement, nous devrions pouvoir concevoir qu'une forme d'égalité des chances « post-capacitaire » puisse constituer un objectif politique réaliste.

Cela passe, nous l'avons vu, par une redescription de l'individu et des rapports qu'il entretient avec les autres et la société dans son ensemble. Cela passe par la mise au jour des incohérences et des faux-semblants de la conception capacitaire, solipsiste, de l'égalité des chances. Cela suppose la défense d'un principe plus marqué de dissémination sociale des moyens de production, entendus au sens large. Par la fiscalité, par la réforme des droits de succession, par l'éducation, par la formation professionnelle, par le renforcement de la mixité sociale, par l'éradication ou la neutralisation des effets de la vulnérabilité sociale, il s'agit bien de donner à chacun des chances *réelles*. Mais rien de fondamental n'aura été acquis si, par ailleurs, l'égalité des chances n'a pas été située dans un contexte social où les hiérarchies sont moins fortes et les écarts sociaux moins grands. Tant que sous couvert d'égalité des chances on permettra aux *happy few* de rafler la quasi-totalité des mises, tandis qu'en bataillons serrés d'autres seront renvoyés à leurs amertumes et à leurs désillusions, la décohésion sociale ira bon train. L'égalité des chances n'est tolérable que si, à l'autre bout du spectre social, ne planent ni le risque de la pauvreté, ni celui de l'exclusion.

1. *Du contrat social*, livre III, chap. XII, *op. cit.*, p. 425.

La conception solidariste de l'égalité des chances dont nous avons défendu le principe veut atteindre un tel résultat. Elle suppose un changement de regard sur l'individu, sur la société et sur la façon dont s'y produit la richesse. C'est peu et semble pourtant inaccessible dès que l'on mesure à quel niveau de profondeur se situent les habitudes intellectuelles qu'il s'agit d'ébranler.

La montée en puissance de la conception « capacitaire » et individualiste de l'égalité des chances est telle qu'elle paraît avoir emporté avec elle l'essentiel des sensibilités politiques. Celles-ci ne se distinguent plus que par la radicalité et l'efficacité avec laquelle elles s'attaquent aux avantages hérités une fois ceux-ci solidement, irréversiblement, constitués. Cette différence n'est nullement insignifiante et constitue déjà un point de clivage politique utile dans le débat démocratique. La question demeure cependant de savoir si l'on peut en rester là. Ce n'est pas notre sentiment. Et nous sommes même tentés de croire que l'un des axes possibles des recompositions politiques à venir pourrait trouver ici des éléments de définition significatifs.

A la représentation d'un Etat-providence figé dans ses postures et ses insuffisances, l'égalitarisme des chances oppose un objectif d'*empowerment* social, économique, culturel – et, par là même, politique – des individus dans la société démocratique. Le contrepoint absolument crucial de cette logique d'*empowerment*, c'est toutefois la définition sociale que cet égalitarisme donne des capacités, des compétences et du mérite individuels. C'est à partir de cette définition, et de cette définition seulement, que nous pourrons recouvrer un usage légitime, *soutenable*, de l'idéal d'égalité des chances. En ce sens, nous pourrons espérer nous approcher de cette société bien ordonnée qui, pour nous, engage de manière prioritaire la réalisation du projet de la Modernité. La liberté elle-même n'acquiert en effet sa pleine signification que lorsqu'elle est également partagée. De ce point de vue, l'égalité des chances ne peut être qu'un élément du dispositif, un précepte susceptible d'apporter une inflexion au système social mais non un dogme visant à le déterminer intégralement. En tant que tel, il contribue à définir les conditions de l'instauration et la garantie collective des circonstances institutionnelles dont on n'attend qu'une chose : qu'elles offrent à chacun la possibilité de disposer des moyens de mener une vie décente, conforme à ses aspirations légitimes.

Remerciements

Ayant une conscience aiguë des limites de cet ouvrage, j'éprouve quelque hésitation à y associer, en les remerciant, ceux qui m'auront fait l'amitié de discuter les idées que je voulais y défendre, voire de le lire tout ou partie. Je me dois cependant de le faire, car si le livre n'en porte sans doute pas suffisamment témoignage, leurs réflexions et leurs suggestions m'ont toujours été des plus utiles. Je remercie donc tout particulièrement à ce titre, sans les engager évidemment au-delà, Sylvie Mesure, Ruwen Ogien, Charles Larmore, Philip Pettit, Vincent Descombes, Sandra Laugier, Pierre-Henri Tavoillot, Pierre Rosanvallon, Thierry Pech, Alain Renaut et Jean-Cassien Billier. Je remercie également Louis Maurin, Valérie Schneider, Pierre Billion, Pierre Volovitch, Claude Charanton, Nathalie Boulanger et toute l'équipe de l'Observatoire des inégalités, ainsi que les nombreux interlocuteurs (chercheurs, travailleurs sociaux, étudiants ou responsables politiques) avec lesquels j'ai eu, pour mon plus grand bénéfice, l'occasion de discuter, le temps d'une conférence ou d'un séminaire, des multiples dimensions et problèmes de la justice sociale.

Merci enfin à Deborah, Ayana, Megan et Maude qui, avec une belle constance, ont su me rappeler, tout au long de la préparation de cet ouvrage, les exigences et les douceurs du monde quotidien.

TABLE

Cet ouvrage a été imprimé par

FIRMIN DIDOT

GROUPE CPI

Mesnil-sur-l'Estrée

pour le compte des Éditions Grasset
en septembre 2007

Imprimé en France

Dépôt légal : septembre 2007
N° d'édition : 14994 – N° d'impression : 86712